申启武

暨南大学新闻与传播学院教授、博士生导师，拥有十余年媒体工作经历，主要从事广播理论与实务、网络音频的教学与研究。主持国家社科基金一般项目、国家广电总局社科研究重大项目与一般项目、国务院侨办人文社科一般项目、广东省社科基金一般项目、广东省高校人文社科重点研究基地重大项目等。发表论文90多篇，出版专著7部，主编论集7本。获第十一届全国广播电视学术论文评选一等奖，第六届全国广播电视学术著作评选二等奖，广东省广播影视奖社科论文类一等奖、二等奖等。中国广播电视社会组织联合会特邀理事、学术委员会委员，中国高校影视学会理事、广播专业委员会副主任委员，全球修辞学会—视听传播学会副会长，广东省广播影视协会常务理事，《中国广播电视学刊》编委；连续多年担任广东省广播影视奖评委以及第20、23、25、33届中国新闻奖评委和31届中国新闻奖审核委员会委员。

陆敏华

中国广播电视社会组织联合会交通宣传委员会常务理事，广东广播电视台编委、羊城交通（城市之声）频率总监；曾担任珠江经济台副总监、总监；珠江经济台第一代主持人，曾入选《中国广播电视人物词典》，获第五届广东省金话筒奖，中国广播改革20年纪念“珠江模式”广播先锋奖。2006年入选广东省委组织部专家人才库，2020年度全国广播电视和网络视听行业领军人才。在核心期刊发表论文多篇，获全国广播电视学术论文一等奖。2017年带领团队研发上线全球首个粤语音频应用客户端——广东广播电视台粤听App，并入选中国广播融合优秀案例。

CHELIANWANG SHIDAI DE
JIAOTONG GUANGBO

车联网时代的交通广播

申启武　陆敏华　主编

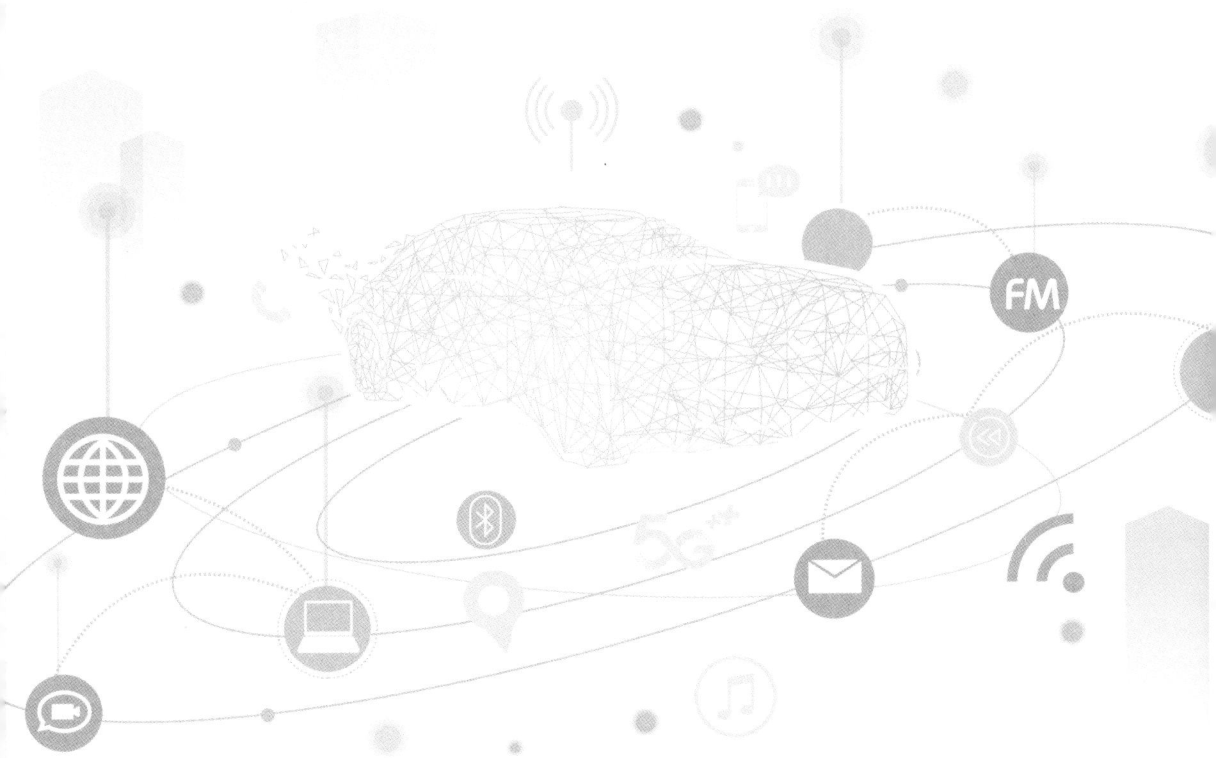

暨南大學出版社
JINAN UNIVERSITY PRESS

中国・广州

图书在版编目（CIP）数据

车联网时代的交通广播 / 申启武，陆敏华主编. 广州 : 暨南大学出版社，2024. 9. -- ISBN 978-7-5668-3985-5

Ⅰ. G229.2

中国国家版本馆 CIP 数据核字第 2024P3P696 号

车联网时代的交通广播

CHELIANWANG SHIDAI DE JIAOTONG GUANGBO

主　编：申启武　陆敏华

出 版 人： 阳　翼
责任编辑： 武艳飞　潘舒凡
责任校对： 刘舜怡　许碧雅
责任印制： 周一丹　郑玉婷

出版发行： 暨南大学出版社（511434）
电　　话： 总编室（8620）31105261
营销部（8620）37331682　37331689
传　　真：（8620）31105289（办公室）　37331684（营销部）
网　　址： http://www.jnupress.com
排　　版： 广州尚文科技有限公司
印　　刷： 广东信源文化科技有限公司
开　　本： 787mm×960mm　1/16
印　　张： 16.5
字　　数： 287 千
版　　次： 2024 年 9 月第 1 版
印　　次： 2024 年 9 月第 1 次
定　　价： 69.80 元

技术、文化、服务：赋能广东交广而立之年再起航（代序）

周　炜

根据《2022 年全国广播电视行业统计公报》，2022 年全国广播广告收入同比下降 28.09%，传统广播电视节目销售收入同比下降 24.54%。依托互联网技术搭建的车载智能终端正悄无声息地占领原本由车载 FM 广播垄断的传媒影响领域，交通广播原有的车内场景传播面临着前所未有的挑战。如何应对智能化车内场景的迭代发展，如何在网络化、数字化的智能车舱终端实现个性化互动的内容服务，如何通过机制与人事改革来适应全新的内容生产产业格局，成为广电人特别是交通广播人必须直面、革新、跑赢的生存大课。

近年来，广东广播电视台通过转型升级和融合发展重构广电媒体的传播体系，立足“粤港澳大湾区”新定位优势，用技术、文化和服务为新型主流媒体的发展与建设赋能，探索媒体融合的新发展模式，在各融媒平台上打好组合拳。截至 2023 年 6 月，IPTV 基础业务有效用户达 1 981 万户，云视听系列 App 全国有效用户达到 2.49 亿户，广播各频率在全省的市场占有率近 70%，位居第一，通过“粤听”等移动终端收听广播节目的人数与传统 FM 广播的听众人数已旗鼓相当。

已成立 30 年的广东交通之声，近年来在全国省级交通台年度与季度新媒体指数排行中一直位居前三，在广州乃至整个广东地区的收听率和市场占有率排名第一，市场经营规模与实绩也位居广东地区各广播频率之首。其在社会影响力与融媒发展方面做了大量有益的探索实践：锻造了一批在本地有号召力的品牌节目，如《大吉利车队》《全国汽车音乐榜》《朝朝早精神好》等；同时也打造了一批活动品牌，已连续 20 年举办广州车展直播室；还研发打造了一些融媒传播新内容品牌，如《晓洁跑交通》《广州路况测评报告》《珠水流金水上音乐厅》等。

在新媒体技术的冲击下，传统广播市场逐年萎缩，传统的 FM 广播的版面价值也不可逆地不断下滑。智能网联汽车技术通过延伸人对环境的感知，为驾驶人提供了前所未有的多样化信息与海量内容，使其能更便捷有效地使用碎片时间获得知识与信息。由此，基于传统 FM 广播音频传播方式的交通广播所面临的冲击与生存挑战更加直接与残酷。但这也迫使我们必须直面这些生存竞争与挑战，自我革命，杀出一条发展新路。而立之年的广东交通之声正与全国同行一起，不畏惧，敢担当，勤学习，勇实践，有作为，在“资讯传播”“服务赋能”“技术提升”三个方面大胆探索创新。

融媒时代，受众需要什么样的音频内容产品？广播应该生产什么样的内容产品才更能满足用户需求，在履行党媒的政治责任、社会责任的同时兼备吸引用户的能力，以及获得经济效益的持续运营空间？广东交通之声从广东人的性情和爱好中获得了启发与灵感：

一要坚持“内容为王”，守好交通资讯第一传播强档的生命线，强化交通资讯的融媒创新传播。同时，依托中华大地的深厚文化底蕴，在赓续岭南历史文脉、弘扬粤港澳大湾区大发展成就上做足功夫。

二要强化传媒平台的服务赋能，做好以“广东交广”（即广东交通广播）为品牌的“全案服务”，做好“大吉利车队”等老品牌新垂类的更新换代，以及做深做透“广东交广优选”等新品牌产品的培育。要服务市场，依托传统媒体的公信力，深耕行业垂类市场，向资源要效益。

三要抓技术提升。广东交通之声一直在探索车联网时代的交通广播如何顺势而为，正在抓紧筹备部署在车联网平台的内容合作，顺应新能源汽车的蓬勃发展趋势，积极开拓智能车舱平台更广阔的生存与发展空间；同时与广东交警共建“交通信息融媒直播中心”及全平台的“1052 交通信息集成中心”，希望以这些抓手为突破口，架构形成权威实效的交通路况信息车联网化与市场化新格局。

四要走出一条可持续发展的新路。作为广东广播媒体经营的“领头羊”，广东交通之声既要勇于改革、推陈出新，又要稳扎稳打、有序推进；既要有战略布局，也要讲战术实践，脚踏实地强壮自我造血功能。要严抓职业素质教育，培养专业强、能拼搏的年轻骨干，不断研究培育新业态、新产品，寻求一条切合实际的市场化发展新路。

过去 30 年，中国广播以“羊城交通广播电台”等全国专业交通台的崛起创造了广播“珠江模式”的新辉煌，但这些荣誉与成绩都是“过去时”。只有直面困境，努力奋斗的“进行时”才能赢得灿烂的“将来时”。未来 30 年，相信经过全国同行的共同努力，一定能在融媒时代开创出交通广播的一片新天地。

（周炜系广东广播电视台党委委员、副台长）

目　录

交通广播：现状与趋势

关于交通广播从“大破局”到“大发展”的思考

张阿林

摘　要：作为中国广播最早实现分众化运营的领头羊，交通广播当下同样面临5G、移动互联网技术和人工智能的新挑战和新机遇，如何率先突破现有运营格局，摆脱当前发展瓶颈期，在内容形式创新、传播渠道拓展、资源共享重组、机制体制改革等方面大胆探索实践，从“大破局”走向“大发展”，是交通广播需要认真思考的问题。

关键词：交通广播；互联网思维；视频化

1991年9月30日，中国第一家交通广播电台——上海人民广播电台交通信息台成立，标志着中国广播进入了分众传播的频率专业化时代。交通广播建台之初就关注“人、车、路”的矛盾，是率先在专业广播的垂直化和特色化探索发展中发挥重要引领和示范作用的广播平台。作为新中国广播发展的独特平台，经过三十多年的发展，交通广播已经从高速发展的成长期进入了成熟期。当前，面临5G、移动互联网技术的发展和扑面而来的人工智能新挑战和新机遇，交通广播如何再次率先突破现有的运营格局，在内容形式创新、传播渠道拓展、资源共享重组、机制体制改革等方面进行大胆探索实践，以“破立并举”的决心促进新发展，用“大破局”激发可持续“大发展”？

破什么局？怎么破？

当前交通广播面临的困局：经过三十多年高速发展的交通广播处于发展瓶颈期甚至停滞不前的局面——在发展理念上，有的人存在小富即安、因循守旧的思想，发展思路和新局面难以打开；在发展方向上，缺乏具有前瞻性的科学战略规划，融合转型路径选择艰难；在内容生产上，广播生产方式相对单一，内容生产流程与融媒传播需求不匹配；在传播渠道上，广播覆盖因技术政策难以突破现实困境，车载调频广播逐渐被网络传播所取代；在运营和经营上，人力资源不足，重组整合和资源共享缺乏机制层面的支持，市场竞争激烈，经营难度加大，等等。这些困局亟待突破。

所谓破局，就是通过创新思维和方法，找到新的出路。破局的主要目的是打破原有的局面，创造新的机会和价值，即通过创新思维、创新方法、创新环境、创新管理、创新文化，找到新的出路，实现新的发展。

就交通广播来说，如何通过守正创新的破局求变，以5G、移动互联网技术赋能推动发展理念、内容生产、传播方式和渠道、服务与运营等发展的结构性改革？这不仅是创新业务发展的问题，也是事业的使命担当，更是时代的命题。

2016年2月19日，习近平总书记在党的新闻舆论工作座谈会上强调："随着形势发展，党的新闻舆论工作必须创新理念、内容、体裁、形式、方法、手段、业态、体制、机制，增强针对性和实效性。要适应分众化、差异化传播趋势，加快构建舆论引导新格局。"①

交通广播的融合创新发展再出发，要一以贯之地以习近平新时代中国特色社会主义思想为指导，以习近平总书记关于新闻舆论工作的重要讲话精神为指引，以新思想的世界观和方法论去思考、探索和实践。坚持以问题导向为出发点，关于交通广播的"破"与"立"有以下几个方面的思考。

一、理念创新，破"根本"之局

理念是行动的先导，观念决定创新实践的力度和深度。清代陈澹然说过："不谋万世者，不足谋一时；不谋全局者，不足谋一域。"交通广播要想突破创新发展的瓶颈，当务之急就是要全局性思考谋划，勇于率先以"破"字当头，立"大破局"，建发展新格局。首先是理念的持续创新，要以全媒体理念打破惯性思维方式，对内重新检视交通广播的新定位、新使命，查摆直面阻碍创新发展的观念性问题，对外研究分析交通广播生存与发展的环境和条件，以系统性思维研究构建交通广播的全媒体战略，布局新发展方向和突破重点，朝

---

① 习近平在党的新闻舆论工作座谈会上强调：坚持正确方向创新方法手段 提高新闻舆论传播力引导力［EB/OL］．（2016－02－20）［2023－07－30］．http://cpc.people.com.cn/n1/2016/0220/c64094－28136289.html.

着互联网赛道奔跑；其次是高度重视创新实践，坚决打破交通广播现有的工作模式，创新交通广播融合发展的步法、手法和打法，在创新实践中发现新的解决问题的方法和思路。观念决定出路，把握先机才能赢得战略主动。这是破局的根本。发展理念不转变，发展实践就不可能改变。全局性思考规划和预见性布局相结合尤为重要。

二、坚持互联网思维，破“方法”之局

这依然是人的问题。怎样的步法、手法、打法才能在融合发展上有新作为、新高度？首先有一个硬要求——要主动把互联网思维贯穿渗透到交通广播生产和发展的全链条，以互联网思维重新定位和挖掘交通广播的潜在价值，以互联网为赛道打开新的局面，以更大和更开阔的视野观照融合发展。其次，要高度重视互联网新技术和人工智能的应用，把它作为交通广播融合发展的核心驱动力，形成交通广播传播覆盖的新打法，通过以互联网为依托的广播节目视频化和车载移动传播平台，让“局域化”的广播走向移动互联网覆盖的“无所不在”的广阔全域，彻底解除广播传播覆盖长期受限的困局。这个“破圈”能让广播真正拥有了无限的传播发展空间，使打造和构建广播新生态成为现实。总而言之，我们需要构建新的发展格局，重塑竞争新优势。

三、推进内容创新，破“生产”之局

内容是媒体的核心竞争力，“内容为王”是媒体生存发展的铁律。全媒体时代，随着新技术的快速迭代，渠道、平台、形式等都可以变，但“内容为王”依然是黄金法则。

我们很努力，但为什么我们的工作距时代的、使命的、受众的需求仍有很大的距离？笔者认为，内容创新的矛盾主要在供给侧：党委政府和市场对内容不是需求不足或没有需求，而是需求变了，但我们供给的产品却没有改变或没有与时俱进地创新，且质量和服务都跟不上，造成一定的无效供给，甚至产能过剩。

因此，我们要紧扣交通广播的定位，围绕中心、服务大局做好选题策划，以新技术赋能的广播节目视频化为广播内容创新的抓手，以音视频内容交叉对

新闻和信息的多元化表达，源源不断地提供优秀内容作品。这是“破”广播的传统内容生产和表达方式这个“局”的重要手法和打法。

广播节目视频化（通过广播节目直播间视频直播、特定场景慢直播、现场视频网络直播、视频化采访、短视频制作等）从根本上改变了广播的工作理念、工作模式、内容生产流程、传播发展理念、专业队伍结构和管理机制等，大大提升了广播生存发展的竞争能力和空间。在这个“人人都是自媒体，个个能发短视频”的全媒体时代，广播节目视频化切切实实让百年广播做到了“与时俱进”，以5G、移动互联网技术的应用助力广播构建“新生态”成为现实可能。以新理念、新技术的加持使内容创新，持续生产出有高度、有深度、有温度的精品佳作，孵化好品牌，让深度融合的主流媒体更具传播活力，内容和品牌更受市场的关注和欢迎。

四、推进移动传播，破“传统平台”之局

移动传播对广播来说不算新鲜事，因为一直以来，收音机、安装了车载收音机模块的汽车的可移动性都使得广播能实实在在地实现传统意义上的移动传播。而在当前5G和移动互联网时代，广播的移动传播又被赋予了新的场景意义，即广播进入“新基建”国家战略布局。这是广播融合发展的新赛道！正如《美兰德独家观察》第45期（2022年11月）中“音频平台布局车载场景，车联网赛道成必争之地”一文中精彩评述的那样：“随着新能源汽车的崛起和车联网的深入发展，车载音频产业成为音频平台的新战场”；“从移动时代迈入场景化时代，移动音频平台将持续推动音频与车载场景的深度融合，一方面为车主提供多元化、智能化、场景化的车载内容服务和产品生态，另一方面也为品牌商提供新的营销市场，通过不断完善车载商业模式，助力车载音频产业价值不断提升”。面对快速发展的人工智能等高新科技，我们应认真研究、高度重视其给广播带来的机遇和挑战，前瞻性预判平台和业态、客户和市场等不同层面的新需求并及时应用。广播进入移动传播平台已刻不容缓。

交通广播的目标受众为移动人群，而移动人群是近年来广播媒介领域内公认的最有价值的人群。据2022年美兰德调查数据显示，16.82%的被访问的音频用户主要在“上班通勤路上”收听音频内容，16.39%的被访问的音频用户主要在“差旅途中（火车、飞机上）”收听音频内容。5G和移动互联网的发

展为交通广播带来了全新的定位。传统的广播电台和电视台已不再是唯一的信息传递渠道，交通广播通过5G技术和移动互联网的支持，实现了更高效、更广泛、更智能化、更个性化的交通信息传递和服务。

面对现实，我们必须改革应变，不断强化移动互联网意识和新的服务导向，拓展新的覆盖面、占领新的场景、研发新的发展模式，聚焦特定的服务领域、服务对象，增强服务能力，建设服务型媒体。

优选社会资源进行深度合作，同样是构建新的生产力促进创新发展的一个重要途径。安徽广播电视台开发的广播移动车载传播项目“八方电台”，正在积极进行移动互联网和人工智能应用场景的新探索，目前已登录江淮汽车新车型车联网平台，正在适配奇瑞汽车智能座舱。

五、资源重组配置，破“力量不足”之困局

通过管理创新，可以提高资源配置，争取效益最大化。一是传播覆盖方面，交通广播应与兄弟专业垂类频率形成“交叉”覆盖，打通内部内容资源，合力打造更加优质、专业化、垂直化的平台。二是创新发展方面，要以创新内容交叉覆盖的新步法、新手法和新打法，打造属于交通广播领衔的新广播群。三是以交通广播为示范，探索广播新生态下的新机制。四是以项目化为纽带推进融合创新，开展人力资源的共享和专业能力建设。五是打破广播传统经营模式，以更贴近市场的方式和新概念项目开创收之新局。

六、结语

作为中国广播最早实现分众化运营的领头羊，交通广播要进一步强化战略性思维，以互联网思维前瞻性规划布局，坚持守正创新，打造勇于创新、善于思考和探索实践的良好创新环境，建设健全交通广播的创新文化，才能形成“大破局”的主动局面，以“破旧”促“立新”，进而实现交通广播走向新的“大发展”。

交通广播的创新应该紧跟时代步伐，紧跟相关前沿科技的发展和社会的新需求，通过数据驱动、多媒体形式、社交化和智能化的创新，运用信息革命成果，加快构建融为一体、合而为一的全媒体传播格局。唯有不断创新才能拥有生生不息的动力。无论技术如何演变、媒体形态如何变化，我们都要坚持正确

政治方向、舆论导向、价值取向，在解放思想中统一思想，在创新发展中不断有新作为，更好地履行职责使命、更好地满足用户的需求，为新时代中国广播事业的新发展和中国式现代化建设贡献力量。

［张阿林系安徽广播电视台副台长、高级编辑（二级）］

交通广播突围车载收听场景的困境与对策

吴生华　李　婵

摘　要：伴随着国内汽车保有量的急剧上升，以及交通信息需求的日渐旺盛，20 世纪 90 年代，交通广播应运而生，并迎来了鼎盛发展的三十年。随着车联网和移动音频平台的发展，特别是车载信息娱乐系统的横空出世，交通广播对车内场景的独占局面被终结，面临着车载调频端口被取消、“必听性”被削减、车内收听市场被抢占、融媒转型难以突破的困境。交通广播需要解绑对车载调频端口的深度依赖，加快渠道转移和产品转化，提升播报的智能化程度，不断创新跨界融合，注重有声阅读版权产品生产，实现对传统调频广播所对应车内场景的突围。

关键词：交通广播；车内场景；解绑；突围

目前，交通广播依旧占据着车内场景的主要收听市场。但是随着车联网和移动音频平台的发展，交通广播正在逐渐失去车载调频接收的端口，面临着与报纸和电视相似的融媒转型困境。据赛立信媒介研究数据，2022 年广播媒体受众规模为 6.85 亿，较上年同期下跌 3.3%，其中车载听众规模下降 6.4%。与此同时，2023 年智能终端用户突破 4 亿，同比增幅达到 10.8%。[①] 据汽车之家研究院发布数据，车联网渗透率每年保持上升 10% 以上，至 2022 年已超 70%；OTA（over-the-air，即在线升级、空中下载技术）应用较 2018 年提升了

① 赛立信媒介研究. 重存量　智融合：数览 2022 广播收听市场［EB/OL］.（2023-02-22）［2023-07-30］. https://mp.weixin.qq.com/s/kOwyLmkoRo9dM7RHJsaBxw.

19 倍，2022 年已接近 50%。① 智能座舱作为承载和实现汽车智能化、网联化应用与服务的空间，由于更易被感知，技术门槛也相对较低，成为各品牌汽车的竞争发力点。未来汽车行业将进入软件定义时代，车载信息娱乐将演变为用户在智能座舱中的自主交互体验。随着车内媒介技术体系的更替，传统无线电广播（AM/FM）将逐渐失去对车内信息的分发权，陷入发展困局。本文通过梳理交通广播的发展过程、现状与困境，就交通广播突围车内场景试作分析。

一、交通广播车载业务的发展过程与现状

20 世纪 80 年代后期和 90 年代初期，“珠江模式”和“东广模式”推动了中国广播频率的专业化改革。1991 年 9 月 30 日，上海交通信息台成立标志着中国第一个交通广播频率的诞生。该频率不仅针对上海的交通路况信息进行全方位的播报，还负责突发事件的报道，反馈市民对交通问题的建议，以其鲜明的特色名声大噪。随后，1993 年，南京、河南、广东、黑龙江、北京相继开播交通频率。1994 年 3 月，国务院印发中国第一部汽车产业政策《汽车工业产业政策》，将私家车消费写入产业政策，并推出“中国家庭轿车计划”，有力地推动了汽车进入家庭。据国家统计局数据，1995 年我国民用汽车保有量为1 040 万辆，私人汽车 249.96 万辆，到 2000 年民用汽车和私人汽车分别为 1 608.91 万辆与 625.33 万辆。由于汽车数量大幅增加而交通设施却发展滞后，复杂的交通状况增加了行车压力，交通信息的需求急剧增长。这一时期中国陆续成立了 29 家地方性交通广播。据不完全统计，2000 年全国交通广播频率达到 42 个。②

21 世纪初，各省逐渐意识到交通广播对于城市交通事业的辅助作用，纷纷通过政策和财政支持，鼓励各地级市开办交通广播电台。2003 年为“广播发展年”，该年国家广电总局将频率专业化作为各地广播电台改革的主要目标。其中交通广播的发展一马当先。据统计，截至 2006 年，全国 31 个省、直辖市和自治区（除西藏以外）全部建立了交通广播频率，其中包含 23 个独立

① 汽车之家研究院. 重磅报告丨2023 中国智能汽车发展趋势洞察［EB/OL］.（2023－05－18）［2023－07－30］. https://mp.weixin.qq.com/s/aLog7C8CE－dMSQQkovBJyA.

② 陈珊珊. 新媒体环境下交通广播的发展［D］. 哈尔滨：黑龙江大学，2015：6.

交通广播频率和7个复合型交通广播频率。到2008年，全国加入中国交通广播宣传委员会的会员单位从2005年的66家上升到了2008年的73家。[①]

2011年起，我国开始进入移动互联网时代，网络电台、电子地图等移动应用快速发展，顶层设计也将媒体融合上升为国家战略，推动了交通广播移动化转型。其中，2010年中国首家移动网络电台“豆瓣FM”上线，2011年“高德地图”手机客户端发布，2012年“嘀嘀打车”App上线，此后交通广播的受众开始分流。与此同时，各台通过“广播+”策略，发展微信公众号、移动App、微博电台，并开展线下活动，着手探索融媒转型发展之路。2014年，《中国媒体移动传播指数报告》广播频率移动传播百强榜中，交通类频率共计23个；[②] 另据2017年全国交通广播总监工作会议，2016年全国共125家交通广播，其中当年广告营收额超过亿元的有22家，超过2亿元的有7家。[③]尽管受到新媒体的分流，但随着我国汽车保有量的急剧提升，交通广播的收听市场仍然不断扩大。这一时期交通频率成为广播业的生力军，带动电台成为唯一实现广告收入增长的传统媒体。[④]

2017年至2020年，尽管受到移动互联网的挑战，但随着我国私家车数量的持续增长和广播融媒转型的深化，交通广播的发展态势基本稳定，形成了以车载收听和智能终端收听为主，居家收音机收听为辅的格局。2018年到2020年，我国内地私家车拥有率从68.79%增长到77.21%，车载广播的听众规模也从4.01亿上升到5.01亿。在享受到我国汽车行业发展红利的同时，交通广播在移动化、智能化融媒转型中也表现突出。2020年，广播频率在各渠道的覆盖率分别为网站100%、自建客户端94.6%、微信83.3%、聚合新闻客户端47.7%、聚合音频客户端85.7%。据人民网2020年广播融合传播指数榜单，前十强中交通广播频率有6家，百强中则有25家。

2020年至2022年，受新冠疫情防控影响，人们出行受限，导致交通广播

---

① 马彩红．中国交通广播发展历程［J］．新闻知识，2009（4）：21－24.

② 燕帅，赵光霞．人民网发布2014中国媒体移动传播指数报告［EB/OL］．（2015－02－09）［2023－07－30］．http://media.people.com.cn/n/2015/0209/c120837－26532163.html.

③ 阿基米德传媒．独家丨2016交通频率广告收入破亿最全名单！［EB/OL］．（2017－03－31）［2023－07－30］．https://mp.weixin.qq.com/s/tGH5GDAYlqnG7CRAKH98Tw.

④ 黄学平．2017年中国广播收听市场年鉴［M］．北京：中国传媒大学出版社，2017：1.

车载收听率明显降低。尽管总体来看，2022 年我国交通广播的发展较为稳定，但赛立信全国受众调查显示，智能汽车自带的在线音乐、在线音频读物等功能越来越受车主喜欢，导航系统逐步取代交通信息播报。随着车联网时代的到来，移动音频平台、电子地图软件以及集成了上述应用的车载信息娱乐系统将加快进入车内场景的步伐，进一步撼动交通广播在车内场景中的主导地位。

考察交通广播车载业务的发展现状，其主要特征可概括为以下四点：

第一，车载调频接收端逐步被淘汰，区域性媒体面临全网竞争。不少汽车制造商表示，由于电动汽车比燃油汽车产生更多的电磁干扰，造成调幅中波广播信号接收不稳定、杂音多，车主收听体验不佳。他们对此采取的措施是直接取消 AM/FM（调幅/调频）接收端。2020 年，特斯拉（Tesla）宣布取消 AM/FM 广播接收功能。它已经开发了自己的信息娱乐系统，并外包给苹果、亚马逊和谷歌等企业。比亚迪 2022 年 2 月 1 日以后生产的汽车也已经取消 AM/FM 收音机模块，取而代之的是网络电台。2014 年到 2022 年 8 年间国内电动汽车产销量稳步增长。截至 2022 年 10 月，国内电动汽车产销量都达到了近年来的最大值，分别为 548.5 万辆和 528.0 万辆。从 2020 年到 2022 年，我国新能源汽车渗透率从 5.4% 增长到了 25.6%。[①] 这意味着传统广播电台正在以越来越快的速度失去原来强势占领的车内场景。另据赛立信发布的数据，2022 年在传统调频广播整体听众规模中，车载听众规模占 75% 以上。尽管传统车载调频广播端口依旧是当下广播媒体实现信息分发的主要渠道，但随着车内媒介系统的更迭，交通广播正在失去原有的核心传播渠道，不再具备信息分发的掌控力。车内媒介系统从原来的调频覆盖，转变为车载信息娱乐系统平台上的网络电台。交通广播作为区域性媒体，不仅面临全网电台、移动音频平台的竞争，而且面临全网视频、直播等众多信息娱乐平台的竞争。

第二，地图软件解决出行需求，交通广播的车载“必听性”正在失去。交通广播的发展源于人们对交通信息的需求，但目前这一需求正在被地图软件以定制化的方式满足。以高德地图、百度地图为代表的软件，基于卫星定位、电子地图、人工智能等技术为用户提供一对一的出行解决方案，逐渐成为人们

---

① 智研咨询. 2023－2029 年中国新能源汽车行业市场全景调查及投资潜力研究报告［EB/OL］.（2023－03－28）［2023－07－30］. https://baijiahao.baidu.com/s?id=1761575739794544326&wfr=spider&for=pc.

的出行刚需。据易观分析，2020 年手机地图市场月活跃规模为 8.87 亿人，活跃人数全网渗透率为 86.38%。基于超高的用户数量，地图软件正将业务内容渗透扩展到交通广播业务领域的各个方面。在路况播报方面，地图软件利用 AI 实现数据的实时采集，可实现对路况的精准播报；在语音交互方面，百度地图早在 2017 年就推出“小度”智能语音助手，用户仅需通过语音交互说出目的地和要求，就可实现路线的自动规划和播报；在生活服务方面，高德地图通过添加大众点评、打车等功能，不断扩大自己在综合生活服务上的版图。与此同时，随着国内自动驾驶系统的发展和 L2 级别车辆数目的增加，各大地图软件企业正向高精地图领域发展，为实现无人驾驶提供技术支撑。通过采用激光雷达、视觉、RTK（Real-time Kinematic，实时动态）与 IMU（Inertial Measurement Unit，惯性测量单元）多传感器融合的方案，高精地图能够以厘米级的精确度满足交通信息需求，不论是静态的道路信息、交通标识、障碍物，还是动态的行人、车辆、交通路况、天气等都能精准呈现。截至 2022 年 4 月，包括长安汽车、宝马、比亚迪、小鹏、沃尔沃、大众、丰田在内的 21 种汽车品牌相继与百度、高德、四维图新达成合作。地图软件以精密数据和智能服务实现了对交通广播信息服务的降维打击，使交通广播在交通信息供给上的作用与价值大为削弱。从长远来看，随着自动驾驶技术的发展，广播交通信息的市场需求将进一步削减，交通广播的车载“必听性”正在失去。

第三，移动音频平台挺进车内场景，交通广播车载收听市场大幅缩减。在内容聚合的“大音频”时代，移动音频平台通过手机和车载智能屏服务车内信息、娱乐消费场景，造成了电台受众的分流。当前，移动音频平台已经取代传统广播成为人们信息消费的第一选择。据赛立信媒介研究发布，2022 年，在线音频用户规模达到 6.92 亿人，超过了同期传统广播总体的听众规模 6.58 亿人，全网渗透率为 65.7%。喜马拉雅在国内音频队列中排到第一梯队，懒人听书、番茄畅听、蜻蜓 FM 和荔枝排到第二梯队，传统广播转型而来的音频平台云听排到第三梯队，阿基米德、开吧、粤听等排到第四梯队。[①] 随着广播受众逐渐向移动音频平台转移，移动音频平台的收听行为正延伸到车内场景。据艾媒咨询 2020 年上半年度调查，在线音频收听场景中，上下班路上和旅行

---

① 赛立信媒介研究. 2023 中国在线音频市场发展研究报告 [EB/OL]. (2023-03-29)[2023-07-30]. https://zhuanlan.zhihu.com/p/617848766.

出差分别占36.8%和26.7%，这意味着交通广播所服务的主要场景正在被移动音频平台不断蚕食。不止于此，随着车联网发展，移动音频平台正不断突破车载终端收听市场。2012年，特斯拉Model S的17寸中控竖屏横空出世，汽车媒介系统迈向了智能大屏时代。2016年，阿里和上汽基于斑马系统发布的上汽荣威RX5成为"全球首款量产互联网汽车"。[①] 2022年海外豪华品牌汽车的车联网渗透率达到80%以上，国产品牌则超70%。[②] 最早布局车联网音频市场的是在2012年入场的酷我音乐；2015年，喜马拉雅基于智能芯片的研发开发汽车产品；2020年以后，蜻蜓FM、云听、网易云音乐等平台相继进入车载音频市场。目前，中国车载音频市场的行业基本格局已经形成，QQ音乐、酷我音乐、酷狗音乐、网易云音乐、喜马拉雅、云听六大平台成为主要"玩家"。[③] 据艾媒咨询调查，2022年，在中国车载音频用户中选择云听的仅占5.3%。尽管以云听为代表的广播媒体也逐渐进入车载音频市场，但整体的市场份额和影响力依旧有限。数据显示，2022年，29.8%的中国车载音频用户用车载预装软件收听音频，使用车载无线广播的用户比例下降到24.1%，用自主下载软件、连接蓝牙的方式收听音频的用户比例各占22.6%和16%。移动音频平台对智能手机和车载终端两大媒介的占领，已彻底改变车载信息娱乐消费市场的格局，属于交通广播的车载收听市场蛋糕将越来越小。

第四，交通广播转型发展深化，融媒传播探索取得成效。随着媒体融合发展的持续深化，广播业从以数量增长为特征的粗放式发展模式，走向与新技术、新渠道积极融合的"精耕细作"时期。在多年媒体融合、资源整合的努力探索下，交通广播向声屏复合的新型广播转型，逐渐形成了"FM直播流+App电台直播+App非电台直播"三网共生的格局。[④] 2022年，各级广播电视台自建App的使用率从2020年的8.1%上升到19.6%，广播听众智能终端的

---

① 界面新闻. 上汽阿里首款互联网汽车荣威RX5正式上市售价9.98万元起［EB/OL］.（2016-07-06）[2023-07-30]. https://www.jiemian.com/article/731710.html.

② 汽车之家研究院. 重磅报告 | 2023中国智能汽车发展趋势洞察［EB/OL］.（2023-05-18）[2023-07-30]. https://mp.weixin.qq.com/s/aLog7C8CE-dMSQQkovBJyA.

③ 艾媒咨询. 2022—2023年中国车载音频行业发展年度研究报告［EB/OL］.（2023-01-13）[2023-07-30]. https://mp.weixin.qq.com/s/AaLDVTJAQMTBnAUF8UYGHg.

④ 梁毓琳，刘婉婷. 深耕存量市场 深挖智能转型：2022年中国广播市场分析［J］. 现代视听，2023（1）：38-42.

选择率达到了50%，在线广播的点击量累计达到127.14亿。其中，中央广播电视总台“云听”、上海东方传媒集团“阿基米德”和北京广播电视台“听听”下载量均已过千万。在全媒体传播方面，广播媒体在已有传播矩阵基础上，积极推进渠道与内容融合，激发了广播媒体的创新活力。新型广播通过分析平台用户需求和媒体产品特点，结合图片、文字、短视频、直播等多种形式制作内容，适应平台特性和用户需求，达到更好的传播效果。如浙江交通之声除全省同频覆盖的FM93调频资源外，还自办“北高峰”App，以及在微博、微信、抖音、蜻蜓FM、喜马拉雅等平台均开设了账号。其在广播直播上重视突发事件报道，在微信提供“高速路况查询”“车辆违章信息查询”“气象信息查询”等交通配套服务，在喜马拉雅、蜻蜓FM等音频平台上建立交通之声频道端口，播放适合网络传播的原创节目，其品牌活动“氧气音乐节”“我为汽车种棵树”等均取得良好的融合传播效果。

二、交通广播车载业务的转型困境

目前交通广播的车载业务仍占据主流市场，但在技术发展和资本市场的推动下，汽车媒介系统的迭代速度不断加快，无人驾驶技术不断取得突破。当新旧事物的更替发展达到拐点，随着播放端口和应用场景的消失，原有的立身之本将被彻底颠覆，交通广播已经到了必须考虑解绑调频频率、突围车内场景，在新形势下重新探索发展有效路径的时候了。就目前而言，交通广播车载业务所面临的转型困境主要包括以下四个方面。

第一，高度依赖车载调频频率，渠道转型效果有限。目前，绝大多数交通广播仍未摆脱“频率与新媒体是主仆关系”的认知窠臼，融媒转型并不彻底。由于三十多年来车载收听市场的稳步增长，以及汽车企业作为交通广播营收的主要广告来源，大多数交通广播仍以车载业务为主。这就导致大量的平台内容由广播节目简单转化而来，缺乏对网络用户需求的针对性。与移动音频平台产品相比，与用户需求的匹配度不高。如浙江交通之声选取了广播节目中具有再传播价值的内容，制作成音频产品上传到喜马拉雅、蜻蜓FM等平台，包括微广播剧《最美浙江人》《网络新词学习小组》等。尽管这些音频产品已经从参与性、故事性、实用性、重要性多个角度进行了筛选，但是与移动音频平台产品相比，无论是质量还是数量都不尽如人意，并且内容与以娱乐为主要需求的音频平台用户匹配度不高，点击量低在所难免。在平台建设上，除中央广播电视总台“云听”、上海东方传媒集团“阿基米德”、北京广播电视台“听听”和广东广播电视台“粤听”外，大部分广电媒体建设的音频客户端月活量都不容乐观。这反映出交通广播依旧未摆脱对车载调频端口的深度依赖，融媒转型发展效果有限，一旦车载媒介系统实现技术迭代，交通广播原有的内容生产、组织架构、广告业务等都将面临严峻的挑战。

第二，生产智能化程度低，人员利用效率不高。事实上，移动音频平台、智能导航对交通广播造成挑战的核心在于技术对生产力的革新。正是依托5G、大数据、人工智能等技术，互联网企业以更多元的内容、更高的质量、更个性化的匹配，满足了车载用户的需求，具备了比交通广播更强的核心竞争力。然而，尽管智慧化升级被写入《广播电视和网络视听“十四五”发展规划》，人工智能技术在现有交通广播电台的生产与传播中的应用依然缺乏广泛性和深度性。2020年，湖南广电的5G智慧电台与百度合作，引入百度地图AI智慧路况等优质内容，实现了台网的精准联动，以强大的技术支撑，输出优质的交通信息服务。截至2023年1月，国内已有29个省的914家基层电台签约使用5G电台，主要在人才、实力相对匮乏的县级融媒体中心应用。而在省级、地市级交通广播中，不少频率为打造风格的差异性，以更风趣幽默的方式呈现路况资讯，依旧采用了人工播报的方式。如北京交通广播《一路畅行》通过连线警察播报路况、重庆交通广播《955与你相随》主持人在交谈中插播路况信息、嘉兴交通广播《出行早高峰》通过连线驻点记者插播路况等。一方面，生产智能化程度不高，大量人才无法从简单的机械工作中解脱出来，投入融媒生产实践探索中，无论在数量还是质量上，交通广播都难以产出可以跟商业性移动音频平台一较高下的音频产品；另一方面，智能化并不等同于“无人电台”。

第三，即时化直播节目内容，难以转化为版权价值产品。交通广播转型融合型音频平台的一大障碍，就是直播节目内容具有即时性，难以转化为具有版权价值的音频产品。目前，交通广播播出的节目类型主要包括民生服务、新闻资讯、交通路况、天气和音乐等，音乐有专属的版权方，其他内容基本上只具有即时性的价值。因此，交通广播除了以在线直播方式入驻各移动音频平台以外，很难实现从即时直播节目到版权音频产品的转变。如浙江交通之声作为少数几个重新挖掘处理节目内容，制作成在线音频产品的电台，其专辑中95%以上的作品在喜马拉雅上的点击量都未能超过千次。据艾媒咨询，2021年中国在线音频用户偏好收听内容榜单中，娱乐内容占42.3%、知识学习占35.1%、生活内容占33.3%、有声阅读占32.3%、资讯内容占30.5%。尽管，广播剧、有声阅读产品以及“脱口秀”音频等也逐渐进入交通广播，但仍是少数。在商业性移动音频平台以点击量作为内容聚合和算法推荐基础的机制下，交通广播直播节目转化产品难以有效获取流量。

第四，难以跳出车内场景，融媒转型思路僵化。墨守成规，画地为牢，缺乏对未来的想象力，使得交通广播难以跳出车内场景。互联网具有将现实场景扁平化的强大能力，它超乎想象地突破了时间、空间的限制，也将使车内场景不再受制于驾车任务，为用户的信息娱乐选择创造更多的自由度。因此，未来广播必须跳出车内场景服务，转型全方位的信息娱乐。梳理近年来交通广播的融媒转型案例不难发现，大多频率依旧围绕服务车内场景和传统广播广告客户。而商业媒体的思维更为开阔，展现出具备行业引领性的开创性思维，如抖音“汽水音乐”，采用与刷短视频相同的滑动设计，有关人士预测该应用后续可能会添加播客功能，更适于用户刷听音乐。① 因此，交通广播要成功实现转型突围，还需要跳出车内场景，突破现有收听市场束缚，以创新性思维引领用户需求。

三、交通广播突围车内场景前瞻

随着社会发展的信息化、网络化和数字化大趋势，移动音频平台、地图软件等网络应用、数字应用迅速进入车载空间，交通广播直面了全新的挑战。唯有抓住机遇，才能涅槃重生。未来的互联网音频服务应当是个性多元的智能服务。

第一，加速渠道转移，适应数字媒介环境。新旧媒体竞争，此消彼长。交通广播与车载信息娱乐系统上的其他应用竞争，一旦拐点突破，就将颓势尽

---

① 陈桥辉. 字节内测“汽水音乐”App，在线音乐市场再现“三国杀”[EB/OL].(2021-12-15)[2023-07-30]. https://baijiahao.baidu.com/s?id=1719170285145383383&wfr=spider&for=pc.

现。目前看来，随着车联网新能源汽车实现量产，车载信息娱乐系统基本布局完成，留给交通广播渠道转移的窗口和时间已经不多。交通广播应在新旧交替的拐点到来之前，加快数字化转型进度，建立新型媒体矩阵。以数字媒介的思维为主导，重构自身的业务内容、组织架构和生产模式。如云听凭借品牌影响力、智能推荐技术和尖端的音频技术，把握了车载音频的B端市场。通过与科大讯飞、星河智联共同研发一站式车载音频产品，与极豆科技深化共建车联网应用生态，与全景声科技合作升级声效体验，与湖南声广科技和倒映有声科技合作补强AI能力，充分具备了车载音频产品的研发能力，成为众多车企合作的首选。2023年3月，在第十届中国网络视听大会上，央广新媒体负责人透露，云听用户总量已达2亿，其中车载用户达6 100万。如今云听已上线47家主流汽车品牌，与68家后装方案商展开深度合作，推出的车机版应用入驻华为HMS for car、腾讯Tai3等众多车机平台，并通过适配CarPlay、Hicar和Carlife等车机映射系统建立起基于车载的产品与渠道矩阵。相比于内容和功能大而全的云听，北京广播电视台“听听FM”以“小而美”为发展思路，通过聚焦本地内容、利用专业团队生产精品垂类产品、建立版权壁垒、推出音视频直播板块等举措，实现了地方电台音频自建平台的转型探索，目前用户已超2 000万，成为转型较为成功的省市级音频平台。

第二，推进智能播报应用，解放电台生产力。融合转型意味着，交通既要维持好原有业务，又要通过人工智能技术等应用，释放更多人力，提升品牌的创造活力。以智能播报提升广播内容生产效率和内容丰富度。在交通广播的日常业务中如路况、天气、新闻播报等都属于机械性的重复工作，可以通过智能播报的方式提高工作效率。人工智能技术应用还可以提升交通广播音频产品的生产效率，实现有声书、街景电台、直播互动等多种类型的产品打造。如，阿基米德综合运用语音合成、自然语言处理和音频编播技术，建立了虚拟主播系统，以高表现力的语音播报和内容理解技术自动生成新闻热电台、故事会电台、街景电台等，以海量的有声内容提升了用户的收听体验；[①] 广东广电的粤听App应急广播增加“AI智能播报”；北京广播电视台打造了“广播直播智

---

① 胡蓓蓓．虚拟主播在音频生产和传播中的应用［J］．广播电视信息，2023，30（3）：70－72.

能语音互动系统”，等等。而通过广播节目和音频产品的智能化生产所释放出来的人才资源，应当投入新媒体音频内容的开发，有力推动交通广播的转型发展。如浙江城市之声在抖音、快手、微博平台力推主持人转型，打造“新闻姐”形象，基于热点新闻分享、解读和点评发布短视频，抖音、快手、微博粉丝分别多达 1 788. 6 万、630. 6 万和 86 万。

第三，践行融媒生产思路，高效打造多元产品。智媒体时代，传统的爆款式销售已难以奏效，以多元小众的音频产品形成“长尾效应”成为广播业重要的发展趋势。早在 2014 年，人民日报社搭建“中央厨房”全媒体平台，“一次采集、多元生成”的高效融媒生产模式一度引发全国媒体众相效仿。而今交通广播要突围车内场景的困局，需要破除车载调频与互联网渠道二元对立的思维模式，超越对全媒体传播的传统理解，通过策划、统筹和人员架构的调整，实现“同平台分渠道”互联网一体化生产机制，即在同一车载信息娱乐系统平台上，实现直播电台与音频产品的同步生产与互推引流。据《2022 年中国声音经济数字化应用发展趋势报告》，中国收听有声书、在线直播、脱口秀、娱乐资讯、广播剧、在线短视频的用户保持稳定增长，满足了国民文化娱乐的需求，随着知识付费的发展，在线音频产业将走向腾飞。如上海东方传媒集团旗下的广播音乐中心四套音乐频率，自主开发内容生产和分发平台，实现可视化广播生产业务的完整闭环；青岛广播将视频化转型作为融合发展的主攻方向，打造具有广播基因的视频化直播演播室；听听 FM 启动声音 IP 计划，招募优秀播客，寻找可签约的人才，等等。尽管目前来看娱乐消费为用户的主要需求，但多样化的优质内容仍将为交通广播引流更多的用户。要突破车载场景的围困，就需要交通广播主动迎接声音经济数字化的潮流，以高质量的多元产品实现对用户的定制化功能。

第四，跨界融合拓展界面，开创广播网络化生存发展全新格局。跨界融合是广播实现多元渠道传播与发展的重要途径，也是交通广播突破传统调频接收端所对应车内场景，实现多元化发展的必经之路。自“广播 +”概念提出以来，这里的“广播”就是指以调频频率为主的无线电台，因此，“广播 +”始终无法走出电波直播的传播形态与覆盖区域。而所谓的“跨界”，无非也就是广播从业者走出直播间，开展一些线下的活动。但是随着车内场景调频接收端的式微，广播与互联网媒体的边界终将被打破，交通广播将开启网络化生存发展的全新格局。在这样的背景之下，作为媒体机构的交通广播，理论上，可以在车载信息娱乐平台上开设无数个“频率”界面，也可以通过音频产品或音频融媒产品的生产与发布，构建全新的跨界融合传媒业态。如杭州交通经济广播把王牌汽车维权节目《我的汽车有话说》搬到自主研发的“开吧”App 上，借助系统自动对接相应汽车厂商和汽车 4S 店，加上节目组线上督导与协调，实现了用户在全国范围内的在线维权，使汽车维权效率提高十倍以上。同时，杭州交通经济广播打造了用户相互可见的互动社群和融媒体公益 IP 人设“杭帮侠”，让“直播流 + App”成为驾车人群维权、社交的声屏复合平台；贵州交通广播推出节目《了不起的年轻人》，通过短视频的形式结合网红主播扩大传播声量，尝试依托餐饮商家拓展宣传与带货业务，建立会员制的本土美食联盟；河南交通广播在与本地汽车快修快保的合作中，深入汽修品牌自身的内容运营服务，协助品牌方开展圈层活动共建，等等。各地交通广播都基于现有频率的用户基础，通过多元的跨界方式探索着交通广播业的未来可能。

四、结语

车联网时代的到来，使广播媒体真正进入了智能化发展的赛道之中。交通广播依赖车载调频端口的渠道优势一度成为独占车内媒介系统的统治者，但由此也造成了对电波传输路径的深度绑定。机遇与挑战并存，解绑与重生同构。交通广播在面临移动音频平台、地图软件等挑战的同时，也迎来了“耳朵经济”“声音数字化”“知识付费”“有声阅读版权”等新的机遇。如何顺利渡过新一轮的媒介系统更替，交通广播需要直面危机，用未来的眼光看待自身，以强大的决心、快速的行动与迭代的时间窗口赛跑，追随发展前沿，实现转型重生。

参考文献：

［1］陈珊珊．新媒体环境下交通广播的发展［D］．哈尔滨：黑龙江大学，2015.

［2］燕帅，赵光霞．人民网发布 2014 中国媒体移动传播指数报告［EB/OL］．（2015－02－09）［2023－07－30］．http://media.people.com.cn/n/2015/0209/c120837－26532163.html.

[3] 黄学平. 2017年中国广播收听市场年鉴 [M]. 北京: 中国传媒大学出版社, 2017.

[4] 梁毓琳, 刘婉婷. 深耕存量市场 深挖智能转型: 2022年中国广播市场分析 [J]. 现代视听, 2023 (1): 38-42.

（吴生华系浙江传媒学院新闻与传播学院教授；李婵系浙江传媒学院新闻与传播学院硕士研究生）

与时代同频：全媒体生态下交通广播现状探析

曹泽波

摘　要：移动智能终端的普及、用户场景的新变化，带来了全媒体生态的发展。广播作为一种传统化的媒介形态，在全新的媒体生态下也出现了新的变化。全媒体生态下交通广播依托微信、微博、客户端等渠道，呈现出全新、全景、全媒体特征；在智能技术的加持下，广播越来越智慧，逐渐可听、可见、可视化；作为一种传媒产业，交通广播在行业竞争中，也形成了更多元、多面、多渠道的服务和经营模式。

关键词：全媒体；交通广播；创新

近年来，伴随着互联网信息技术的不断提升发展，在新媒体发展浪潮的倒逼之下，传统媒体进行了多种转型升级的尝试，通过各类新媒体平台和原有传播平台的融合升级，打造了自身的多媒体分发渠道。除了自身既有传播平台外，还将触角伸向微博、微信、抖音等多种渠道，形成了自身的传媒矩阵。这在一定程度上大大丰富了人们的生活，为人们带来了多样另类的视听产品，却也重构了传统大众媒体的受众市场，消解了原有的传媒格局。传统媒体以媒介融合为契机，积极探索新路径，抓住融合发展新机遇，实现与新媒体的深入融合。一方面，交通广播作为传统广播媒体最重要的有生力量，其在车载传播系统上的市场份额占比依旧庞大，发展势头依然强势；另一方面，面对新媒体的强大冲击力，交通广播本身所存在的问题和全媒体传播生态带来的机遇和挑战如今显得尤为突出，交通广播的全媒体传播应是必由之路。在此背景下，交通广播应顺应媒介融合之势，不断革新传播体系，积极探索新的传播方式，提升自身竞争优势，寻找全媒体语境下的新传播思路。

一、我国全媒体生态下的交通广播

1940 年，延安新华广播电台的成立标志着我国广播事业的开端。20 世纪 80 年代之后，由于市场经济蓬勃发展，城市道路汽车流量大幅度增加，交通问题日益明显，交通拥堵问题影响着居民的出行。在此背景下，1991 年，国内第一家交通广播电台——上海交通广播开播。至今，全国已有超过 300 家交通广播电台成立。交通广播在市场的不断变化发展中，满足了受众的多方面需求，因此迎来了蓬勃发展的春天，成为媒体舞台上经久不衰的优美曲调。截至 2022 年 12 月，我国机动车保有量达到了 4. 18 亿辆，汽车保有量约为 3. 19 亿辆，汽车驾驶人达到了惊人的 4. 64 亿人次，汽车年新注册量和年增量均达到中国历史最高水平，也意味着私家车已经普及至较多百姓家庭。随着我国汽车保有量的连连攀升，日益严重的交通问题也助推着交通广播的发展，交通广播成为传统广播行业的一块金字招牌。然而，在移动互联网时代，交通广播面对与新媒体竞争的残酷现实，很多传统媒体都选择与新媒体进行融合，获取多渠道的传播方式来提高自身竞争力，因为不管是信息的多元获取，还是与受众的实时互动，都离不开全媒体生态的赋能。在全媒体生态环境中，各种媒介信息传播方式丰富多彩，包括了广播、电视、手机媒体、报纸、杂志、电影等多种媒介形态。用户可以通过手机、电脑等移动终端设备实现信息的有效接收，信息的接收和发送完全不受时间和空间的限制，能够随时随地获取自己所需的信息。

二、我国全媒体生态下交通广播的特点：温度、智慧、衍生

全媒体生态下的新技术运用为交通广播节目的创作理念、传播途径和方式带来了颠覆性的改变，交通广播的“伴随性”“即时性”“移动性”“碎片化”特点进一步凸显，可利用发展的前景也日益显现。因此，全国各大交通广播平台依托自身优势和特点，在全媒体传播的生态下发掘出了多样的传播模式和传播手段，不再局限于传统的“一家传万家”的单一模式。通过多样的反馈渠道，增强了与受众的沟通交流，甚至与新媒体平台相结合，探索出了广播产品的生产和分发传播的“可视化”路径。在经营模式上，全媒体语境下的交通

广播整合了既有资源，发掘出了基于社群的线上—线下传播新模式，并优化了组织架构，进行多部门、多团队之间的快速联动。诸如此类的措施发掘出了符合交通广播自身传播特性的全媒体传播模式，形成了当下的全媒体传播格局。

（一）全新、全景、全媒体

2022 年 CSM 的数据表明，交通广播受众人群年龄以 25—44 岁听众为主，占整个交通广播收听人群的 30% 以上；同年艾瑞咨询发布的数据也显示，2022 年中国线上音频使用人数达到 7 亿，30 岁以下占比 66.7%。从两组数据来看，我国交通广播受众和当前的新媒体使用人群基本上是同一人群。全国各地的交通广播平台不仅在传统广播平台占领主流市场，还在线上媒体端也同样拥有大批忠实受众。然而，新媒体技术的运用必然带来受众时空的转变，交通广播与受众进行互动对话的场所和通道也随之转移，交通广播的传播路径从一对一单向互动转变为双向互动，再转变为全媒体的多渠道互动。新的传播格局下各地交通广播纷纷走上全新的发展道路。

如今绝大部分车企都在推动车载广播进行智能化网联，汽车智能化网联之后，产生了新的交通广播播出形态、新的互动模式、新的商业营销模式。自从 2016 年开始，几乎所有新出厂的车辆都具有 OTA（远程在线升级）功能。自从 2021 年开始，特斯拉、吉利、小鹏、smart 等车企已在其生产的汽车上取消了收音机模块，取而代之的是由移动通信技术提供网络支持的车载智能屏幕。全国交通广播并未被动地等待车载广播用户，而是主动拥抱新技术，在车载智能网联中开发新阵地。以中国交通广播和云听客户端为例，云听从 2021 年开始联合 66 家汽车主机厂、70 余家汽车后装公司，将云听软件直接预装到超过 4 500 万辆车中。南京广播电视集团利用 5G 通信技术打造的 5G live 技术是南京交通广播电台的全媒体直播技术，节目通过一机三窗口直播板块播出，四个屏幕分别播放不同的画面内容。节目中，四重信号汇于一体，容量大，内容丰富，利于观众接受。贵州交通广播运用新技术和新思路打造了四个从广播到新媒体收听端都颇受追捧的网红工作室，让他们的跨界演绎成为助力交通广播转型升级的有力推手。“我是柳叶眉”工作室的微剧栏目不仅在广播端滚动播放，而且在“两微一端”和贵州广电的“动静”、贵州交广的“找到啦”客户端循环播映。微剧主角还开通了个人抖音账号，作为节目和工作室的明星 IP

打造。这些措施不光为工作室的发展注入活力，也加快了贵州交通广播的融媒步伐。此外，汽车工作室、家装工作室、美食工作室客户分别开设和孵化了“冬冬说车”“冷酷市民何女士”“美食辣嘴巴”音视频专区和交流社区，2020年以同心抗疫为主题的美食系列作品节目观看量累计突破10万，单个节目阅读量超过6万次。泉州交通广播在交广平台移动客户端、微信公众号和视频号等新媒体平台呈现抗疫主题公益广播以及“主播听你说”直播等，它们共同的特点是适应各种场合、各种时间，并且保持音视频同步，可听可见，在保留原有的热线互动的基础之上，同时开启多路视频传输，呈现直播间场景和外拍夜景，实现了全新的交通广播直播方式创新，满足了人们对全媒体时代的传播需求。河南交通广播电台从2018年起逐渐开发出了“阳光美食团”“美丽河之南”“海洋工作室”“车友俱乐部”等有影响力的子节目。这些节目从交通广播的用户需求出发，建成集汽车养护、美食推荐、突发新闻报道、维权服务为一体的全媒体产业生态布局，为受众建成了全景式的生活服务综合平台。“交广领航”是河南交通广播电台自主开发的App，它将传统交通广播和互联网发展相融合，探索交通广播融媒发展新路径。在App后台保留用户大数据信息，以个性化、针对性的推送内容为用户提供各种交通核心服务；并为会员提供广播节目直播、汽修、保险、突发救援、美食、旅游等内容，丰富用户使用功能的同时也为商家吸引了大批的线上客户，既提高了社会影响也实现了经济创收。

在新媒体生态下，交通广播电台要想获得可持续发展能力，就必须不断拓宽传播渠道。而新媒体传播时效性强、传播速度快、覆盖范围大的特点正是交通广播可持续发展所需要的。“广播+新媒体”的实践有效拓宽了传播渠道，也能在直播过程中与听众互动，并获得即时反馈，有助于提升节目效果和收听效益。“两微一端”同步发送节目相关信息更有助于扩大粉丝群体，带动新的节目收益增长。各地交通广播电台纷纷搭乘新媒体的快车，借助诸如喜马拉雅、荔枝等音频平台进行多平台内容展现，将广播节目中可听性强、内容丰富有趣的段落剪辑成集锦在官方App上播放，有时也延伸到微博、微信平台播放。湖南广播电视台就利用“芒果TV”实现了大屏小屏的联动，助力打造了湖南卫视的全媒体传播矩阵。此外，南京交通广播的国庆特别节目《直击国庆出城路况》不仅在南京交通广播电台和信息频道播出，而且在抖音、咪咕视频同步直播，用户可以发送弹幕实时互动，真正实现了台网融合、大小屏联动。河南广播电视台交通事业部立足本体，创新传统，连接用户移动端，突破空间和时间限制，打通内部界限，打造了直播联动团队，建立了热点新闻本土化快速联动机制。其聚焦于省内以及全国热点事件，将新媒体、新闻节目、经营团队进行联动，探索切实可行的全媒体传播机制。2021 年的节目《郑州市英协路上 15 棵法桐树被人为毒死》《全网寻找：豫 A613KE 白色福特车主》在全网引起极大反响，阅读量共计 4 500 万次。河南交通广播事业部通过多部门的深度融合协作，根据产品特点进行宣传推广，取得显著成效。

新媒体环境下，交通广播电台要想提升可持续发展能力，就必须拓宽信息的传播渠道，对各传播项目进行精细划分，并建立带有明显自身标识的新媒体账号、微信公众号或者客户端。这些全媒体应用渠道上的互动过程，就是一个打造全新媒体形象，建设全景式传媒矩阵的过程。因此，在探索全媒体生态下的传播路径过程中，各地交通广播电台逐步摸索出了全新的融媒体发展方向，发展出了全景式立体报道形态，形成了全媒体的传播格局。

（二）可听、可见、可互动

移动互联网技术的运用使信息传播的路径更广，内容更全，受众接受信息的方式也更广。传统媒体所承担的信息传递功能被逐渐削弱，不再是受众获取信息和娱乐的唯一途径。受众对传播媒介的选择和需求都变得更加丰富和多样，短视频传播因此迎来爆发式增长。交通广播作为传统媒体的一颗璀璨明珠，更是在大数据、人工智能、5G 通信技术的赋能下，展现出了在融媒体生态下的巨大传播能量。移动设备的使用使交通广播在声音传播的基础上附加了影像，直播的同时使用图文、短视频作为传播载体，还开通线上聊天室作为互动平台，利用 AI 技术打造虚拟主播参与线上互动成功吸引了大批网络年轻用户，在当下表现出了强大的生命力和影响力，形成了更立体、更智慧的传播生态。

在全媒体生态下，交通广播发挥了原本在声音传播方面的优势，并充分利用各种智能终端设备，走向不仅能听见更能看见的可视化、全屏、全网的新广播方向发展。自 2017 年开始，移动短视频逐步发展壮大，在 2019 年开始走向成熟，目前形成了以抖音、快手、微信视频号为主的短视频网络，具备庞大的流量。数据显示，2022 年中国在线直播用户规模为 7.51 亿人，预计未来继续保持稳定增长。各地交通广播电台纷纷顺应短视频发展，探索可视化发展路径。习近平总书记 2021 年 5 月视察河南南阳时，河南交通广播电台制作的短视频《水从河南来》通过其“两微一端”和央视频播出后，观看人次达到近 30 万；与交通交警部门联合推出的“高速看河南”进行全媒体报道，开展现场直播，把开放、绿色的河南呈现给全国观众。河南交通广播电台还推出防汛抗灾全媒体特别节目，连续视频直播长达 250 小时，联合全国 50 多家交通广播电台传播防汛抗灾情况，其微信视频号、微博、抖音、头条等平台的总阅读量达到近 2 亿人次。安徽交通广播是我国融媒体探索较早、发展较快的广播电台，其交通融媒体矩阵粉丝数总计 600 余万，综合排名位于中国第一。依赖于成熟的融媒体矩阵，安徽交通广播开发出了集广播、海报、短视频、线下活动于一体的节目《成长公开课》，在安徽乃至全国具有很大影响力。不同于只见其声不见其人的传统广播，现如今不光能看到主播，很多主播也参与到直播带货中，如江苏交通广播联合全国 22 家交通广播和 50 余位主播为贫困地区带货，助力脱贫攻坚。内江交通广播在 2019 年进行可视化升级改造，“听见内江”官方节目发布账号、“听内江”微信公众号等共同形成了内江交通广播的可视化融媒体模式。其还将视频监控系统引入微信公众号系统，把广播音频和监控视频整合，转化为视听一体的多渠道传播方式，更便于受众了解掌握交通路况。

短视频时代的到来使交通广播的发展创新经历了从直播间固定镜头直播到场内场外直播连线的过程，交通广播的可视化融媒体发展不是简单的形式上的融合，而是传播理念和传播方式的相互适应和交融。交通广播的转型虽然面临许多困难和挑战，但仍然有着强大的竞争力和不可替代的公信力。可视化创新是交通广播适应融媒体生态的转型发力点，不仅大大增加了广播节目的节目信息量，而且无时无刻不为受众提供媒介陪伴。

正是因为交通广播强烈的伴随性、便携性、碎片化的特点和新媒体传播具有高度相似性，所以在融媒体背景下，新媒体特有的互动式传播能够和当下的交通广播相契合。这不光体现在各种移动终端平台的相互链接，更体现在交通广播一改传统广播单向度传播的固有局面，以听众为导向，利用新媒体技术打通了广播台和受众，甚至是受众与受众之间的多向交流。这不仅拓宽了信息来源和传播渠道，而且加深了广播台与用户的沟通。北京交通广播推出系列交通专题节目、社群节目，通过微博、微信、抖音、快手、央视频等平台传播，通过社群用户之间竞猜比赛、投票打榜等多种活动，增强受众之间的互动，不断增进社群粉丝之间的交流。北京交通广播通过线上、线下与粉丝互动，使受众获得更高的参与感和互动性，形成了上百万粉丝参与的效果，进一步提升了北京交通广播的影响力。近年来，河南广播电视台交通事业部利用全国120余处的红色教育基地资源，综合运用抖音短视频、微信公众号图文、H5互动等形式展示，吸引听众打卡红色基地，并策划推出了“我和我的党支部”系列融媒体报道节目，吸引全国200多个党支部参与。湖北广播电台楚天交通广播的微信公众号菜单栏设置多个子菜单栏目，并利用微信直播将节目进行直播，让广播实现可视化。许昌交通广播的微信公众号利用留言和互动的优势让群众对交通拥堵情况进行留言，交通电台与交警部门沟通合作，对群众所留言的情况进行及时处置，切实保障道路顺畅。由此可见，融合互联网的信息资源、传播平台、互动平台，不仅丰富了电台的广播内容，而且拓展了收听渠道，用户与电台之间得到进一步沟通。

以上的多向沟通互动报道和直播充分展现出了新媒体环境下交通广播电台和受众之间的双向传播互动模式，同时也提升了交通广播电台作为主流服务型媒体的公信力和影响力，弥补了传统广播单一线性传播的缺憾，提高了用户的忠诚度和黏性。

（三）多元、多面、多渠道

无论是经营模式的转变还是信息来源渠道和传播路径的探索，抑或是与其他传统媒体和新媒体相融合所形成的多面的融媒体矩阵，交通广播在当下的发展现状下展现出了一幅多元完整的生态图谱。借助于新媒体的强大能量，各地交通广播电台开展了更为丰富多元的发展尝试，经营创收方式也更加细化和成熟。多渠道的信息接收和互动方式也为交通广播的融媒体生态构建带来更为强劲的动力。

新媒体环境下用户信息获取方式更加碎片化，这要求交通广播适应时代发展，满足观众碎片化观看的要求和习惯。虽然报道方式的多元化会导致制作成本的升高，但是，相比于单纯的声音传播，图片、视频、文字的有机结合会让信息更为立体和更具说服力。安徽交通广播利用线上线下双渠道，从新闻内容的生产到产业的跨界出圈，都突出了“广播 +”的融合发展特点，积极探索新闻实践的多元化呈现。2020 年新冠疫情防控时期，安徽交通广播在新媒体宣传中开辟了“重要速报”“一级响应进行时”“紧急插播”等多个新媒体专题，在新媒体客户端被频繁转发，有效保证了安徽省新冠疫情防控措施和信息的快速传达。北京交通广播自 2019 年起，通过发展社群运营的方式推出在线收听路况及限牌查询等生活服务，并在“两微一端”建立社群服务，每月用户活动超过 50 万。许昌交通广播的微信公众号坚持多元报道形式，重视视频、音频、图片等呈现方式的有机整合，其微信公众号推送的关于蔬菜滞销急盼销路的推文就采取了视频、文字、图片相结合的方式。这种报道方式既生动又具有说服力，能够直指新闻核心。新冠疫情防控期间，商丘交通广播开启了交通广播融媒带货模式，还开通了线上看房、看车活动，为当地房企、车商引流，用广播新媒体为商家打通了一条新的营销路径；后期又联合了几十家家电建材商，用直播的方式助力企业复工复产，在广告收益下滑的情况下开拓了新的经济增长点。

传统交通广播的盈利主要靠两个方面：第一是国家的资金投入，这得益于我国的传媒方针政策；第二是利用广告服务的形式盈利，在相当长的时期里，广告收益占据了交通广播电台收入的绝大部分。新媒体背景下，粉丝经济相当繁荣，利用主流媒体的优势进行多方面的社群粉丝经营就是许多交通广播电台实现盈利模式转型的一大特征。

江苏交通广播网根据粉丝需求不同和节目特点进行细分，建成了多个领域和不同需求的粉丝群，并通过线上交流、线下活动的方式刺激粉丝，搭建受众和电台更为紧密的关系，目前已覆盖 3 万余人。2018 年，江苏交通广播网举办“相亲大会”，通过广告招商之后，有各行各业近 40 家企业入驻会场，广告收益超过 300 万元。这既为交通广播电台实现了有利宣传，也实现了流量变现。多方面的跨界链接是江苏交通广播网实现盈利模式转型的又一手段。“惠游中国”是江苏交通广播网的跨界旅游产品，通过连接各种资源，发挥协调、沟通、互动的功能，已组织近 5 000 名游客到新疆、西藏等地自驾旅游，创造了社会效益和经济效益双丰收的营销案例。广播媒体种类分流意味着“流量”变现，交通广播更需要重视获取不同场景中的“流量”进行转化。融媒体时代，许多广播电台开发了专属 App，如中央广播电视总台的“云听”、湖南广播电视台的“芒果动听”、浙江广播电视集团的“喜欢听”等。日常化、碎片化的精彩节目争相上线，顺应了融媒体生态下的交通广播的多面发展，也对稳定交通广播听众数量发挥了良好作用。

首先，在“人人都有麦克风”的时代，广播节目信息线索渠道也更加多元。江苏交通广播网舆论监督节目《交广双声道》以事实为依据，上接法律法规、政策，下接民众，架起新闻信息沟通的桥梁。该节目通过多年的探索实践已经形成了热线电话、江苏交通广播网官方微信号（拥有 137 万粉丝）投诉爆料平台等多个线索采集平台。

其次，在内容传播新渠道上，社群成为全媒体生态下广播传播的新渠道。群友既进行内容生产，也参与内容传播。在南京大屠杀 80 周年之际，江苏交通广播网推出以在线点亮蜡烛为主要形式的 H5，引起各社群中网民的广泛转发，推动国家公祭日主题的有效传播。合肥交通广播 2022 年 1 月改版推出了全新节目《大伟时间》，该节目播出后将精华内容剪辑成一条 5 分钟左右的短音频上传至喜马拉雅，实现了广播内容的多元分发。

最后，在全媒体生态下，作为传统媒介形态之一的交通广播呈现出多元化的特点，不仅表现为广播本体渠道多元化，还表现为媒介产业形态多元化。广播与电商开展合作，形成“商业变现”的新模式。安徽交通广播通过打造“908 商城”，在日常的播报中提高商城的曝光度，凭借其受众基础，进行差异化产品选取，提高商品购买率。在此基础上，安徽交通广播又上线“908 幸福汇”社群网络新平台，提供汽车保养和定制商城相结合服务。“广播 + 电商”的新模式实现了广播传统产业价值链的重构与盈利模式的创新，助推了广播行业持续变革和可持续发展。内江交通广播开通“1027 优选”，与京东、拼多多等第三方平台合作，为受众提供优质商品，其还开设了“生活缴费”等民生服务端口，一定程度上做到“一个终端，多种服务”。内江交通广播也通过与内江市就业创业促进中心合作，吸引了本地和外地的招聘单位，为待业求职人才搭建一个官方平台。

全媒体时代带来技术、数据、收发信息方式的多样化。交通广播只有在传统业务的基础上，充分利用和融合新媒介的优势，构建多元、多面、多渠道的新模式，不断革新交通广播形式，与受众接轨，与时代接轨，才能更好地在全媒体生态中站稳脚跟。

三、我国交通广播未来的发展趋势及前景

交通广播在未来的发展前景仍然是光明的，交通广播不会消失，但是会不断改变。交通广播和网络的关系会更加紧密，融媒体生态下的交通广播仍然会被不断重塑。

一是科技持续加持交通广播行业。在数字信息时代，智能技术将成为交通广播深度融合发展的关键力量，进一步促进交通广播媒体的转型升级。中央广播电视总台云听 App，已经能够采用大数据分析法和算法数据，根据车主的驾驶场景和喜好，推送天气、路况、新闻、音乐、有声书等“场景化”的智能电台流内容，为用户提供个性化的车载音频娱乐服务。广播可视化探索也将不断优化升级。安徽广播提出了“广播节目视频化是广播融媒的发展方向”，各地方台可将多个广播节目通过多种方式打造可视化广播。在未来，“全时全线”的广播生态将入驻人们的生活。

二是“广播 +”模式功能更加突出。未来的交通广播，将突破传统广播媒体的单一化业务，延伸交通广播产业，与旅游、文化、教育等线上线下产业深度融合。此外，交通广播媒体作为以听觉为主导的媒介形态，其承担的公共服务将越来越多，例如应急广播、政务民生广播等。广州交通广播以品牌节目《车天车地车世界》为基础，设立《双蕉癫拿》脱口秀节目，每月在特定的时间和地点举行剧场版脱口秀，搭建了车主、交通广播、品牌经营商之间的交流平台。此外，广州交通广播“1061 车友会”与各大汽车品牌进行合作，组织了多场国内新疆、西藏以及国外北美洲、欧洲等地自驾的活动。

三是交通广播边界不断延伸。元宇宙助推生活与技术融合成为可能，重塑了传统的传播链条，同时也为以“声音”为特色的传统广播媒介赋予了新机遇。伴随听觉与视觉媒体边缘的不断消解，元宇宙所打造的虚实共生的声音生态将逐渐变为现实，为听众带来更“交互式”“沉浸式”的体验。未来交通广播将打破物理边界限制，成为人与物、物与物连接的全新应用媒介。

四、结语

全媒体生态下，交通广播积极应变，充分利用5G、人工智能、大数据等技术与时代发展统一步调，充分利用最新的科技成果和“两微一端”、短视频平台等全新、全景、全媒体的传播生态，在更加智能的传播体系下升级成可听、可见、可互动的智慧型交通广播。在媒介融合大背景下，交通广播突破传统媒介生态圈，打造了多元、多面、多渠道的传播与发展体系。在未来，交通广播将会发掘自身更大的潜力，努力与时代同频共振。

参考文献：

[1] 赖黎捷，朱辉. 从内江交通广播看地市级服务型广播的可视化创新路径 [J]. 视听，2023 (5)：148－150.

[2] 赵阳. 新媒体环境下广播微信公众号信息传播研究：以FM 92.6许昌交通广播微信公众号为例 [J]. 西部广播电视，2023，44 (9)：31－33.

[3] 纪大伟. 电台节目的有声内容如何在自媒体语境下实现融合发展：以合肥交通广播《大伟时间》为例 [J]. 新媒体研究，2023，9 (5)：42－44.

[4] 窦薇. 时代驱动下的广播可视化融媒发展探索：以“宁夏交通广播融媒发展”为例 [J]. 西部广播电视，2023，44 (5)：4－6.

[5] 江传锋. 后疫情时代广播发展及转型路径：以商丘交通广播为例 [J]. 中国报业，2022 (22)：18－19.

[6] 张海珠. 融媒体环境下城市交通广播的破局之道：以泉州广播电视台交通广播为例 [J]. 中国广播，2022 (4)：66－68.

[7] 芦丹. 媒体融合背景下广播可视化运营传播策略优化研究：以河南广播电视台交通事业部融合创新为例 [J]. 营销界，2022 (16)：77－79.

[8] 谢启龙. 浅谈广播的媒体融合：以河南交通广播“交广领航”为例 [J]. 采写编，2022 (8)：71－73.

[9] 郭晓红. 新媒介生态中交通广播的融合创新与发展策略 [J]. 现代视听，2022 (7)：68－70.

[10] 梁超. 互联网时代交通广播的差异化策略及发展空间：以中国交通

广播为例［J］. 中国广播，2022，345（3）：88－92.

［11］侯建军. 交通广播服务类节目的内容选择和表现形式［J］. 记者摇篮，2022（6）：159－161.

［12］周玉洁. 短视频时代交通广播电台的融合与发展：以郴州电台交通频道为例［J］. 声屏世界，2022（11）：100－102.

［13］谢蒨，刘紫璇. 媒体融合背景下广播电台粉丝运营策略：以江苏交通广播网车友群为例［J］. 青年记者，2022（8）：114－115.

［14］丛文华，罗昶，赵静. 社群经济视角下广播媒体社群建设探析：以北京交通广播为例［J］. 视听，2022（4）：31－33.

［15］郑元瑶. 媒介融合背景下交通广播节目的可视化实现［J］. 广播电视信息，2022，29（3）：35－37.

（曹泽波系重庆师范大学新闻与传媒学院硕士研究生）

延伸的阻隔：车联网时代交通应急广播应用的现实困境

卢明暄

摘　要：广播在2008年南方冰冻雨雪灾害与汶川地震等突发灾害事件中展现出其在应急管理方面的巨大优势，自此之后我国的应急广播体系建设逐步逐级开展。交通广播在地性、贴近性强，许多地区应急广播职能通常由当地的交通广播承担，近年来取得了一定的成效，但在实际的应用过程中，交通应急广播还处于初步探索的阶段，面临着许多的现实困境。高新技术的广泛应用深刻改变了媒介生态，数字化转型之际，稍有滞后的政策与层出不穷的技术应用间的矛盾，交通应急广播同样难以逃避。同时，其还存在区域区隔、建设进度差异大、资源整合困难、资金和专业人才不足等问题。明晰交通应急广播的难点与痛点有助于探索可行的解决路径，真正实现“平时宣传、战时应急”，为全媒体时代提高交通应急广播传播力提供可借鉴范式。

关键词：交通广播；应急广播；应急体系建设；车联网

一、引言

国家应急广播体系的创立，源于2008年我国遭遇的两次重大自然灾害——南方冰冻雨雪灾害与汶川地震。“自然灾害造成电力及通信中断。灾区成为信息孤岛，广播发挥了其他媒体难以企及的重大作用，搭建起连接灾区内外的信息沟通桥梁。”① 2013年国家应急广播·芦山抗震救灾应急电台的开办拉开了我国应急广播体系建设的帷幕，2021年国家广播电视总局先后发布纲

① 温秋阳．在最需要的地方发出应急广播的声音：“国家应急广播·芦山抗震救灾应急电台”开办纪实［J］．中国广播，2019（5）：85－90．

领性文件，要求力争到 2025 年完成全国各级应急广播系统与应急管理信息系统对接工作，初步形成上下贯通、综合覆盖、平战结合、安全可靠的“中央—省—市—县—乡（街道）—村（社区）”六级应急广播体系，主动发布终端人口覆盖率达到 90% 以上。全国各地已相继建立起省、市、县应急广播中心，并在实战中取得了一定效果。

交通广播在各省市的建设起步较早，已有相对成熟的运行体系。从应用的角度来看，交通广播隶属于各地的职能部门，侧重于宣传；而应急广播偏重于技术、设备的建设。但两者具有一定的价值同构性，交通广播的在地性、贴近性、深入性正是应急广播所需要的，因此交通广播被纳入各地的应急管理体系中并承担着核心职能。本文以交通应急广播为研究对象，探讨其在实际应用中面临的困境。2021 年“7・20”郑州特大暴雨事件中，河南省交通广播发挥优势，为抢险救援决策提供了准确可靠的信息。但在车联网背景下，交通应急广播的合理配置与应用仍存在现实困境。以下将从交通应急广播所处的整体媒介环境与体系内部两方面展开论述，为其建设与实践中的难题寻求可行的解决路径，实现应急广播传播能力与水平的提升。

二、建设与应用中的现实困境

（一）经济差异导致整体建设进度不均衡

尽管国家已经以政策强制性地推动全国应急广播体系建设的整体进度，但仍无可避免的是，城市与乡村、东部经济发达地区与西部经济欠发达地区存在着较大的差异。国家广播电视总局公共服务司于 2022 年 7—9 月组织开展的 2022 年度广播电视重点惠民工程专项督查和调研工作中发现各省区工程推进不均衡，个别省区建设进度和资金执行率相对滞后。《2022 年国家广播电视总局开展广播电视重点惠民工程督查调研有关情况的报告》中提到：“内蒙古自治区 2022 年下达中央财政专项资金 4 536 万元，支持 10 个县开展应急广播体系建设，目前这些项目仍处于招投标阶段，资金执行率为零。”① 这意味着如

① 赵环. 2022 年国家广播电视总局开展广播电视重点惠民工程督查调研有关情况的报告 [J]. 中国广播电视学刊，2023（4）：11－13.

果无人投标，这10个县的相关建设难以继续向下推行，且这并非个例，面临相同问题的还有新疆维吾尔自治区。与此相反的是一些经济发达地区积极将新技术融入交通应急广播，顺应以技术为依托进行媒体融合的时代潮流，着手于建设“5G广播”“5G频道”。由此产生的马太效应会进一步加剧整体建设情况的不均衡，不利于“全国统筹一盘棋”。

（二）交通广播模式的转型与当下体系建设不一致

车联网在改变广播媒介使用模式的同时也引发了物理载体的变动，以比亚迪、特斯拉为代表的部分智能汽车品牌开始尝试摒弃传统的车载调频广播，转为“智能网联+大屏”的车载媒介新模式，这会逐步引发传统交通广播用户收听习惯的转向。这种转向可能并非一个缓慢的过程，2022年北大国发院第七届国家发展论坛明确指出：从供给侧、需求侧、政策层三个方面看，汽车智能化势头迅猛，新能源、智慧车辆的市场占比快速升高。福建省广播影视集团广播传媒中心的唐征宇曾预估智能车联网产品将覆盖90%以上的机动车辆。如果车载电台不与车联网相互融合发展，几年后的广播就会像今天的报纸一样被边缘化，车上或许依然有调频、中波，但是大部分用户将会选择通过数字传输渠道来获取音频节目和相应的服务。[①]

交通广播模式的智能转型与当下应急广播体系建设似乎背道而驰。车联网广播重个性体验，交通应急广播重大众效用；车联网广播重探索媒介新世界，交通应急广播重完成基础建设。有限的资源与受众注意力的分流，可能会引发行业社会效益与商业利益的天平出现倾斜。除此之外，当下交通应急广播的建设与大环境下交通广播可视化、个性化、数字化的谋求相比，很难望其项背，站在岔路口的交通应急广播又该如何取舍？

（三）传播模式与受众习惯差异导致“平时宣传”收效甚微

坚持平战结合、模式创新是加强交通应急广播在应急管理应用中的基本原则。交通应急广播在紧急情况下发挥的作用毋庸置疑，但在目前的实际应用情

---

① 唐征宇．车联网时代，车载广播媒体大有可为：以“广电车盒子”项目为例［J］．中国广播，2018（3）：24－27．

况中，“平时宣传”的作用发挥非常有限。以河南省为例，省级应急广播平台尚未建立，市级应急广播平台只建设了 1 个省辖市平台且仍未实现上下贯通，县级平台的推进缓慢，其中的重要原因就是“平时宣传”的作用发挥不够。[①]

这与互联网、社交媒体兴起以来深刻改变了传统媒体时代受众的阅读使用习惯这一现实密不可分。第 51 次《中国互联网络发展状况统计报告》显示，截至 2022 年 12 月，我国网民规模达 10.67 亿，手机网民规模达 10.65 亿，农村网民规模达 3.08 亿，城镇网民规模达 7.59 亿，移动终端的普及已经深入农村市场。相较于社交媒体平台上多样化传播手段带来的感官刺激，仍在传统广播模式范式下的交通应急广播传播手段单一、节目创新不够，这种差异在农村地区更加明显。现有的农村应急广播以村委会为控制室，村干部为主要发言人，架设高音喇叭连接成网络，方式简单粗暴，面对突发状况时可以辐射到整个村落，但若用作“平时宣传”，这种原始、扩音式的手段可能会引发村民的抵触心理。相较于这种公共、公开式的宣传，当今的受众更加倾向于个人化、私密化、针对式的信息接收方式。

（四）资金与专业人才缺口导致行业热情不足

2021 年起持续三年中央安排资金补贴地方应急广播体系建设，河南省有 34 个县纳入了补贴的范围。从覆盖面看，获得补贴的县级单位占到了全部县的 32.6%。[②] 这虽然极大推动了河南省的应急广播建设，但从现实情况出发，完整地建设与投入使用仍然存在许多困难。

第一，当应急广播的宣传效果弱于其他的媒介渠道，地方财政投入在广播上的资金会相当有限。国家惠民工程补贴的对象一般是经济欠发达地区。由于经济困难，加之应急广播利用率不高，存在资金挤占的风险。

第二，车联网时代的到来给交通应急广播带来了挑战，也给从业者们提出了更高的技能要求，人才队伍的缺口也是不可忽视的问题。想要实现应急广播的高效利用，首先要有高效的信息采集流程，其次是与各个职能部门信息互

---

① 时燕子．智慧广电推动县域城乡广播电视建设一体化行动研究：以河南省乡村建设行动为例［J］．新闻爱好者，2022（11）：98－100.

② 时燕子．智慧广电推动县域城乡广播电视建设一体化行动研究：以河南省乡村建设行动为例［J］．新闻爱好者，2022（11）：98－100.

通，最后是设计符合受众习惯的加工制作程序。要制作出吸引受众注意力的广播作品，需要从业者把握时代脉搏，明晰受众喜好，掌握传播规律，熟悉传媒技术应用。但在农村乃至县级地区，节目制作与传播能力相对有限，即便引来了人才，如何将其留下来也是个值得思考的问题。

第三，要加强应急广播体系建设的重要性意识，而不是只停留在做表面功夫上。许多地区的交通应急广播利用率低，节目设计陈旧，内容枯燥，更新频率低。大多数地区已将交通应急广播搬上了其他平台，如微信小程序、微博等。但诸多的应急小程序都存在不少问题，央广网的“应急信息与科普”小程序于2023年2月3日停止服务，“应急科普”话题下最新的文章停留在2023年年初；湖南应急广播的小程序首页的部分节目最新更新时间已是3年前，且无法找到应急信息上传的入口。除了新冠疫情防控这一特殊时期，交通应急广播的大范围使用情况较少，宣传能力有限，应急广播使用演练也停留在几年前，这可能也导致了大多数人对应急广播体系建设的重要性认识模糊，只是为了完成“政治任务”。

固然应急广播向全平台的建设、宣传需要消耗大量人力物力，维护成本高与吸引的注意力少导致难以为继的矛盾尚未解决，但提高国民、行业对于应急广播建设必要性的认识仍是迫切、势在必行的。

三、改善与解决路径

（一）建立长效的运行维护监督机制

作为应急体系中的重要一部分，交通应急广播承担着连接政府与公众的职能，推动并将其效果落到实处需要建立长效的运行、维护与监督机制。首先要加紧落实老少边远地区应急广播网络的建设，压实工程实施主体责任，加快工程进度，实现第一步“保通”，确保在应急时刻信息的畅通与有效传达。其次要运行、维护、监督并重，建立应急长效机制以实现“快速反应，协同应对”，全面提升交通应急广播的实用性。明确运行主体，根据现实情况将信息分级，设置不同层级的应对机制，实行应急演练，以便在事件来临时可以快速反应。维护与监督责任分配到具体部门，保障日常设备的运转。制定政策，形成行业共识并努力推动，从根本上确保传播渠道畅通，解决交通应急广播重建设轻应用的思维，最大化体系传播优势。

（二）坚持传统结合创新，多元体系发挥作用

当下的广播行业正处于转型的岔路口，受众也呈现出分流的趋势。一边是站在时代前端、适应并推动技术往前走的年轻群体，一边是对技术抱有迟疑态度或难以跟上步伐的中老年群体。身体机能的退化以及使用习惯使得中老年群体更倾向于使用广播来接受媒介信息，年轻群体则更可能选择视听语言并重、更加个性化的媒介平台。交通应急广播可以依据这一特点采用分众式传播策略，坚持传统、大胆创新。传统的调频广播在保有城市受众的基础上发掘乡村受众，深耕发掘中老年听众市场；车联网的车机智能广播则针对年轻群体的兴趣偏好进行听觉产品的制作与播出，生产具有互联网属性的产品。其一方面可以应对城市年轻群体越来越多样、个性的交通信息需求，另一方面可以以技术开拓媒介资源匮乏的地区，关注弱势群体，将新时代的声音传送至各个角落。

基于此，车联网时代的交通应急广播在加紧推动基础建设的同时，可以选取前沿试点城市探索符合当下年轻人新媒体听觉习惯的声音宣传模式，吸引更多受众，寻求经济效益与市场占有率的双赢，为广播行业实现平稳转型打好基础。

（三）结合融媒手段，延伸社会功能

在积极拥抱互联网，拓展受众群体的同时，作为地方媒体，交通广播承载着一定的社会功能，应急信息传播本身就是广播延伸出的一种功能。加紧交通应急广播体系建设之余，紧扣内容这一抓手也是解决交通应急广播困境的题中应有之义。广播这一对听觉感官强势占有的属性，会给社会个体带来不同的独特感受，发挥独一无二的社会价值。声音对于情感的强调动性以及其作为地方媒体的在地性与贴近性，为交通应急广播延伸出更多的社会功能提供了可能，这也许是交通应急广播破局的可行路径。

在“人人都有麦克风”的时代，信息由谁最先发出已经不再那么重要，重要的是如何阐释、解读信息，社会共识的构建有了新的路径。将建设性的思维融入广播，重塑媒体形象，例如应急事件发生后，“告知”已不再是主流媒

体特权，主流媒体需要本着责任感和专业性，强调积极性和参与性，关注舆情，引导“治理”，体现媒体的专业价值。[①] 应急广播可以依靠交通广播自身已有的体系与资源，由专业主持人为受众提出“如何做”的观点。应急情况发生时，重要的已不是“发生的情况是什么”，而是“发生了这样的情况我该如何做”。依托车联网的建设与驾驶新场景，交通应急广播建起新型的公共对话空间。此外，外界普遍认为“声音是一种按摩工具”，西班牙学者发现广播作为一种社会融合工具，其传播的有效性与心理健康紧密地联系在一起，通过广播提升心理健康的意识越来越受到关注。[②] 声音可以抚慰人心，应充分利用交通应急广播投入的设备与资源，延伸出更多的社会功能。

（四）加大培养复合人才力度，注入行业新活力

相比日常的广播，应急广播有其特殊的传播规律，应急广播的编辑、记者、主持人需要专业培训。广播电视从业人员队伍存在基层人数较多，高级人才在国家级、省级单位较为集中的现象。交通应急广播需要培养跨学科、适应新时代的复合型人才，不仅要能应对突发的应急状况，而且要适用于当下日常的宣传工作。例如，湖南人民广播电台午间节目《新说法》的主持人是湖南省唯一通过国家司法考试的专业主持人，节目邀请专家及热点话题的亲历者作为嘉宾，让他们从专业角度为受众进行阐释，或给出明确的建议和意见，为车联网时代交通应急广播的建设注入新鲜血液。此外，如何留住人才也是各地交通应急广播需要考虑与解决的问题，尤其以乡村地区为甚。

四、结语

近年来，广播的应急功能受到国家的高度重视，各地应急广播指挥中心相继建立。然而在实际应用过程中，广播突发应急报道还处在初步探索中。尽管在2021年的“7·20”郑州特大暴雨事件中，应急广播发挥了巨大的实践作

---

① 蔡明可．建设性新闻视角下的应急新闻报道实践：以北京交通（应急）广播为例［J］．中国广播电视学刊，2022（7）：24－27.

② 萨拉，维拉弗兰卡．广播也是一种心理治愈的工具［J］．中国广播，2020（4）：67－73.

用，但我们不得不承认，车联网时代的强势到来给交通应急广播的建设与实际应用又提出了更新更难的挑战。面对这些挑战，各地的应急管理部门与交通应急广播更应该进行多方面的探索与尝试，以彰显新时代新闻工作者的使命担当。

参考文献：

[1] 温秋阳. 在最需要的地方发出应急广播的声音："国家应急广播·芦山抗震救灾应急电台"开办纪实 [J]. 中国广播，2019（5）：85－90.

[2] 赵环. 2022年国家广播电视总局开展广播电视重点惠民工程督查调研有关情况的报告 [J]. 中国广播电视学刊，2023（4）：11－13.

[3] 唐征宇. 车联网时代，车载广播媒体大有可为：以"广电车盒子"项目为例 [J]. 中国广播，2018（3）：24－27.

[4] 时燕子. 智慧广电推动县域城乡广播电视建设一体化行动研究：以河南省乡村建设行动为例 [J]. 新闻爱好者，2022（11）：98－100.

[5] 蔡明可. 建设性新闻视角下的应急新闻报道实践：以北京交通（应急）广播为例 [J]. 中国广播电视学刊，2022（7）：24－27.

[6] 萨拉，维拉弗兰卡. 广播也是一种心理治愈的工具 [J]. 中国广播，2020（4）：67－73.

（卢明暄系重庆师范大学新闻与传媒学院硕士研究生）

数字经济背景下交通广播商业模式创新路径研究

胡　碟　黄洪珍

摘　要：全球数字化浪潮蓬勃发展，建设数字中国成为构筑国家竞争新优势的重要支撑。中共中央、国务院于2023年年初发布了《数字中国建设整体布局规划》，明确指出在农业、工业、教育、医疗、交通等重点领域要加快数字技术创新应用，为我国交通广播发展数字经济举旗定向。然而，在数字经济背景下，交通广播面临着广告依赖度高和智能科技竞争压力加大等问题。对此，本文尝试提出一些创新性建议，即深耕本地文旅资源、提供定制出行服务、优化会员企业网络、搭建车载娱乐系统，以帮助交通广播在数字经济时代实现商业模式的突破和可持续发展。逐浪“数字蓝海”，交通广播需要在保持自身专业优势、服务特色和合作理念的基础上，开辟出属于自己的商业模式创新路径。

关键词：交通广播；数字经济；商业模式；创新路径

自党的十八大以来，习近平总书记站在统筹中华民族伟大复兴战略全局和世界百年未有之大变局的高度，将发展数字经济上升为国家战略。他明确指出，数字经济健康发展对于推动新发展格局、建设现代化经济体系以及构筑国家竞争新优势具有重要意义。[①] 2023年年初，中共中央、国务院发布《数字中国建设整体布局规划》，进一步强调了加快数字技术创新应用于农业、工业、教育、医疗、交通等重点领域。[②] 这些重要论述和规划部署为我国数字经济发

---

① 周孝. 企业数字化转型的成效、障碍与政策诉求：基于微观调查数据的分析［J］. 财政科学，2022（11）：104－118.

② 孙冰. 国家数据局是个什么局?［J］. 中国经济周刊，2023（5）：37－39.

展，特别是交通广播发展指明了前进方向、提供了根本遵循原则。

数字经济以数字技术为核心，借助互联网、移动互联网、大数据和人工智能等信息技术，实现经济形态的数字化、网络化和智能化。其特征在于信息的数字化、共享和流动，通过创新的商业模式和价值链重组，推动经济发展和社会变革。商业模式是在20世纪90年代中期随着互联网的广泛应用而兴起的概念，指的是企业创造价值的基本逻辑，即企业在一定的价值链或价值网络中，如何向客户提供产品和服务并获取利润。① 在数字经济背景下，研究交通广播商业模式创新的路径具有重要的现实意义。这将有助于交通广播把握时代脉搏，迅速适应市场需求的变化，提升服务品质和用户体验；同时，为交通广播开辟新的发展前景，推动其在数字经济时代的持续繁荣。本文将重点分析交通广播面临的挑战，并提出可行的商业模式创新策略，以实现交通广播在数字经济时代的可持续发展。

一、数字经济背景下交通广播商业模式的现状和问题

交通广播是经国家批准成立的专业化电台，由全国各省、市人民广播电台负责，其主要职责是疏导城市交通，提供必要的路况信息。我国数字经济的快速发展为交通广播的高质量发展奠定了坚实基础。从供给端来看，我国汽车保有量截至2022年年底已达3.19亿辆，占机动车保有量的比例提高至76.50%。作为全球汽车保有量最多的国家，我国为交通广播的发展提供了广阔的市场环境。从需求端来看，随着居民收入的增加和驾驶员数量的不断增加，用户对车内信息获取和娱乐的需求不断释放，为交通广播的发展提供了丰富的创新空间。

然而，在数字经济背景下，交通广播也面临一系列商业模式的挑战和问题。传统的交通广播主要通过电台、电视台等媒体向听众或观众提供实时交通信息，并主要依靠广告收入盈利。随着数字技术的快速发展和智能手机用户规模的增长，交通广播需要在商业模式上进行创新和调整。

---

① 李瓛. 论交通广播的商业模式再造［J］. 电视时代，2010（1）：58－59.

（一）现状：开设新媒体账号，延伸汽车类产业服务

在数字经济背景下，交通广播通过创新商业模式取得了一些突破，实现了经济收益和社会效益的双重提升。首先，交通广播注重利用大数据技术和数字化平台，通过微信公众号、官方 App 等渠道为听众和车友提供便捷的购物服务，开展电商业务，拓展业务形态。例如，上海交通广播推出了“1057 生活家”，北京交通广播推出了“1039 研选商城”，为市民提供方便的购物渠道，同时通过广告和合作伙伴带来的收入实现经济效益。这种商业模式创新不仅为交通广播带来了新的盈利来源，而且促进了消费和就业增长，提升了社会效益。

其次，交通广播致力于推出与“车生活”相关的内容，如自驾游、购车节、越野赛等，并积极组织各种形式的“车友俱乐部”。通过提供丰富多样的自驾游活动和专业化的会员服务，交通广播吸引了广大车友的关注和参与，建立了节目与车友之间的紧密关系。这种个性化的社交圈和朋友圈不仅提升了交通广播的品牌价值，而且为广告商提供了更精准的目标受众，增加了广告收入。同时，车友俱乐部的活动和服务也为当地旅游、餐饮等相关行业带来了经济收益，推动了地方经济的发展。

（二）问题：广告依赖度高，智能科技加大竞争压力

在数字经济背景下，交通广播商业模式面临着两大问题。首先是对广告的高度依赖，以及随之而来的经营风险。国家广电总局于 2023 年 6 月 8 日发布的《2023 年广电全媒体蓝皮书数据报告》显示，全国广播电视和网络视听在 2022 年的广告收入是 3 342.32 亿元，同比增长 8.54%，占实际创收收入的 31.33%。[①] 报告指出，广告仍然是视听行业主流的商业模式，这意味着广告收入依然是交通广播的主要盈利来源。但正如阿基米德 CEO 王海滨指出，“传统广播的盈利模式主要是在节目间插播广告”，传统广播的广告模式受限于节目时长等因素，盈利能力存在天花板。目前许多广播电台仍将商业模式创新和多元

---

① 国家广电智库.《2023 年广电全媒体蓝皮书数据报告》发布［EB/OL］.（2023 - 06 - 09）［2023 - 06 - 20］. https://www.163.com/dy/article/I6PNM13805119UAT.html.

产业开发仅作为宣传手段，而未能实质性地提升自身的多样经营能力。

其次，交通广播在数字经济时代还面临智能科技的竞争压力。数字经济的发展极大地丰富了竞争手段和方式，新媒体技术的崛起对传统媒体产生了革命性冲击。除了内部竞争，传统媒体还需应对来自新媒体技术的外部竞争，如网络电台和各种类型的电台应用程序。中国互联网络信息中心（CNNIC）发布的第51次《中国互联网络发展状况统计报告》显示，我国网民规模截至2022年12月已经达到10.67亿。[①] 随着智能手机用户规模的增长，越来越多的人倾向于使用智能设备和应用程序获取交通信息，而喜马拉雅、蜻蜓FM等大众音频平台和高德、百度等互联网公司则通过大数据、GPS等技术提供路况信息。相比之下，受限于人力、物力、财力，传统交通广播形式的功能和个性化定制选项较少，难以为垂直领域受众提供精准服务。作为传统媒体的交通广播在商业模式创新上力度不够，在定位上也存在不足之处。

二、数字经济背景下交通广播商业模式创新路径选择

虽然目前交通广播处于逆境之中，但也是一次难得的创新机遇。商业模式创新是交通广播实现传统向新型广播转型的关键，通过重新组合或重新设计商业模式要素，创造新的价值、获取竞争优势，并实现商业成功。交通广播的商业模式创新需要坚守自身特色，将传播交通信息和实时指导路况作为主要功能，并在此基础上因地制宜，探索不同的经营模式和路径。其可以利用智慧文旅等创新手段实现多元化经营；同时，其可以积极谋划产业化布局，与汽车等相关产业合作，提高品牌价值和公信力。通过数据资源和智能科技的运用，提供准确、实时的交通信息，满足用户需求，进一步增强用户黏性。通过这些创新举措，交通广播有望实现转型与发展，迎接数字时代的挑战。

（一）深耕本地文旅资源

在数字经济时代，交通广播作为一种音频媒介确实具备广阔的商业变现前景，尤其是在新冠疫情防控时期后，国内旅游市场迅速复苏的情况下。湖南电

---

① 国家图书馆研究院．中国互联网络信息中心发布第51次《中国互联网络发展状况统计报告》[J]．国家图书馆学刊，2023，32（2）：39.

广传媒股份有限公司在其发布的2023年半年度报告中显示，上半年净利润同比增长26.18%，这证明了其“新文旅、大资管”战略对主业的高质量发展起到了支撑作用。该公司的成功经验为交通广播提供了一些可供借鉴的商业模式创新思路：利用自有综艺IP转化为文旅产品；合作举办主题文化展览；积累主题活动策划和项目运营经验，通过举办主题活动、推出旅游套餐等方式，提高商业化变现潜力。通过借鉴湖南电广传媒的成功经验，交通广播可以进一步优化其商业模式，实现IP和文旅资源的联动，以提升中长期的商业化变现潜力。

在数字经济背景下，交通广播要避免红海同质化竞争，积极拓展新的蓝海空间，在智慧文旅发展中找到商业模式的创新路径。首先，交通广播可以通过发展本地交通文旅资源来吸引更多用户流量，并提供个性化、定制化的旅游服务。通过精准的旅游信息和推荐，交通广播可以成为用户实现方便快捷旅游体验的重要信息获取渠道。如与文化机构、旅游景区、餐饮门店等合作，共同打造旅游文化IP，推动文化传播和体验，为旅游者提供丰富的文化内涵。

其次，交通广播可以与旅游平台和在线预订服务提供商合作，为用户提供便捷的旅游服务，实现商业合作和广告投放。交通广播通过构建旅游社交网络和推动用户互动、交流，可以增强用户黏性，实现用户增长、流量变现和商业合作，从而获得经济利益。以旅游类App为例，交通广播可以开发自助导游项目，让游客通过智能手机获得个性化的自助导游服务，包括旅游景点的出行、餐饮等信息。同时，车内交通广播可以引导用户关注相应的微信小程序，与旅游经济相结合，为用户推荐本地或周边特色的旅游服务。交通广播还应支持评论互动，搭建管理部门和游客之间的桥梁，形成本土媒体资源与旅游资源的创新结合。

最后，为了实现从内容生产到服务变现的闭环，交通广播需要注重生产优质内容，吸引具备内容生产力的旅游公司、媒体（包括自媒体）、旅游局以及商家的参与。可以设立内容奖励基金和激励机制，打造包括图文、视频、音频、VR、直播等形式的旅行内容互动平台，为用户提供旅行知识和推荐好货。同时，交通广播应重视实时播报，让用户形成在固定时间收听交通广播的习惯，从而在潜移默化之中接收旅游信息。

通过以上措施和路径，交通广播可以发展本地交通文旅资源，吸引用户流量，提供个性化服务，推动文化传播，实现商业合作和广告投放，最终实现商业变现。这将使交通广播成为一个美誉度高、听众忠诚度高的强势媒体，占领市场并为数字经济背景下的交通广播业带来可持续发展。

（二）提供定制出行服务

在数字经济背景下，交通广播具备打造数字化平台的能力，通过高实时性的转播通道，为移动群体提供定制化的精准出行服务。驾驶员在实际行驶中关心的不仅是道路拥堵信息，而且包括出行模式、绕行路线和行程时间。凭借自身的专业优势，交通广播可以提供优质解决方案，满足驾驶员的实际需求。例如，当驾驶员需要从长沙市天心区赶往长沙黄花国际机场时，交通广播可以根据实时路况信息，为其设计一条最快捷的路线，为用户提供高价值的路况信息。

此外，在数字经济背景下，交通广播可以通过精准分析用户的行为数据和地理位置信息来实现商业变现。通过建立用户画像，了解用户的出行需求、兴趣爱好和消费习惯，交通广播可以向广告商提供更精准的广告投放和推荐服务。例如，“滴滴交通信息平台”是滴滴出行推出的交通信息服务平台，其利用大数据和人工智能算法，实时分析和预测城市交通情况，为用户提供个性化的交通信息服务，从而提高广告的点击率和转化率。交通广播可以搭建数字化平台，为受众提供即时的路况信息，形成双向互动，积攒节目的人气。同时，交通广播可以与相关服务商和平台进行数据共享和合作，如周边商家和地图导航应用，可以进一步拓展交通广播的商业机会，提供更全面的用户体验和增值服务。

然而，在追求商业变现的同时，交通广播必须履行好提供公共资源的职责，保护用户数据隐私并遵守相关法律法规。这意味着在商业模式创新的过程中，交通广播需注重数据隐私保护机制的建立，并与用户充分沟通以及获得授权。同时，建立多种合作伙伴关系，共享数据并确保其合规性，能够进一步提升交通广播的商业价值和可持续发展能力。

（三）优化会员企业网络

搭建广告营销服务网是交通广播在数字经济背景下创新商业模式的一条重

要路径。它能够更有效地满足广告客户的需求，提供个性化的广告投放和推荐服务。同时促进会员企业的发展，增加市场效益，并与汽车产品服务商开展深度合作，实现更大的商业价值。首先，交通广播可以按照会员企业招标的方式实现商业创新。通过制定共同的专业标准和门槛，对大多数社会企业进行招标，并对符合标准的企业进行授权认证，使其成为交通广播的会员企业。[①] 交通广播可以利用自身的商业平台拓展渠道，面向大众发展认证会员。认证会员可以在认证企业享受修车折扣，从而搭建专业的营销服务网络。网络建立后，交通广播的产品和服务可以纳入成员公司的分销网络，从而解决现有分销渠道的瓶颈问题，为成员公司提供更大的市场优势。

其次，交通广播可以充分利用自身的网络资源和媒体平台，与国内外知名汽车供应商接触、合作，打造网络营销服务。通过与企业的紧密合作，交通广播可以获得更好的市场准入环境和品牌合作机会，从而进一步巩固其在数字经济时代的商业地位。例如，河北交通广播成功地让广告主在指定品牌节目中播出广告、赞助节目和插播品牌广告。其在白天播出的十个节目中，有六个品牌节目得到了企业和商家的冠名赞助；除早、中、晚高峰时段外，其他时段播出的广告数量也在不断增加，甚至超过了预留的广告时段。通过优化合作方式，交通广播可以进一步扩大资源配置，吸引来自老牌汽车供应商的新合作伙伴，提高市场竞争力和业务影响力。

（四）搭建车载娱乐系统

瑞士圣加仑大学的 Walter Brenner 教授说：对数据的积极使用正在改变商业模式，促进了新产品和服务的产生，加速了新流程的创造，产生了更大的效用，并且开创了一种新的管理文化。[②] 在数字经济时代，交通广播可以通过积极利用数据来创新商业模式，特别是结合车载娱乐系统为乘客提供丰富的音频娱乐内容，如音乐、新闻、电台节目、有声书等，从而提升出行体验。通过借

---

① 郑毅，刘春成. 专业频率产业化经营思路的探索：以河北交通广播汽车后市场的产品经营策略为例 [J]. 中国广播，2020 (6)：34 - 36.

② 快来直播. 什么是数字经济，它是如何改变商业模式的？[EB/OL]. (2022 - 07 - 19) [2023 - 06 - 21]. https://baijiahao.baidu.com/s?id=1738750310098766104&wfr=spider&for=pc.

助 AI 技术和车载娱乐系统的互动功能，交通广播可以实现更多样化的玩法。车主可以通过语音、方向盘或屏幕与交通广播电台互动，更加灵活方便。同时，车载广播与互联网的连接可提供更准确的位置和用户跟踪数据，进而提供更准确的用户收听率和广告触达率等统计数据，为广播节目和插播广告的设置提供更多依据。①

在数字化转型中，交通广播还可以借助车载屏幕和语音交互等技术手段，为广播广告增加辅助信息，如文字、图片、视频和链接等，甚至通过屏幕或语音实现广告的即时购买和增值服务。这样的创新将使广播广告更加多样化和互动化。通过数据的拓展和车载娱乐系统的结合，交通广播能够更好地满足乘客的需求，提供个性化的音频内容和广告体验，进一步增加市场效益和商业价值。

三、结语

数字化时代已经到来，全球范围内的数字化和消费行为变化为交通广播的成功带来了挑战和机遇。作为主流媒体，交通广播需要深刻领会和落实中央的决策部署，以“大象也要学会跳街舞”的精神风貌，积极迎接数字化，并拥抱数字化的变革。在实现可持续发展方面，交通广播需要不断创新、转型和适应新的市场需求。无论是传统收入还是数字经济发展，无论是技术创新还是节目创作，交通广播都需要以不竭的动力，赋予自身快速发展的力量。

展望未来，交通广播需要进行深刻的反思和战略调整。交通广播可以通过加强技术创新，拓展数字化渠道，提升用户体验；同时加强与其他行业的合作，寻求跨界合作的机会，拓宽商业模式的边界。只有以开放的心态，不断创新和转型，交通广播才能在数字经济的浪潮中脱颖而出，为社会的进步和发展做出重要贡献。

---

① 梁超. 互联网时代交通广播的差异化策略及发展空间：以中国交通广播为例［J］. 中国广播，2022，345（3）：88 –92.

参考文献：

[1] 周孝. 企业数字化转型的成效、障碍与政策诉求：基于微观调查数据的分析 [J]. 财政科学，2022 (11)：104 – 118.

[2] 孙冰. 国家数据局是个什么局？ [J]. 中国经济周刊，2023 (5)：37 – 39.

[3] 李瓛. 论交通广播的商业模式再造 [J]. 电视时代，2010 (1)：58 – 59.

[4] 国家图书馆研究院. 中国互联网络信息中心发布第51次《中国互联网络发展状况统计报告》[J]. 国家图书馆学刊，2023，32 (2)：39.

[5] 郑毅，刘春成. 专业频率产业化经营思路的探索：以河北交通广播汽车后市场的产品经营策略为例 [J]. 中国广播，2020 (6)：34 – 36.

[6] 梁超. 互联网时代交通广播的差异化策略及发展空间：以中国交通广播为例 [J]. 中国广播，2022，345 (3)：88 – 92.

（胡碟系湖南科技大学人文学院硕士研究生；黄洪珍系湖南科技大学人文学院教授）

交通广播数字化融媒发展的路径探析

魏淑媛

摘　要： 近四十年来，广播一直走在与交互性通信技术融合的前沿。尽管如此，当特斯拉、比亚迪等电动汽车，以电磁干扰为名，取消AM/FM接收端，以车载信息娱乐系统取而代之时，人们发现，大众广播的根本还是FM。随着传输通道的改变，广播从区域媒介变身为全网电台，交通广播应该如何深度融入数字传输渠道，在数字化平台上再次吸引听众？本文就交通广播数字化融媒发展的两大路径——再本地化和再线性化展开探讨分析。通过智慧交通系统的深度融入实现交通广播融媒发展的再本地化，通过有声阅读列表的个性化定制探索广播融媒发展的再线性化。多种场景下的音频产品使用的再本地化与再线性化，将成为新时代交通广播发展的必然趋势。

关键词： 交通广播；数字化融媒；再本地化；再线性化

长期以来，广播以单一的声音媒介，形成了对环境和物品的“易融性”，比如广播与智能音箱、广播与智慧浴缸、广播与智能马桶……1986年12月15日，广东广播电视台珠江经济台开启将热线电话引入广播直播节目的先河；2002年4月5日，北京交通台《一路畅通》节目率先引入短信互动；2012年8月，微信公众号上线，浙江交通之声抢先开通“FM93交通之声”微信公众号……近四十年来，广播一直走在与交互性通信技术融合的前沿。广播与“两微一端”等新媒体的融合，让广播人有了一种“广播就是新媒体”的错觉。特斯拉、比亚迪等电动汽车，以电磁干扰为名，在取消AM接收端的同时，也直接取消了FM接收端，以“第四屏”取而代之，即智慧屏为特征的车载信息娱乐系统。人们这时才发现，尽管有再多的“广播＋”，但是广播的根本还是 FM，还是传统媒体。当车载接收端只有 AM/FM 时，广播是典型的区域性媒介——驾车者在哪里开车，就听哪里的广播频率。在赛立信的各大城市收听率榜单中，本地交通广播、音乐广播、新闻广播占据收听率排名前列。但是，当 5G 或便携式移动Wi-Fi接入的车载信息娱乐系统占据车内接收终端时，广播从区域媒介变身为全网电台，将不仅面对全国电台的竞争，还有移动音频平台，甚至视频平台、直播流的竞争。地方广播电台应该如何深度融入数字传输渠道，在数字化平台上再次吸引听众？本文就广播数字化融媒发展两大路径的再本地化和再线性化试作探析。

一、广播融媒发展两大趋势：再本地化和再线性化

随着车载广播信号由无线电调频传输逐渐转变为数字化车载娱乐系统平台传输，理论上，广播频率就不再受到调频覆盖范围的限制，成为“全网电台”。广播传播全网化的另一面，即脱离了本地。听众可以通过车载娱乐系统，在全国所有电台，以及移动音频平台中选择收听内容，同时还可以选择接触所有的网络娱乐内容。面对全网化的竞争态势，广播融媒将朝着什么方向发展？

广播融媒发展的第一大趋势就是再本地化。一方面，调频广播所在城市现有传统燃油汽车，不可能一夜之间全都更换成电动汽车，现有传统燃油汽车还是需要通过车载收音机接收调频信号收听广播节目；另一方面，不管接收终端如何变化，大多数驾车者主要活动范围还是在本地。因此，要坚守住“本地需求”和“车驾基本需求”，听众还是有电台节目收听需求的。

广播融媒发展的第二大趋势是再线性化。网络传播是陈列式的平台化产品。在移动音频平台上，节目或音频产品如同超市中的商品，分门别类、排列有序地陈列于“货架”之上。用户通过菜单选择或检索找到感兴趣的音频产品进行收听。但音视频产品是时间线性产品，都具有一定的时长，因此，音视频产品的接收使用，还是需要再线性化，让用户需要按照时间线性的先后顺序来选择、编排收听或收看。

二、广播融媒发展的再本地化：智慧交通系统的深度融入

自从“车轮子和干电池拯救了广播”以来，广播就和汽车结下了不解之

缘。然而在车载信息娱乐系统平台上，广播如何再本地化，守住阵地？那就需要智慧交通系统建设的深度融入。交通广播与交管系统的融合，可以以 1993 年 12 月 18 日北京交通台的开播作为一个起点。从诞生之日起，北京交通台就是北京市公安交通管理局和电台媒体相结合的产物，兼具广播和交管双方的基因。经过三十年的发展，从人力到信息资源，北京交通台和交管局始终“无缝隙、全方位地合作”。2022 年 10 月，投资 228.2 万，北京广播电视台交通广播中心交管局机房改造项目再次启动。如今的北京市公安交通管理局，已坐拥世界最先进水平的现代化指挥中心，靠遍布全市的交通检测、引导系统，让城市交通管理逐步实现全方位、立体化、可视化；凭借高度集成的数据链应用，“车车互联”、高度自动化的未来指挥也初露端倪。所谓智慧交通系统（Intelligent Traffic System，简称 ITS）是综合运用信息技术、计算机技术、数据通信技术、传感器技术、电子控制技术、人工智能等先进科技，加强车辆、道路、使用者三者之间的联系，形成一种保障安全、使用高效的智慧化综合交通管理体系。ITS 直达用户的智慧服务特点，使得交通广播的功能被替代了。人们可以腾出自己的“耳朵”，享受更多可选择的车载信息娱乐项目。要让交通广播真正融入交通管理体系之中，成为智慧交通系统的“组件”，让交通广播的服务不再仅仅是“可听”的，而且是“可用”的，甚至是“无感”的。这是交通广播深度融媒转型、再本地化发展的必由之路。

从另一个侧面来看，智慧交通时代，如何保持交通广播的不可替代性？那就要实现从原来的“必听性”转化为声屏复合的平台化广播的“必用性”。比如，由完全自主技术团队研发的杭州交通经济广播（FM91.8）自有 App“开吧”于 2015 年上线，根据从杭州交通经济广播直接了解到的数据，目前“开吧”App 全国注册用户超 473 万，杭州本地用户近 274 万，月活量超过 6 万，平均日活量超过 1 万。作为一家省会城市的交通频率，杭州交通经济广播强调强贴地性、针对性和服务型特色。一是通过“开吧”提供更精准、个性化的交通出行服务。系统将王牌汽车维权广播节目《我的汽车有话说》从广播中“搬”到客户端上，用户可以通过 App 直接在线上发起维权，系统会自动对接相应汽车厂商和汽车 4S 店，在节目组的线上督导和协调下自动办理维权业务，使广播的汽车维权效率提高了十倍以上。二是通过地图标注功能，开发上线限行地图、停车地图、“杭帮侠”应急求助地图等系列地图服务功能。三是打破传统广播传播模式，充分利用客户端平台，实现广播内容的融媒体传播与互动。通过“开吧”迭代互动方式，从传统的文字、单向输出转变成包含图片、视频、直播的全媒体形式，实现了用户间相互可见的社群互动。四是通过“开吧”打造融媒体公益 IP 人设“杭帮侠”，聚集律师、技师、热心司机等来自杭州各行各业的千余名热心用户，利用自己的专业知识为其他用户解答问题。五是自主开发广播数字驾驶舱，通过“开吧”广播听众大数据可视化运营平台，创造性地将用户收听广播过程中，在融媒体平台的点击、互动、围观等反馈行为数据进行同步抓取、直观展示、多维分析，为听众需求洞察、节目质量判定与提升，提供了更直观有效的依据。杭州交通经济广播的探索实践表明，开发自己的平台，做不被替代的智慧交通服务体系，就可以实现对本地化的强势回归。

三、广播融媒发展的再线性化：有声阅读列表的个性化定制

相对于移动音频平台开发的有声阅读产品，广播直播节目具有即时性、口水化、知识性或艺术性相对缺失的特点。而移动音频平台推动传统广播转型的一大贡献，就是突破单一的线性收听模式，把音频产品带入更加丰富的应用场景。历经 100 多年的技术进步，广播早已不再是传统定义中“通过无线电或有线电向广大地区传送声音供人们直接收听的大众传播工具”，而是涵盖了所有的单一声音传播或融合声音传播的产品。相对于以时序编排、线性化播出的无线电或有线广播，移动音频平台就是平台化广播，而众多散在的音频产品可称为“碎片化”广播。就声音传播的特性而言，音频产品不可能完全摆脱时间顺序的线性化传播方式。因此，当广播摆脱播出时间表，以音频产品方式单独传播，到达用户终端时，还是需要重组时序，做到再线性化。

以网络在线音乐消费为例，作为听友的用户也许并不喜欢由节目主持人来串联编排时序，而只喜欢其中的一两首音乐作品。用户可以按自己喜欢的顺序编排新的线性化播放时序。其他的音频产品，比如有声阅读产品的使用亦然，这就是声音产品在用户终端重组时序的再线性化。中国台湾世新大学传播学博士王琳等通过对网易云音乐、QQ 音乐、Spotify 三个具有正版版权的流媒体平台的列表进行研究，认为流媒体时代，人们不再从实体上拥有音乐，而是借助播放列表来收藏和消费音乐，并通过网络平台实现交流与互动。众创列表

（即“大众创新 + 列表”）的核心是大众用户替代了传统音乐发行公司的“编辑权”，形成基于单曲基础上的“网络再编辑”。类似于音乐消费的曲目列表，中央广播电视总台云听客户端和蜻蜓 FM 等，在新闻性音频的拆条传播上也有更进一步的探索实践。在云听客户端的“资讯”板块，滚动发布的单条音频新闻像单曲一样均以标题方式列表，用户可以点击收听，也可以像“刷抖音”一样通过“上滑”来浏览，选择愿意收听的单条新闻。蜻蜓 FM 还以“蜻蜓早知道”的方式开启向订阅用户的单条新闻推送，用户点击推送页面，即可进入其“一点资讯”官方音频播报板块，根据标题列表选择收听。这样的方式，打破了调频广播新闻节目中原有的时序不可变、不可逆的线性传播形态，实现了用户自主“选曲”列表的再线性化。

无论何种类型的广播节目都可以在车载信息娱乐系统的平台上播放，传统广播将转型为有声阅读平台产品的提供者。而用户根据自身需求再线性化，建立起个性化定制的收听列表。这种列表或是用户主动创建，或是平台基于算法洞悉用户偏好所组建的推荐列表。

四、结语

智慧交通系统的深度融入和有声阅读列表的个性化定制，是广播融媒发展的两种路径。它们不是非此即彼，而是相互兼容的。具体到某一个交通广播频率发展的路径选择，有其自身的历史发展使然。智媒时代，交通广播必须加快融入智慧交通系统，以声屏复合的优势，实现从“必听性”到“必用性”的转型。平台化媒体时代，广播必须关注音频产品在用户终端的再线性化。无论是车载还是居家场景，以语音唤醒作为交互入口，开启音视频娱乐将是常态；无论驾车还是走动，移动性和伴随性依然是音频媒体生存保护的“金钟罩”。抢抓有声阅读产品的版权风口，多种场景下的音频产品使用再线性化，将成为新时代广播发展的必然趋势。

（魏淑媛系浙江传媒学院新闻与传播学院硕士研究生）

畅行中国：交通广播融媒创新研究

申　红　唐梦凡

摘　要： 新兴媒体的涌现、商业平台的流量“截和”，多种因素让交通广播进入了“内忧外患”的发展瓶颈时期。为适应广播收听市场由拉动增量转为深耕存量的趋势，百家交通广播联盟内外“协同”，成功举办多场“畅行中国”大型融媒活动，创造了属于自身的品牌影响力，为交通广播持续性发展提供了良好的研究范本。本文通过梳理“畅行中国”活动轨迹，分析具体实践案例，为交通广播借力发展，探索媒体深度融合，实现区域广播向全域传播转型提供参考。

关键词： 畅行中国；交通广播；媒体协同；融媒活动

2013 年 11 月 12 日，党的十八届三中全会通过《中共中央关于全面深化改革若干重大问题的决定》，“推动传统媒体与新兴媒体融合发展”的内容位列其中，党中央关于“媒体融合”的重大战略部署迈出首步。2014 年 8 月 18 日，中央全面深化改革领导小组第四次会议审议通过《关于推动传统媒体和新兴媒体融合发展的指导意见》，对新形势下如何推动媒体融合发展提出明确要求，做出了具体部署。自“媒体融合”上升为国家战略，传统媒体通过融合发展，增加新闻和信息平台，优化配置媒体资源，实现了内容的多平台出口和传播能力最大化。2020 年，中共中央办公厅、国务院办公厅印发《关于加快推进媒体深度融合发展的意见》，跨地域合作模式成为媒体融合纵深化布局的横向联动路径。在媒体融合即将进入第十个年头之际，党的二十大报告指出，加强全媒体传播体系建设，塑造主流舆论新格局。该指示为媒体融合目标做出了重要的顶层设计。

早在2010年，中国广播电视社会组织联合会交通宣传委员会（下称中广联合会交宣委）联动全国百家交通广播，创办了“畅行中国”大型品牌活动。品牌创办13年来，一直是国内媒体融合重要的见证者与实践者。中广联合会交宣委通过该品牌，带领全国交通频率紧跟党中央部署，逐步实施媒体融合重要战略。“畅行中国”活动形式从最初云端上“联合播报”的初级联动，升级为线上线下的多元协同。在多场落地活动中，交通广播依托自身媒体矩阵，聚焦时代主题，加深资源融合、平台融合与人才融合，借力行业发展势头构建全媒体传播体系，积极寻求“新型主流媒体”深度融合的创新策略。

一、交通广播深度融合的困境与机遇

自2016年起，交通广播高速发展的脚步逐渐放慢，业务经营和传播影响力虽然依旧堪称业界翘楚，但实际却身处“内忧外患”的境地之中。一方面，广播受缚于传统体制机制，媒体深度融合进程缓慢，供给失效导致用户流失，广播用户规模一再落入低谷。据赛立信全国受众调查数据显示，2022年广播整体接触率下跌3.3%。另一方面，车联网时代来临，智能终端的冲击与消费环境的升级，让交通广播在车载端收听场景中不再独占鳌头，商业模式失灵致使原有的“造血”功能衰退。交通广播面临着市场被抢占、转型路径僵化、媒体阵地建设停滞不前的发展阻碍。

广播媒体涉及事业产业、意识形态、新闻宣传、内容创作、科技创新、传统媒体、网络媒体和跨行业融合，[①] 整体系统复杂且开放。20世纪70年代，德国系统学家赫尔曼·哈肯在《协同学：一门协作的科学》一文中，阐明了复杂系统在面临外界控制参量阈值的转变时，如何以子系统之间的协调、合作替代独立、竞争，从而增强整体效应，推进系统由无序状态向有序状态转化的整体过程。面对融合交叉的趋势，交通广播的转型破局仅靠一家电台“单打独斗”收效甚微，媒体协同与融合创新成为时代所向。

1995年8月28日，中国广播电视社会组织联合会交通宣传委员会经民政

---

① 杨明品. 广播电视呼唤新一轮改革［EB/OL］.（2023-07-27）［2023-07-27］. https://mp.weixin.qq.com/s/6X3RV2DblW8QKp-X-U-GWA.

部批准在哈尔滨成立，经过24年开拓，会员单位涵盖全国各省、自治区、直辖市144家交通广播播出机构。该组织的成立，为全国交通广播搭建了一个信息共享平台。2010年，中广联合会交宣委牵头创办了“畅行中国”大型融媒体活动，经过13年的发展，“畅行中国”核心价值更加凸显媒介传播的有效性和区域协同的重要性，凸显政府的主导和媒介的使命。凝聚行业智慧，持续深化全方位媒体联动和联播活动，发挥了行业组织积极的引领作用，为行业组织借力发展、渗透行业影响力探索了一条有效的传播路径，为中国交通传媒行业的高质量发展注入了新的活力。近年来，百余家交通广播在“畅行中国”活动中宣传地域形象，传播地域文化，推动文旅融合，助力乡村振兴，在媒体深度融合进程中尝试从区域传播走向全域传播，塑造交通广播全新生态。

二、“畅行中国”主题策划：重大议题优化“传播范围”

1991年9月30日，中国第一家以播报交通信息为主导的专业广播媒体——上海人民广播电台交通信息台正式开播，中国交通广播行业30余年的发展进程由此展开。交通广播自诞生以来，在受众眼中的形象一直定位于“行业型”媒体，主要聚焦于路况、车辆信息以及交通相关的议题。这是交通广播成立的初衷，亦是独家优势所在。彼时国内私家车数量的激增，让交通广播成为车辆出行不可或缺的辅助工具。日益庞大的用户量奠定了交通广播的号召力基础，一批优秀的媒体人才也在交通广播的高速运营中迅速成长。“畅行中国”成立之初，主题策划也多围绕“路”和“出行”等交通元素，开展如“爱心送考”“文明交通在行动”“边疆万里行”“温暖回家路”等活动。

2019年后，百度地图、高德地图等智能导航产品发展势头迅猛，它们布局于各大交通指挥中心，导航产品甚至可以在拥堵路段清晰标明拥堵原因，实现红绿灯倒计时实时同步。交通广播独家播报路况的局面就此打破，车联网AI信息交互平台逐步取代其提供交通指引类服务。原来的行业定位从优势变为局限，市场的挤占倒逼交通广播拓展思路。在塑造主流舆论新格局，巩固壮大奋进新时代的主流思想舆论精神指引下，交通广播以交通元素为切入点，主动关注参与社会重大议题，在更多的领域中摩拳擦掌，一展身手。

近年来，“畅行中国”活动主题策划紧紧围绕国家战略方针，关注地方发展，做强做优主题主线宣传，弘扬时代精神，讲好中国故事，唱响新时代主旋律。2017 年活动主题开始聚焦“脱贫攻坚”与“乡村振兴”，在全面建成小康社会的攻坚道路上做好舆论引导与社会服务；2020 年新冠疫情突发，“畅行中国”策划团队以极强的新闻敏感性，响应社会关切，弘扬时代精神，策划了“畅行中国·致敬英雄城市——全国百城百台交通广播走进武汉”大型“新闻在行动”全景式融媒体主题报道活动；2023 年“中国式现代化”讨论如火如荼，新时代征程下，“畅行中国”活动 100 小时直击安徽广德、河北邯郸，记录“奋进新时代”的地方发展（见表 1）。

表 1　畅行中国部分重大主题策划一览表

年份	活动主题	活动主办地
2017	“畅行中国·走进大别山”——2017 全国交通广播脱贫攻坚新闻纪实在行动	大别山
	“畅行中国·农旅扶贫——全国交通广播记者体验贵州美丽乡村”主题采访活动	贵州
2020	“畅行中国·重访大别山——打赢脱贫攻坚战 乡村振兴再出发”2020 全国百城百台主流媒体大型融媒采访活动	大别山
	“畅行中国·福建村村美”——2020 融媒助农行动	福建
	“畅行中国·致敬英雄城市——全国百城百台交通广播走进武汉”大型“新闻在行动”全景式融媒体主题报道活动	武汉
2023	“畅行中国·奋进新时代·争当长三角一体化高质量发展安徽县域排头兵——100 小时·直击安徽广德”	安徽
	“畅行中国·奋进新时代”全国百城百台走进“成语之都　太极之乡　一座等了您三千年的城”——“100 小时直击邯郸”大型融媒传播主题采访活动	河北

2018 年是改革开放 40 周年，2019 年是中华人民共和国成立 70 周年，2021 年是建党百年。在三个重大周年节点中，“畅行中国”活动走进多地，报道地方改革开放的先进事迹，回顾新中国成立以来的建设成就，弘扬红色文化，追溯发展历史（见表 2）。

表 2　畅行中国部分重大主题策划一览表

年份	活动主题	主办地
2018	畅行中国·改革开放 40 年全媒体新闻行动——“四十年四十事”全国百城百台大型高端访谈活动	全国性
	畅行中国·新时代、新征程——“中国改革开放 40 年全国交通广播记者走进江西”主题采访活动	江西
	畅行中国·改革开放 40 年全媒体新闻行动——“四十年四十事”全国百城百台大型高端访谈之“温州模式启示录”	浙江
2019	畅行中国·新中国华彩七十年——全国交通广播记者走进江西大型主题采访报道活动	江西
	不忘初心，牢记使命，“百桥飞架”——长江流域跨江大桥致敬新中国 70 年巡礼大型融媒体新闻行动	江苏
2021	畅行中国·庆祝建党 100 周年“寻找红色记忆”主题——“红色文物会说话、红色遗址会发声”融媒传播发布仪式暨“党性教育基地”揭牌仪式	浙江
	畅行中国·“追寻红色记忆”——“百年党旗红 福建村村美”暨“党性教育基地”揭牌仪式	福建
	畅行中国·“追寻红色记忆”——探访进京“赶考”出发地，弘扬“西柏坡革命精神”融媒传播暨党性教育基地揭牌仪式	河北
	畅行中国·“追寻红色记忆”——“不忘初心，赢得民心”党性教育基地揭牌仪式暨庆祝中国·上海交通广播 30 周年融媒传播活动	上海
	畅行中国·献礼建党 100 周年“钱江潮涌·100 小时行走的浙江”	浙江

从以上两个表中可以看出，活动首先立足交通本位，融合交通特色，如在致敬新中国成立 70 年活动中巡礼长江流域“百桥飞架”；其次，关注区域文化，融合地域特点，例如，在三千年古城邯郸追溯其“成语之都　太极之乡”的前世今生；最后，发扬协同创新，融合多种资源，创新新闻报道方式，集中优势资源宣传地方形象与文化，助推地方社会经济发展。

媒体是党的喉舌，肩负政策宣传和形象建构的重任。每一时期的时代主题与发展策略在落地过程中，不能仅停留于抽象的宣传口号，更要以真切可感的形式深入人心，落到实处。“畅行中国”活动足迹遍布东北、华北、华中、西北、西南等地，突破交通广播自身“刻板印象”，在共同关注中主动设置议程，从不缺席社会重大议题，引导受众关注当今的国家发展目标与战略，协同地方政府及重点企业，以自身公信力为优秀地方资源搭建平台，吸引关注和投资，在扩大地方经济辐射力的同时，也扩大了交通广播的传播影响力。

在开展主题策划时，“畅行中国”始终坚持既要“守正”，亦要“创新”。媒体融合的过程中，传统媒体机构与社会普通个体在互联网上共同拥有表达的机会，社会传播成为一个媒体与广大人民群众的信息交互场。这就意味着交通广播在把握时代关键词的同时，应具有更多“网感”，在新的社会传播关系中，洞悉用户所想，解答用户所惑，以媒体观察员的身份，加深与用户的话题连接度，力求在不同的主题中使得不同阶层、不同群体的人们高效地进行信息交互，并在这一过程中凝聚共识，共享信息与价值观。

三、“畅行中国”内容生产：技术赋能“视听表达”

智媒时代的高速运转，让技术成为媒体融合的核心动力之一。5G 商用时代的来临既是通信行业的技术变革，也是传媒行业的理念变革。根据中国电信、中国移动、中国联通公开发布的运营数据，截至 2023 年 4 月底，三大运营商 5G 套餐用户总数累计达 12.13 亿户。网络传输能力大幅度提升，超高速、大容量、低时延、大流量密度、移动性更强的 5G 网络让信息传播不再受限于时空场景，以视频为代表的非逻辑表达方式成为社会表达的主要语态，以视听为核心的内容融合创新成为媒体融合的主流方向。短视频、移动直播、H5、Vlog、VR/MR/AR、数据可视化等最具活力的融合技术或形态，无不是以视听为核心的体验与交互。[①] 过去广播以“声”立命，如今要以视听兼备的产品增强用户黏性。交通广播在“畅行中国”活动中积极运用 5G 技术优化用户的融媒触达体验，再造与融媒传播需求相匹配的内容生产流程，既有短视频新闻与图文报道等简单的融媒形式，也有制作精良的中长视频、“大屏 + 小屏”互动

① 曾祥敏. 中国式现代化电视事业的演进路径和三大创新动力［J］. 编辑之友，2023（6）：12－20.

的全程慢直播。

得益于制作快、体量轻、社交属性强等特点，短视频当仁不让成为“畅行中国”活动中视频作品的主力军。中广联合会交宣委早先联合快手短视频平台举办“全国交通广播短视频创作”专题培训，力争从创意、内容、传播、运营等多个角度让交通广播接轨互联网思维。以“100 小时 · 直击安徽广德”活动为例，开幕式包含了“广德　我们来啦”“穿越时光　看见广德”“视频快剪　畅行中国直击广德开幕式”三连击活动，随后多家交通广播通过自家视频号、抖音、快手等平台，带领受众“玩转”跑马场、广德市博物馆、竹乡画廊多地，广播的及时性与现场性不再局限于电波连线之中。

广播视频讲速度，也要谈深度。早在“100 小时 · 直击安徽广德”活动举办之前，安徽交通广播便为举办地广德量身打造了一部时长 4 分 3 秒的宣传片《这里是广德》和一部时长 3 分 7 秒的 MV《道广德来》。两部作品提前预热，呈现效果可圈可点。宣传片《这里是广德》以“山”与“水”这两大环境元素作为小切口，讲述广德大发展。全片极为凝练地概括了广德经济产业与人文特色，大量使用航拍与延时镜头，与竹海湖畔自然环境音相呼应，让观众沉浸在一个“触手可及”的广德时空。《这里是广德》被学习强国、人民日报客户端等多家主流媒体平台转发，后续被广泛应用于广德城市形象宣传和各类招商场景中。

相较于宣传片大气恢宏的场景呈现与官方介绍，另一部 MV《道广德来》则体现了传播的温度性，更接地气，更聚人气。词曲朗朗上口，曲中加入了年轻受众喜爱的说唱片段，内容上凸显城市的多样性，在技术上以剪辑打磨全片的节奏性。海量信息时代，如何让受众获取信息不是问题，问题在于如何实现受众在信息上面的“停留”。MV 的温度感和风格的多元性极大地增加了互联网主力军，即年轻用户的信息停留度。《道广德来》一经安徽交通广播视频矩阵发布，便风靡各大社交平台。据不完全统计，24 小时内该视频点击量高达 371 余万。

“百城百台”同步推出的“100 小时”全程慢直播则是“畅行中国”活动近期主打的特色项目，是中广联合会交宣委探索建立“畅行中国 · 全国百城百台交通广播新媒体视频慢直播联盟”，进行视频推流并实现双屏直播的重要实践。慢直播是一种长时段、低剪辑、全记录和久陪伴类型的直播，具有事件自我阐释、内容原生态以及用户自主参与等传播特征。2020 年央视 24 小时直播武汉“雷神山”“火神山”方舱医院建设，让慢直播为公众所熟知。随后慢直播涌现出更多的生活场景：漫游珠峰、熊猫基地、交通考试……惬意、漫无目的的观看方式减轻了现实的压力与焦虑，因此慢直播成为用户视频观看的新潮选择。2021 年“畅行中国 · 献礼建党 100 周年‘钱江潮涌 · 100 小时行走的浙江’”首次尝试 100 小时慢直播，观看人数达 2 000 万人次。2023 年“畅行中国”广德站的 100 小时慢直播则增设了 24 个直播点位，让百家交通频率的受众可以在一天的任意时刻感受广德的城市面貌与风土人情。据统计，此次慢直播全网观看量超 3 721 万人次，创造了“畅行中国”100 小时慢直播观看人次的新纪录。

众多新技术形式与实践涌现，成为交通广播内容生产的新增量与新变量。2021 年“畅行中国 · 庆祝建党 100 周年‘寻找红色记忆’”主题活动推出了 H5 产品《红色文物会说话》，围绕“建党百年”“党史学习教育”两大主题，通过点击页面的中国地图，进入具体城市查看当地红色文物的技术形式，借助多平台转发优势，完整呈现了辐射全国的红色文物地图。2022 年“‘豫’见新时代的博物馆——‘100 小时 · 直击博博会’”大型融媒传播报道活动开发了“直击博博会”微信小程序，集成会务注册系统、新闻博览、融媒在线、金句荟萃、直播回放、智能掌上会务指南等功能，达成“一机在手，博博会尽收眼底”效果。所有的融媒产品被归纳存放其中，用户可随时走进融媒直播场景空间，与文博界专家、学者、博物馆馆长，共话文博事业发展的新未来，回顾活动盛况，“永不落幕的博博盛会”成为现实。

“畅行中国”融媒生产实践，全效执行了广播在线下活动中的全案策划。交通广播的生产实践紧跟互联网传播的移动化、社交化、视频化的趋势，持续由技术驱动，展现出技术从底层逻辑的层面介入媒体深度融合转型的过程。这一过程不仅使广播人的办台思路更加开阔、表达手段更加多元化，而且在潜移默化中借力技术改变了用户对广播的认知和接受方式，建立起用户对于交通广播的“新印象”。

四、“畅行中国”传播渠道：资源融通共筑“协同传播”

当今的融媒时代是一个以“全程、全息、全员、全效”为特性的信息交互时代。客观事物的运动过程通过互联网传播全程在线，客观事物的相关信息转化为各种形式全息呈现，全体社会成员利用平台发表所思所想，最终全面提升全媒体传播体系能效。这里的全媒体传播体系是一个纵贯四级、横覆社会各领域的新体系，是一个功能全面、效能强大的新的传播平台。这意味着新社会传播关系的产生并开始取得主导地位，新型主流媒体开始以平台型媒体的面貌登上时代舞台，其旺盛的生命力在于用户的使用与资源的聚合。① “畅行中国”活动中，中广联合会交宣委指导交通广播一边重组内部资源，一边积极接触外部资源，立足于“协同”角度，与其他各类媒体、商业平台进行信息和资源的置换合作，打破过往线形、网状式的传播结构，形成交通广播内部与外界之间的资源整合双循环。

纵向上，“畅行中国”整合百家交通频率资源，推动交通广播由区域性传播转换为全域性传播。2017 年“‘畅行中国 · 走进大别山’——2017 全国交通广播脱贫攻坚新闻纪实在行动”，是中广联合会交宣委首次打响的跨省合作宣传战役，多家发送，一体传播。活动遵循“六个统一”原则：统一调度、统一标识、统一预热、统一连线、统一报道、统一直播。中广联合会交宣委抽调主办方安徽、湖北、河南三家交通广播的骨干成立宣传中心，部署宣传选题，三家交通广播记者合作完成广播专题报道，交由交宣委旗下 128 家交通广播共同播发。活动期间，全国交通广播协作播出直播节目、录音专题累计 1 100 分钟，全国累计收听相关内容人次超 2 亿。②

横向上，“畅行中国”借船出海，既协同了各类主流媒体资源，也借助了商业平台的信息分发技术与用户流量优势。2021 年“畅行中国 · 献礼建党 100 周年‘钱江潮涌 · 100 小时行走的浙江’”活动吸引了《人民日报》、新华社、学习强国、《光明日报》、《经济日报》、中新社等六家央媒记者 200 多人集聚浙江衢州，活动集中反映浙江在数字化改革、乡村振兴、生态文明、精神富有等领域的特色做法和典型经验。据统计，“100 小时行走的浙江”相关的微信、微博等平台的图文专题报道超 5 000 条，阅读量突破 3 000 万；抖音、快手等

---

① 宋建武，毛彦. 论全媒体传播体系的理论与实践：媒体融合十年的经验解析［J］. 新传播，2023（3）：10－16.

② 李曙光. 跨域合作 全面融合：“畅行中国 · 走进大别山”的实践与思考［J］. 新闻前哨，2017（7）：52－53.

平台短视频发布近 2 000 条，观看人数超 1 000 万；10 余路记者、11 大平台、40 大场景，100 小时不间断直播的观看人数超 2 000 万。新华社、《光明日报》、学习强国、人民网、中新社等国内多家主流媒体都对新闻行动进行了充分报道。2023 年“100 小时 · 直击安徽广德”活动中，百余家交通广播记者先后访问了广德历史地标、文化地标、经济地标。其以微博为主阵地，辅以视频号及微信公众号，通过视频快剪、图文结合的短新闻形式实时更新广德活动行程，介绍当地的企业产业，讲述小城的历史文化，描绘竹乡的文旅发展。此次活动空前提高了广德的宣传影响力、传播度，截至活动结束，各融媒体平台累计推出主题报道 2 512 篇，覆盖人群 6.6 亿人次，微博、微信等平台的相关内容阅读量超 1.9 亿次。

“畅行中国”的传播过程既检验了交通广播多年来媒体矩阵的建设成效，也反映了当前交通广播网络端口对于商业平台的依赖。借船出海是主流媒体提升影响力的必经之路，但要达成媒体融合中主流舆论占领阵地的战略目标，尚需在此基础上另辟蹊径。建设新型传播平台来实现传统主流媒体的互联网化，是交通广播和所有主流媒体未来必须应对的课题。

五、“畅行中国”业务布局：内容服务“双王并行”

媒体融合探索至今已逾十年，主流媒体历经了观念转变、渠道变革、资源整合等重重关卡。众多信息生产者涌入传播赛道，受众向用户的角色转换完毕。过去传统媒体的核心功能是信息传播，但对于互联网时代的新型媒体来说，信息传播只是基本功能，服务才是核心功能，主流媒体原有的“内容为王”开始演变为内容服务“双王并行”的局面。服务用户的关键在于引导而非迎合，主流媒体始终要坚持正确的政治方向、舆论导向、价值取向，锚定“引导用户，服务用户”的目标，借助融合之势，延伸媒体品牌价值。交通广播应找准自身定位，积极把栏目与活动打造成可持续经营的用户服务产业项目，以“广播 +”模式，收集政务需求、企业需求、用户需求，嫁接各界资源，形成消费场景，提供传播平台和社会服务，发挥主流媒体多重影响力，建设服务型媒体。“畅行中国”作为由百家交通广播合力打造的品牌活动，在诸多社会重大议题中为政府与群众搭建了沟通桥梁，为生产者与消费者搭建了交易平台。

2020 年是全面小康建成之年，“畅行中国”活动时隔数年重访大别山。相较于 2017 年的跨省宣传与百台联播，此次“百城百台”的到访不只是作为见证者，更是成为参与者，对大别山脱贫后的乡村振兴新目标、新探索、新风貌进行了集中采访报道。全国 10 家交通广播主持人还化身“大别山好物首席带货官”，向全国网友推介大别山好货，亲身下场为扶贫工作“搭桥修路”。据不完全统计，该场活动直播带货 117 场次，观看量高达 846 万次，累计销售收入近 400 万元。同年“畅行中国”步履不停，前往福建，沿厦门、漳州、三明、南平路线，深入重点脱贫县乡，助农直播带货，策划“原产地好物节”“1 元享锦鲤大礼包”等活动，号召全国网友及听众在线参与消费扶贫，借助全国主流广播联盟区域联动优势，结合福建高速服务区、永辉超市等平台进行推广，在五天的时间里通过抖音等直播平台进行带货直播 71 场次，线上助力福建农特产品累计销售收入 150.7 万元，订单量高达 2 万多单。

交通广播依靠长期以来积累的听众市场、信息资源，成功将自身公信力转化为品牌影响力。“畅行中国”活动在研究国家与地方政策的基础上，围绕文化旅游宣传、经济建设发展、现代乡村振兴等方面与各地政府及重点企业达成合作，产出了一系列关于智慧政务、便民服务、形象宣传的优秀融媒产品。合作与碰撞扩大了交通广播的“朋友圈”，为交通广播的品牌发展注入了新内涵。“广播 + 政务、服务、商务”的模式，凝聚了一个可以共享的规模人群，使每一家交通广播媒体都有机会实现新的价值变现。交通广播在与多元主体的合作中履行社会责任，增强本领，努力向“全能型”选手成长。

六、讨论

媒体的深度融合要求实现各要素的最优配置。“畅行中国”活动在把握广播的意识形态属性、公共服务属性、技术产业属性的前提下，推进交通广播资源的整合与聚合，改进视听升级广播表达形式，延展经营服务范围。活动作品中，湖北、安徽、河南广播电视台“春到大别山”全景式现场直播荣获 2017—2018 年度中国广播电视大奖“广播节目大奖”，“畅行中国·2017 全国百城百台爱心送考”等活动，被中宣部《新闻阅评》栏目报道并获得充分肯定和积极评价，“不忘初心，牢记使命，‘百桥飞架’——长江流域跨江大桥致敬新中国 70 年巡礼”现场直播荣获第三十届中国新闻奖作品一等奖。奖项与荣誉，是对交通广播在融媒创新方面的高度认可，也让“畅行中国”赢得了多方的青睐与合作的橄榄枝。未来，“畅行中国”将进一步盘活交通广播的存量资源，放大“百城百台”交广音量，走进更多的城市，展开更多全国性的新闻合作行动，做好媒体服务，凭借“爆款”新闻产品和信息先发优势，让用户在物质与精神上都能感受到“畅行中国”带来的“实在”力量。

“畅行中国”仅是交通广播媒体深度融合实践的载体之一，载体背后的顶层设计，需要更深刻的思考与探索。广播业务模式已然发生质变，新的顶层设计要切实化解现行定位交叉、利益冲突和内耗竞争问题，形成巩固壮大思想文化阵地的强劲合力。① 交通广播置身全媒体时代，需要各主体充分利用采编播头部技能和内容创作核心优势，面向互联网主战场优化资源配置，实现自我革新和自我重塑。② 打造具有“新质生产力”，在区域乃至全域有带动能力的品牌型媒体。以更强烈的全局意识，站在更高的历史站位，把握不同介质的传播属性，通过理念、内容、形式、方法、手段等方面的创新来进行信息供给侧结构性改革，全力建设与新时代社会治理体系一体化的全媒体传播体系，形成多维立体式的融合传播形态。

参考文献：

[1] 曾祥敏. 中国式现代化电视事业的演进路径和三大创新动力 [J]. 编辑之友，2023 (6)：12 – 20.

[2] 宋建武，毛彦. 论全媒体传播体系的理论与实践：媒体融合十年的经验解析 [J]. 新传播，2023 (3)：10 – 16.

[3] 李曙光. 跨域合作　全面融合：“畅行中国 · 走进大别山”的实践与思考 [J]. 新闻前哨，2017 (7)：52 – 53.

[4] 祝燕南. 广播电视全媒体发展的现实与未来 [J]. 传媒，2023 (15)：12 – 14.

（申红系安徽广播电视台交通广播副总监；唐梦凡系安徽大学新闻与传播学院硕士研究生）

---

① 杨明品. 广播电视呼唤新一轮改革 [EB/OL]. (2023 – 07 – 27) [2023 – 07 – 27]. https://mp.weixin.qq.com/s/6X3RV2DblW8QKp – X – U – GWA.

② 祝燕南. 广播电视全媒体发展的现实与未来 [J]. 传媒，2023 (15)：12 – 14.

媒介、受众与融合：车联网背景下交通广播的融合发展探究

李恺锐　徐凤兰

摘　要：技术赋权的媒介融合时代下，物联网、人工智能、大数据等新兴媒介技术的广泛应用构建了新的传播逻辑，同时也促进了交通广播内容形态及业态的发展。本文主要分析了车联网时代下交通广播融合发展的价值呈现，以及在听众体验感受限、内容同质化显著与多平台融合受阻三方面的困境，并进一步提出了交通广播在用户体验融合、产品内容融合及媒介技术融合三方面的具体融合路径，为传统广播媒体在全媒体传播格局下的转型与升级提供重要参考。

关键词：车联网；融合；交通广播；场景

根据《2021年全国广播电视行业统计公报》，截至2021年年底，全国广播节目综合人口覆盖率为99.48%。[①] 其中，交通广播作为一项与交通相关的广播形式，一直为广大群众提供最方便快捷的出行服务内容。然而随着新媒体的快速发展，传统交通广播的路况价值和互动价值受到了一定的冲击，再加上平台融合思维受限、人才不足等问题，其优势和影响力不再凸显。如今，车联网时代的到来为交通广播的发展提供了新的机遇和挑战。对于交通广播来说，与其被动失去传播主阵地，不如抓住机遇主动拥抱车联网，打造广播和新媒体融合发展的新阵地。

一、车联网时代下交通广播融合发展的价值呈现

以往受限于传统广播时代的技术，受众对于媒体的主要需求在于内容；车

① 2021年全国广播电视行业统计公报［J］. 广播电视网络，2022，29（5）：7－9.

联网时代下技术赋权，受众对于场景需求的要求增大。交互技术以及大数据、人工智能技术的支撑能够满足受众个体对于场景的感知体验逐渐增大。传媒产品的核心价值逐渐从优质内容向社交因素过渡，新兴媒体所传播的碎片化内容及依托的传播渠道，迫使我们必须根据个体的特点和需求，构建相应的定制化价值场景。这些带有社交属性的传媒产品与服务，不仅为受众创造了崭新的社交价值体验，而且为广告主提供了全新的营销通道。①

（一）路况垄断时代终结：车联网新时代的云听布局亟待优化

实时路况是传统媒体时期交通广播对受众的首要抓手。如今越来越多专业广播伴随化趋势加剧，专业广播对于交通广播的挤压让交通广播的路况垄断时代到达终结临界点。与此同时，传统媒体式微的新媒体时代下，中央广播电视总台打造的云听音频客户端是新时代媒体融合大进程下的成功例证，一年之内3 000万用户的增长，予以路况垄断时代终结一个新思路——深耕音频沉浸式的伴随效用，满足受众的全场景、多元化内容需求。

（二）内容从广播到窄播：用户黏性离散倒逼内容垂直化发展

基于内容碎片化的时代特征，广播内容专业化的发展路径趋于垂直化，需覆盖新闻、交通、听书、音乐等不同伴随场景。同时社交属性在新媒体时代的重要性凸显，深化车联网技术支撑下的用户内容体验感势在必行，不仅需要强化信息内容的垂直化，而且需提供给受众社交价值。

（三）盈利模式的单一化：广告下行压力加大再重构商业布局

我国大多数交通广播电台目前仍将基于“单点支撑”广告盈利模式视为唯一实现增收的有效途径。然而，这种较为狭隘的战略思维导致节目中广告泛滥，严重损害了节目质量和听众的体验，同时也限制了交通广播领域的创新发展，从而客观上提高了经营风险。这种做法对于交通广播的可持续健康发展造成了严重不利影响。为了改变这种状况，广播电台应积极加强与新媒体的紧密

---

① 梁浩．场景价值再重构：交通广播融合转型的新动力［J］．新闻研究导刊，2018，9（8）：91－92．

融合，充分发挥行业协会的引领作用，深入推进品牌活动，同时寻找适时机会与高等院校合作，以促进广播行业的全面提升和发展。[①]

二、车联网时代下交通广播融合发展的困境

交通广播在信息供大于求的时代生存环境逐步紧缩，寻求融合发展道路也受到诸多阻力，面临诸如内容上节目质量良莠不齐、商业上盈利模式滞后单一、专业上同质化竞争日趋激烈等困境。新媒体的突起让交通广播需要重新思考自身转型路径，寻求与新媒体的有效融合，重塑自身优势。

（一）听众体验感受限：沉浸式交互场景仍停留于表面

在传统广播时代，交通广播主要依赖听觉感知，以实现信息传播。然而，在车联网时代，交通广播可以借助多元终端设备，达到覆盖人们日常生活各个场景的目的。[②] 尽管前沿技术与交通广播媒介的融合正处于探索阶段，但用户的互动和沉浸式场景体验仍然存在较为表面化的局限性。因此，为适应这一不断演变的媒体环境，交通广播需要进一步加强对融合媒体的认知与应用，深入研究新技术应用与开发，注重用户参与感和用户体验等互联网思维，实现更好的传播效果。

（二）内容同质化显著：不利于广播品牌特色形象建构

内容同质化是传统广播内容的首要问题，节目制作的单一性局限了受众的圈层，导致受众黏性的不足。地方传统交通广播在节目制作上缺乏创新，基本以新闻、交通、音乐为主线，缺乏自身特色。例如，贵州交通广播的四档音乐类节目《音乐黑白片》《音乐万象》《音乐风情之旅》《晚风倾诉》在内容和形式上的雷同性造成了频率资源的浪费，需探索创新方法以改进路况信息传播和音乐播放的“叠加”模式，同时针对类似的音乐风格寻求创新创作。[③]

---

① 刘述平，赵雨冰．新媒体时代交通广播发展的困惑与出路［J］．中国广播，2014（4）：20－23．

② 卜彦芳，吴居嫦．基于传播偏向理论的广播融媒矩阵传播创新［J］．中国广播，2021（10）：3－7．

③ 本刊编辑部，潘力，刘园丁．中国交通广播的创新发展之路［J］．中国广播，2014（4）：8．

（三）多平台融合受阻：新媒体融合与应用探索性不足

新媒体时代下，交通广播需要从自身创新性以及独特性入手，发掘信息生产以及传播形式上的新切口。单一的发展模式以及新媒体融合应用方面的不足限制了其满足受众日益增长的生活需求。唯有依托新媒体，适应受众的场景需求，以一种更为灵活的应用模式融入受众生活，才是打破多平台受阻的关键。例如，借助其可观的影响力和坚实的公信力，太原交通广播筹建了太原交通广播壹零柒传媒科技有限公司；同时以其官方微信公众号为支撑，成功构建了“107 的店”与“107 优选”两大商城，从而开创了崭新的发展前景。[①]

三、车联网时代下交通广播融合发展的出路

传统广播受制于“线性”“顺时性”的收听特征，导致受众选择内容的自由度大受局限；媒体融合时代下，车联网技术支撑能够通过应用终端的联结，让受众抵达新时代。播客技术的采用能够迭代传统广播的内容思路，让受众能够随时自由订阅内容，摆脱“线性时间”的束缚，让广播能够实现内容层面的集纳以及分发，像是广播“中央厨房”，让受众能够自行对内容进行筛选以及匹配。

（一）用户体验融合：场景价值再重构，交互式场景强化用户沉浸式体验

交通广播媒体融合进程中，社群化场景延伸的基础已初步形成，移动客户端与传统广播节目相融，受众的“行”与“食”“住”“玩”连接逐步深入，多样化场景入口形成了各式社区，受众社群化已成为交通广播必不可少的用户特征。基于以上场景，可以设置相应板块，推送优质内容，有针对性地解决受众的生活需求，做好语音交互，让用户以最快速、最便捷的方式获取音频信息和音频服务，从而强化受众黏性，进行深度绑定。

---

① 方东晓．在新媒体语境下交通广播发展瓶颈的消解路径［J］．中国广播，2020(6)：79－80.

（二）产品内容融合：内容本土特色化，强化听众社群化与品牌长尾效应

车联网时代下交通广播要在多媒体行业中占领一席之地，就要挖掘自身特色，破除产品内容的同质化倾向，创新广播内容，吸引更多的听众，打造相应的节目品牌，提高节目的核心竞争力。对交通广播来说，品牌是一种资产，听众对品牌的忠诚度决定着它的广告额度。通过近地性打造地方平台，最大化地方广播电台特色，适应平台位移，可以通过数据来凸显受众喜好，适应受众要求，从而进一步形成黏性高的社群，打造具有长尾效应的自身品牌。

（三）媒介技术融合：媒介补偿理论下，广播与新媒体融合完善产品形态

1. 融合现状

表 1　广播与新媒体融合的现状

	第一类	第二类	第三类
以广播电台为主体开发的 App	依托全台所有频率资源的 App（北京人民广播电台推出的北京广播在线）	以频率资源为核心开发的 App（集路况分享、兴趣交友、便民服务等功能于一体的 1039 交通广播 App）	细分优质资源后开发的 App（中央人民广播电台将其视频、新闻、有声阅读细分为央广视频、央广新闻、阅耳听书三个 App）
广播和网络电台 App 的融合	电台节目集成类 App（蜻蜓 FM）	UGC 为主的网络电台 App（喜马拉雅）	PGC 为主的网络电台 App（考拉 FM）
广播和即时通信 App 的融合	互联网巨头联手电信运营商推出的移动社交平台（微信、易信和来往）	游戏公司开发的适宜游戏玩家的免费语音软件（YY 语音）	短信衍生出来的语音业务（飞信和天行）
广播和音乐类 App 的融合	音乐类 App 签约广播媒体中的知名 DJ 开辟私人电台（网易云音乐在上线之初就已有林海等众多国内知名 DJ 坐镇）	音乐产品上的交换，其中既有将传统电台中优秀的音乐节目移植到音乐 App 中播出，又有音乐 App 自制节目在传统电台中播放（酷狗音乐推出的《DJ 飙榜》落地发行至全国近百家电台）	

2. 融合路径

秉持“内容为王”原则，快速吸收新用户，强化用户黏性，自创品牌的“深耕种”和进驻多个成熟品牌的“广撒网”可以双驱并行。中国交通广播要保留传统媒体的核心资源优势，依据实际情况明确重点，做出选择；同时，以帮助自身快速吸纳受众资源为首要原则，利用车联网的新兴媒介技术，以及大数据的“4V”特性，来实现跨应用、跨设备的全样本数据搜集与分析，精准掌握用户使用习惯，分析推算用户使用需求；另外，将迭代的人工智能更好地嫁接至交通广播，以深化其服务特性。

参考文献：

[1] 2021年全国广播电视行业统计公报 [J]. 广播电视网络，2022，29 (5)：7-9.

[2] 梁浩. 场景价值再重构：交通广播融合转型的新动力 [J]. 新闻研究导刊，2018，9 (8)：91-92.

[3] 刘述平，赵雨冰. 新媒体时代交通广播发展的困惑与出路 [J]. 中国广播，2014 (4)：20-23.

[4] 卜彦芳，吴居嫦. 基于传播偏向理论的广播融媒矩阵传播创新 [J]. 中国广播，2021 (10)：3-7.

[5] 本刊编辑部，潘力，刘园丁. 中国交通广播的创新发展之路 [J]. 中国广播，2014 (4)：8.

[6] 方东晓. 在新媒体语境下交通广播发展瓶颈的消解路径 [J]. 中国广播，2020 (6)：79-80.

（李恺锐、徐凤兰系浙江传媒学院新闻与传播学院硕士研究生）

数智时代交通广播主持人的角色定位与路径转换

孙 杨 张 帅

摘 要：数智时代是继信息时代和数字时代后的又一社会发展阶段。以数字互联和人工智能为核心的产业升级给传统交通广播带来了主持功能、内容生产和用户收听行为等方面的改变。要应对此轮技术变革，需要作为交通广播节目核心的主持人重新审视自身角色定位，提升服务意识，链接听众情感，扮演出行管家、汽车专家、生活帮手、知心密友等多重角色。在此基础上，主持人还应通过多种声音形式创新听觉空间，以融媒手段打造个人形象，以AI技术辅助内容生产，进而完成数智时代的主持路径转换。

关键词：数智时代；交通广播；交通广播主持人

20世纪90年代起，交通广播在中国逐渐扎下根来并繁荣发展30年有余。作为“车轮上的广播”，全国各地的交通广播在汽车市场不断壮大的助推下，长久保持着较高水准的市场占有率和广告收入。① 然而，近年来数字化和智能化的技术变革深刻作用于传媒领域，媒介生态的快速演变给广播媒体提出严峻考验。不同于电视节目的集体创作模式，广播节目向来有着主持人“单兵作战”的传统。广播节目主持人往往参与了节目的策划、编辑及播出的全流程。因此，面对不断变化的媒介环境和社会环境，交通广播的发展势必离不开主持人的转型。新形势下主持人的角色定位和路径转换成为交通广播发展亟待讨论的问题。

---

① 赛立信媒介研究. 2020年中国广播收听市场盘点［EB/OL］.（2021－02－22）［2023－12－01］. https://www.sohu.com/a/451874336_281328.

一、问题的提出：数智时代交通广播面临三重挑战

当前国内学界业界讨论的数智化，在某种程度上可被视为继信息化、数字化之后，又一描绘技术创新、产业升级、社会变迁等情境的一个统摄性词汇。① 这一技术更迭的关键在于人工智能深入参与社会数字化转型进程中。在未来，数智化必将成为传媒业态的主导影响因素之一。每逢转型升级，时代总会为广播媒体抛出诸多难题。作为交通广播核心元素的主持人亦面临不少挑战，主要表现在播报功能、内容生产和用户收听偏好等方面。

（一）主持人原有播报功能被弱化

交通广播问世之时的主要职责是“用电波为司机提供及时的路况信息，疏导交通”②。路况信息一度是各交通台安身立命之本，主持人也就自然地承担起路况播报员的角色。不过，主持人仅有播报路况的单一化功能在早先就被学界认识到其局限性，如彼时的浙江交通广播总监董传亮认为“交通广播的职能只是阶段性的”。③ 后来，路况信息未能成为交广独家资源，其他频率也同步播报路况，交通广播主持人不再局限于“路况播报员”的身份，交广节目类型由此呈现多样化趋势。及至当下，车载互联网及各类手机导航应用不断普及，路况信息日趋透明化与可视化，交通广播原有的独到优势被进一步弱化。在此情况下，交通广播主持人无疑需要重新审视自身的角色定位。

（二）专业内容面临优质竞争

随着媒介生态的快速演变，传统的广播生产模式逐渐暴露出内容陈旧和效率低下的双重困境。数字化和智能化并存的时代，信息空前丰富，网络平台上各类生产模式并行，大量的专业信息与直观的用户反馈可轻松获取，这给交广节目带来了挑战。例如，作为一种相对成熟的节目类型，说车类广播节目以往

---

① 闫桥，陈昌凤. 数智化融合：逻辑、特征与未来战略［J］. 青年记者，2023（19）：9－12，17.

② 秦晓天，谢先进. 交通广播发展历程与思考［J］. 现代视听，2007（1）：39－42.

③ 秦晓天，谢先进. 交通广播发展历程与思考［J］. 现代视听，2007（1）：39－42.

总能以主持人和嘉宾的专业性吸引一定数量的车迷或有意购车者。但随着“瓜子二手车”“懂车帝”等平台相继出现，说车类广播节目的专业性被大批互联网车评人所稀释。毕竟相比于时长有限的传统说车类广播节目，各个网络平台的车评信息更为全面、直观且获取便捷。在此情况下，用户流失也就不足为奇了。一个可侧面予以印证的事实是，有学者指出，在广播听众整体趋于年轻化的同时，汽车类广播节目的收听群体却日趋高龄化。①

（三）用户收听行为多元趋势明显

数智化时代带给广播的另一重处境是用户收听行为的变化，这主要体现在收听渠道、收听场景和收听偏好等方面。央广网相关数据指出，2018 年至 2022 年，选择在移动智能端收听广播的用户规模连续五年不断攀升，已达 4.12 亿，车载收听的用户规模在 2021 年达到 5.32 亿的峰值，此后略有下降，在 2022 年降至 4.89 亿。② 由此足以见得，智能化的收听方式会在未来进一步延展，乃至成为主流渠道。与收听渠道改变相应的是，移动互联设备开拓了更为丰富的广播收听场景，除传统的开车通勤外，工作、学习、家务、睡前和运动等多种场景皆在广播中得到进一步应用。此外，随着人们生活节奏的加快以及互联网叙事的“短、平、快”倾向等影响，用户收听广播日趋碎片化。智能终端有望成为主流渠道，多重收听场景不断叠加，以及用户收听习惯碎片化，凡此种种的趋势都为交通广播的时代之变提出了新的方向。

二、角色再定义：主持人需以服务链接情感

相较于传统的路况信息播报员，当下交通广播听众更需要的，是以服务为核心、提供情感价值的多重角色主持人。

---

① 谭丰. 全媒体时代广播汽车节目如何扬长避短［J］. 新闻传播，2020（4）：89－90.

② 2022 年中国广播市场分析：打造适应全媒体传播新广播［EB/OL］.（2023－04－19）［2023－12－01］. https://ad.cnr.cn/hyzx/20230420/t20230420_526224794.shtml.

（一）出行管家：满足用户路上到路下多层次需求

在用户使用场景和需求多样化的今天，交通广播主持人需要兼顾听众在路上和路下的多重需求，扮演好出行管家的角色。主持人应首先搭建路上资讯播报、解读和答疑解惑的权威平台。尽管路况信息已非交广独有，各种网络导航应用可实时提供海量的路况信息，但是，与交管部门密切合作的良好基础仍然是交通广播的核心优势。如河南交通广播的视频直播节目《直播早高峰》整合了省内交通、交警、高速、市政等视频监控资源，主持人可由此获得一手的监控信息，并对相关的拥堵或事故原因进行及时追踪。[①] 另外，对于一些最新颁布的汽车政策、交通法规等文件，交广主持人也可就此搭建起专家和听众沟通的平台，从而对政策进行深入解读。例如，四川交通广播 2023 年 11 月 3 日推出的问政访谈类节目《有请大队长》，将环成都周边各条省管高速的交警支队大队长请入直播间，通过实时连线的方式解决群众的交通疑问。[②]

除提供交通资讯外，交广主持人也应考虑拓展路途娱乐和旅游信息等服务方向。娱乐是包括广播在内的大众媒介的主要功能之一。尽管总有学者批评媒介的泛娱乐化倾向，然而娱乐是人与生俱来的天性，尤其在生活压力较大、节奏较快的当下，人们内在的娱乐需求进一步增强。通过分析 2022 年排名前 10 的省级电台交通频率的节目单可知[③]，交广节目囊括了听书、音乐、美食、旅行和脱口秀等各种娱乐范畴，娱乐节目时长占比均在该频率节目时长的三分之一以上。例如，浙江交通广播的《快乐加速度》、四川交通广播《E 对奇葩》提供了通勤路上的笑料，河南交通广播的《让我们去旅行》、浙江交通广播《就是爱旅游》等节目则为用户的旅游计划提供合理专业的建议。节目娱乐化的趋势是交广主持人需要关注的当下重点。

---

① 周军，王占宏. 河南交通广播媒体融合创新与思考［J］. 中国广播电视学刊，2018（7）：93 - 96.

② 四川交通广播. 节目预告|《有请大队长》即将上线，请你来提问［EB/OL］.（2023 - 11 - 02）［2013 - 12 - 01］. https://mp.weixin.qq.com/s/vcFhD8OdiH1DtjT6G4YT - w.

③ 赛立信媒介研究. 重存量　智融合：数览 2022 广播收听市场［EB/OL］.（2023 - 02 - 22）［2023 - 12 - 01］. https://mp.weixin.qq.com/s/kOwyLmkoRo9dM7RHJsaBxw.

（二）汽车专家：覆盖用户购车与用车全流程

交通广播主持人应以汽车专家的身份，为听众做好从购车到用车的全流程服务。2022 年，车载广播用户规模达到 4.98 亿，依然是广播收听的主力。[①] 司机和乘客普遍青睐于收听交通广播，他们在遇到汽车相关难题时，仍倾向于相信广播这种信任度高的媒介。[②] 故而，广播主持人在汽车的专业性问题上依然有着一定的话语权。若要将这种话语权进一步落实，需主持人做好两点。

一是夯实汽车领域专业知识。交广主持人需要具备汽车领域的各类知识，才能以内行视角，针对用户不同需求给出精准建议。当前汽车市场日新月异，主持人的知识结构也应与时俱进。以新能源汽车为例，截至 2023 年 7 月，中国共有 75 家新能源乘用车企，在售车型 223 款。[③] 在新品牌和新车型层出不穷的同时，雷丁、拜腾等品牌接连倒闭。面对产品迭代十分频繁的汽车市场，交广主持人应实时更新自己的知识结构，始终走在汽车信息服务领域的前沿。

二是积极做好全链条服务。汽车行业覆盖面广泛，用户购买、维护、行驶、改装和销售车的各个环节都可作为节目切入点。但值得注意的是，当前广播收听群体呈现智能化和年轻化趋势，大量年轻用户选择使用智能设备收听广播，亦偏向通过智能终端获取汽车信息。相比于听广播了解汽车知识的传统方式，用户通过各类汽车应用可直接看到海量车型的图片和视频，甚至可通过 AR 方式 360 度模拟观车，并能和车友在评论区交流意见。传统汽车类广播节目若要在这样的环境下生存，必须更新节目形式，拓展传播渠道，增加与用户的接触机会。一个正面案例是，哈尔滨交通广播《谭丰看车市》除每天固定的一小时电台节目外，还会在晚上 8 点和听众相约快手直播节目《925 谭丰看

---

① 赛立信媒介研究. 重存量 智融合：数览 2022 广播收听市场［EB/OL］.（2023－02－22）［2023－12－01］. https://mp. weixin. qq. com/s/kOwyLmkoRo9dM7RHJsaBxw.

② 广东省广播电视局. 第 11 个世界广播日：广播仍是最值得信赖的媒体之一［EB/OL］.（2022－02－15）［2023－12－01］. https://gbdsj. gd. gov. cn/zxzx/hydt/content/post_3814614. html.

③ 电车人产业平台. 最全！7 月份中国新能源乘用车企/车型销量统计分析报告［EB/OL］.（2023－08－14）［2023－12－01］. https://mp. weixin. qq. com/s/lajz3an－tWzv5tiz5cz－dg.

车市》。[①] 如此一来，主持人就得以在流量高峰期进行节目内容的二次传播。

（三）生活帮手：解答用户出行和生活各类问题

交通广播的用户定位经历了从专业化到综合化的演变，主持人也应与时俱进，解决用户除出行外的更多生活需求。有学者将交通广播最初的专业特征概括为“对象专业化”[②]，意即相较其他频率，交广的主要目标群体是司乘人员。然而，这种认识随着广播收听渠道从固定收音机到车载再到智能终端的三重演变需进一步更新。广播收听的第一次转向是从传统的收音机转向车载，这意味着包括交通广播在内的多频率受众主要转向车载收听，例如，新闻频率的节目也加入了路况信息的播报。曾有学者专门对非交通广播频率的路况节目创新问题进行分析，认为吸引和服务车载群体成为各广播频率都需关注的问题。[③] 这实际倒逼了交通广播的综合化。广播收听的第二次转向是从车载转向移动智能终端，这意味着交通广播的综合化成为一种必然。移动终端的多样化使用场景给交通广播提供了更多发展服务的可能。例如，黑龙江交通广播主持人欣莉备受当地群众喜爱，因为她数十年坚持通过电波为百姓解决大小问题；保定交通广播的《百姓排忧专线》打出“事事我来帮，件件有回复”的口号为群众提供暖心服务；包头交通广播启动融媒体专栏“我为群众办实事”，覆盖了出行、民生和维权等各个民生方面。这些都是交广主持人可供参考的行业经验。

（四）知心密友：供给听众所需情绪价值

快节奏的互联网媒介生态实际上给交广主持人提供了一个深入贴近用户心灵、为用户提供情绪价值进而获取忠实听众的机会。英国广播公司（BBC）的一位电台节目主持人曾说：“有两个地方你可以和听众建立真正的亲密关系，一个是车里，一个是监狱。”[④] 一句玩笑道出了广播的一大优势，即通过声音

---

① 谭丰. 全媒体时代广播汽车节目如何扬长避短［J］. 新闻传播，2020（4）：89－90.

② 谭天，赵敏. 中国广播亟待第三次升级转型：破解广播发展困局的思考［J］. 新闻记者，2012（10）：38－43.

③ 李延大. 论非交通广播频率路况节目的创新：以吉林新闻综合广播《738 出行提示》为例［J］. 西部广播电视，2015（15）：62.

④ BIJSTERVELD K，DIEKER M. A captive audience：traffic radio as guard and escape［J］. Journal of radio audio media，2015，22（1）：20－25.

传播和听众建立依赖性的亲密关系。美国社会学家格兰诺维特（Mark Granovetter）曾提出强弱关系之说，强关系的特点是社会网络同质性较强，人际关系紧密，人与人之间有感情维系；弱关系的特点是个人的社会网络异质性较强，人与人关系并不紧密，也缺乏过多的感情维系。① 在互联网时代人们普遍建立“弱关系”的背景下，广播或许是一个和听众建立“强关系”的重要工具。因为交通广播的用户群体、使用场景和使用时间都较为固定，这给“强关系”的建立提供了先天优势。主持人应善用这一优势，将与听众的情感维系摆在突出位置。例如中国交通广播之前的节目《李季深夜秀》，主持人李季敏锐地察觉到夜间司机群体既需要陪伴也需要动力的情感需求，用一种“闹腾”的主持方式，给“夜间工作者、加班者、驾驶者”提供一种“澎湃的陪伴”。特殊的陪伴形式满足了特定群体的差异化需求，这是李季能够得到听众青睐的原因之一。

三、路径再探索：主持人三重转型举措

身处数字智能时代，明晰交通广播主持人的角色定义是其转型发展的前提。在此基础上，交广主持人还需深刻理解数智时代的媒介转型逻辑，从而做出实质性的路径转换。

（一）以声音为本，创新听觉空间

广播媒介的立身之本是声音，因此谈到主持人的转型路径，必然离不开以声音为本的创新。AR、VR 技术的大量应用昭示着未来人们的娱乐活动在向沉浸式体验发展，这或为交广主持人提供了语言技巧、背景音乐和音效方面的创新思路。

首先，主持人需要具备高超的语言技艺。主持人的声音技巧包括虚实、停连、高低、快慢、强弱等。通过变换多姿、节奏鲜明的声音，主持人可塑造出不同的形象、情感和环境。坐于播音间的交广主持人，要“一口诉说千古事”，一张口就将观众拉入情景中来，这是广播主持人赖以生存的核心技能。

---

① 王智慧. 身体符号与圈层关系：“微社群”中的情理与人伦：基于体育类短视频的创作、点赞与评论［J］. 上海体育学院学报，2022，46（12）：22－33，69.

其次，背景音乐的使用需恰如其分。背景音乐的重要性不言而喻，它可以帮助节目传递中心思想、营造气氛、调整节奏以及抒发情感。背景音乐的使用并不能随心所欲，既要符合栏目整体的基调，又要贴合单个节目的主题。以《李季深夜秀》为例，尽管节目基调向来欢快愉悦，但做告别节目《深夜秀的完结篇》时，主持人则结合“告别”之主题，大量运用舒缓的背景音乐，令人心有戚戚焉。

最后，主持人应使用更为丰富的声效和音响。于此而言，近些年来的广播剧走在了广播节目前面。优质的广播剧，会恰到好处地使用大量声效和音响，如要展现王府生活的奢靡，就用“鹦鹉叫声”“斗鸡”“斗蛐蛐”的音响；又在王爷一言不合掐死鹦鹉时，加入鹦鹉扑棱声来表现王爷的残暴。种种音效以侧面烘托的方式，为听众塑造了一个颇具包裹感和沉浸感的聆听环境，这值得主持人在节目中加以运用和学习。

（二）以融媒为路，丰富自身形象

数智时代，交通广播主持人要通过融媒体多方位打造个人 IP。IP 打造是提升节目影响力和促进节目品牌化的有效手段。过去一段时间以来，广播领域主持人在这方面稍逊于电视同仁，但融媒时代的到来则为广播主持人提供了新机遇。

传统交广主持人打造个人 IP 需要依托自身和平台优势。表面看来，传统媒体平台会对主持人的触网转型带来桎梏，但实际上合理利用既有平台可为主持人带来不少助力。如当前不少地方媒体接连成立 MCN 机构，对主持人品牌进行孵化。黑龙江广电集团的龙广电 MCN 将主持人孙晓乐推向台前，一条“吐槽前男友”的视频获赞 215.8 万。湖南 MCN 机构 Drama TV 打造出相对完整的孵化链条，对机构内知名主持人进行包装与孵化，如母婴账号“张丹丹的育儿经”，分享专业知识，在母婴领域颇具影响力。当然，打造个人 IP 更关键的还是主持人的知识素养和专业水平，以及将既有知识与媒介环境相结合，进而发挥自身优势的能力。以杭州交通广播主持人于虎（虎哥）为例，“虎哥说车”之所以能在抖音迅速崛起，离不开其二十余年从事汽车节目主持积累下来的功底。

（三）以 AI 为友，变更内容生产模式

数智时代广播内容生产模式的变更是主持人转型过程中无可回避的问题，平衡内容质量和生产效率又是其中关键。以内容生产而言，技术进步和时代发展使得信息产出效率呈现几何倍数式的增长。从 PGC（专业生产内容）到 UGC（用户生产内容），再到数智时代的 AGC（算法生成内容）、MGC（机器生成内容）和 AIGC（生成式人工智能），传媒内容生产呈现出人机协作、智能化生产和个性化定制的趋势。

就交通广播而言，AIGC 在承担大量重复性工作的同时，也将其核心功能进一步延伸。交通广播自诞生至今的一个本职工作是传递路况信息。面对庞大且变动不居的路况信息，AI 以大数据分析为基底的算法技术，能以极快时效体系化地呈现关联信息。因此，在路况信息的筛选、分析和播报上，AI 无疑可以大幅提升主持人的工作效率。未来交广主持人或许可进一步借助 AI 算法的帮助，针对路况问题，为交警和司乘提供及时解决方案。当然，这需要媒体与交管部门更为全面地深化合作与信息共享。

此外，AI 也可作为助手参与基础的节目稿件创作。2023 年 11 月 7 日，OpenAI 首届开发者大会公布了 ChatGPT 的一系列功能革新，发布会上亮点频出，例如：ChatGPT 不再满足于文本应答，而是进一步具备了“信息—图像—音频—视频—跨模态”的生产能力；[①] 私人定制门槛被进一步下放，即便对编程技术一无所知，用户也可通过语言指令快速定制个性化 AI 助手，并将模型公开使用。基于上述两点，一个符合实践需要的交广主持人 AI 助手就有望承担大量的重复性工作。当然，对于 AI 参与内容创作的争论仍在继续，未来内容生产的主体是否可以以及是否应该完全转向 AI 还是悬而未决的问题，但 AI 辅助生产已成定局。

四、结语

数字互联网和人工智能的到来给传媒形态、媒体环境乃至媒介生态带来时

---

① 殷俊，杨金川. ChatGPT 智能文化建构与社会功能研究［J］. 重庆工商大学学报（社会科学版），2024，41（3）：148－155.

代之变。此轮技术之变给交通广播带来福祉的同时，也迫使其中的节目主持人不断思索自身价值。交通广播的前景仍然是广阔的，但这需要以主持人为代表的从业者机敏地审时度势，并勇敢地参与时代之变。唯有如此，交通广播才能在新时代再焕生机。

参考文献：

[1] 闫桥，陈昌凤．数智化融合：逻辑、特征与未来战略［J］．青年记者，2023（19）：9－12，17.

[2] 秦晓天，谢先进．交通广播发展历程与思考［J］．现代视听，2007（1）：39－42.

[3] 谭丰．全媒体时代广播汽车节目如何扬长避短［J］．新闻传播，2020（4）：89－90.

[4] 周军，王占宏．河南交通广播媒体融合创新与思考［J］．中国广播电视学刊，2018（7）：93－96.

[5] 赛立信媒介研究．重存量　智融合：数览2022广播收听市场［EB/OL］．（2023－02－22）［2023－12－01］．https://mp.weixin.qq.com/s/kOw-yLmkoRo9dM7RHJsaBxw.

[6] 李延大．论非交通广播频率路况节目的创新：以吉林新闻综合广播《738出行提示》为例［J］．西部广播电视，2015（15）：62.

[7] 王智慧．身体符号与圈层关系："微社群"中的情理与人伦：基于体育类短视频的创作、点赞与评论［J］．上海体育学院学报，2022，46（12）：22－33，69.

[8] 殷俊，杨金川．ChatGPT智能文化建构与社会功能研究［J］．重庆工商大学学报（社会科学版），2024，41（3）：148－155.

［孙杨系英国卡迪夫大学新闻、媒体与文化学院硕士研究生；张帅系中共浙江省委党校（浙江行政学院）社会学文化学教研部讲师］

新理念　新思维

全媒体时代的“广播”新定义

颜春龙　高新哲

摘　要：在全媒体时代时空关系上，广播是时间上的“全时序传播”、空间上的“伴随收听”，人类的生活场景与广播的声音传播不断融合互嵌，广播的空间传播属性得到了前所未有的释放。在传受关系上，广播从“广而播之”和“交往的播客”两种传受层次，通过声音构建“想象的在场”广播开放平台，将人们连接在一起。在情与理方面，广播成为一种不受直观约束的媒介，通过声音构建了消费生态的“共情声景”和凝聚价值的共同体。

关键词：全媒体；广播；媒介融合；声景

自2004年北京广播学院更名为中国传媒大学，到2023年学术期刊《中国广播》更名为《中国视听》，“广播”这个曾风靡了近一个世纪的传统媒体，在21世纪似乎日渐消逝。在各类短视频无所不在的当下，“广播”这一类声音媒介是否已然失去其独立存在的意义和空间？对此，本文试图从“广播”的媒介内涵与媒体肌理出发，去重新定义“广播”在全媒体日新月异的发展浪潮中的历史方位。

一、广播的“时”与“空”

（一）时序格局：从“你讲—我听”到“我听—你讲”

“你讲”是大众对广播长期以来形成的一种集体记忆和习惯性认知模式。前互联网时代，广播听众的收听行为被定义为“习惯性收听”，是特定时段、特定频率的特定节目与广播听众的特定收听诉求所契合而产生的目的性收听的

“弱选择”行为。[①] 这种线性传播模式，即广播媒体在特定空间提供特定的声音信息，受众被动接受，形成特定的“你讲—我听”的时空传播关系。

随着互联网和媒介技术的发展，不仅广播传播的特定空间被打破，而且广播传播的特定时序关系也被颠覆，“你”在讲而“我”不一定在听，只有“我听”，“你讲”才得以传播。在时间上，广播传统的线性传受关系和传播意义被解构，进入了“我听—你讲”的非线性传播的“强选择”阶段，受众收听的时空选择权得到了更为能动的强化。随时随地、想听就听，广播的声音信息不再局限于传统的无线电频段，而是穿透了不同空间的、不同时序的数字平台，广播与人的关系从时间的强制性同步“线性传播”变成了可供性“非线性传播”。全媒体环境下，传统广播从过去的单时序收听格局逐步实现为全时序传播格局。

（二）空间关系：从“隔空投递”到“伴随收听”

广播是最早通过无线电波进行多点隔空投递的新闻传播工具，从而成为真正定义“大众传播”意义的典型新媒体。有线广播的出现克服了干扰空间传播的技术缺陷，全球庞大有线广播传输网的发展使广播的“隔空投递”与“入户服务”齐头并进、大放异彩，进一步增强了广播作为大众传播媒介的专业性、功能性和服务性，由此也领航开启了媒体细分受众市场的进程，真正实现了从传者中心到受者中心的传播转向，又一次将媒体的功能从单一的“广播”工具重新定义为多样化“传播”介质。

21 世纪以来，互联网的全球化使移动广播悄然兴起。到今天，物联网、5G、大数据加持下的智能化、全媒化使广播的空间特质和传播意义再次回归。随着用户驾驶、健身等各种生活场景的日益丰富，以视觉为中心的视频类媒体传播时空被不断挤压，与此同时以声音为中心打造的各类听觉媒体的平台化、智能化产品却在不断推陈出新。广播也从“隔空投递”“入户服务”再转向，成为更具贴近性、服务化更强的“伴随收听”。多元化的“伴随式传播”再次重构了广播场景化传播的时空意义，尤其在一些视频类媒体难以触达或用户不便接收视觉信息的场景下，广播作为专注于听觉感知的媒体特性和优势则更加凸显，直击心灵的声音所产生的独有而强大的传播注意力极大地给受者赋能，

---

① 牛存有. 大音频时代广播的发展方向［J］. 中国广播，2019（1）：47－51.

为其提供了更加色彩斑斓、空间场景更广阔的想象力建构。

随着广播的平台化、智能化、全媒化，“你讲我也讲，我听你也听”等以声音为主线，更加立体、丰富的广播生态进一步被广泛应用，从应急广播到公园广播、超市广播、社区广播……广播的应用场景正在不断衍生扩展，人类的生活场景与广播的声音传播也在不断融合互嵌，广播的空间传播属性得到了前所未有的释放。

二、广播的“传”与“受”

（一）众声喧哗：从“播而广之”到“广而播之”

自 1923 年第一座广播电台在中国开播以来，虽然“广播”作为媒体概念的中文表达一直沿用至今，但“广播”的语义已经从无线电时代“你讲我听”的“播而广之”衍变为移动互联网时代“人人都有麦克风”的“广而播之”。尽管就传播内涵而言，广播作为传播工具的大众传播行为没有改变，但“传”的主体和载体却不断扩展变化，既有传统的专业“主播”在主流媒体“播而广之”，也有大量的非专业“播主”或 AI 主播在各种网络平台上进行各种类型的“广而播之”。

相对于“传”的变化，广播传播的“受”却呈现相反的变化，定制化、精细化的媒体生产加剧了广播分众传播、垂类传播的市场竞争，使广播呈日益“窄播化”趋势。而在人们的日常生活被“无视频不传播”裹挟成视觉泛滥、众声喧哗的境况下，各级主流媒体的广播可视化策略表面是媒体融合的必然，实则消解了广播的“广”度和特性。作为一种声音媒介，广播的“灵韵”是通过声音的韵律、音调、语气去传递语义的情感，以实现听者更深层次的共鸣，是一种“通情之音”。声音不仅仅是由简单的文字和语法构成的语义，它本身就是人与世界、人与自然相互沟通、融合为一的介质。广播作为一种传达声音和情感的媒介，更能够通过声音传递“情感的涌动”的力量，形成大众传播上“放送的波动”。这种传达情感和思想的方式使广播成为比视频类媒体更独特的媒介形式，同时也将人们带入一种超越日常生活的哲学和审美中。广播的发展应该始终专注声音并为其提供更多的可能性，而保持对广播传统价值的本体性认识是首要的。

（二）声如其人：从互动“主播”到“交往播客”

全媒体时代，广播作为“交往播客”，在传播上是一种“受众的先到”。这一现象表现为传播者和受众之间“受众需求的先导性作用”。在广播中，出现了“反客为主”的“传受错置”。从最初的单一“radio”，到“audio”，再到如今的“user”，听众逐渐从被“主播”传受的被动接受者转变为积极能动的“交往播客”。

与传统广播相比，全媒体时代的广播更具“对话性”和“主体间性”，是对“独白式”单向传播的超越。对于广播的发展，在历时性上，广播是一种单向阶梯式的“权利叙事”层级；在共时性上，现代广播使人际对话更具双向互动的对等性与独立性。广播变得更像一个真正具有互文性的社交平台，是一个可以与受众直接互动和平等沟通的“播客”，传播权也在这个过程中得到了“扁平化的散布”。作为一种社会交往的媒介，广播的社会性指向不仅仅是单向传播信息的工具，更是一个连接众多他者的桥梁。人与世界是交流共生的关系，“生活世界”不是私域世界，是主体间的世界。声音的“播而广之”，让个体各自的历时性生命体验在特定时空点上实现了共时性集体互动，建构了多维度的集体共享信息、情感和思想的“共时性对话场域”。人与社会在声音的世界里形成了一种去二元传受对立关系的在场化、在地化结构，通过声波韵律和语义想象，绘建了各自应然的世界。因此，广播作为社会交往的“播客”，既传递信息，也聆听声音；不仅创造哈贝马斯式的对话，而且构建了社会共识和人与社会的在场关系。在当下所有媒介中，广播是唯一能够最便捷地把“众声喧哗”构建为可供性和联通性话语的媒介，也是推动社会进步的有力工具和独特文本。

（三）“声”临其境：从“隐匿的想象者”到“在场的共情者”

“永远在线”的广播通过声音传播议程化叙事，触发每个个体的历时性情感，引发每个个体隐匿在内心深处的想象，投射每个个体在场的共时性“声景”。广播与视频类视觉媒介传播的区别在于，广播投射所形成的声音场景看似是“非实用”的“无形”，但视觉场景过于“有形”、逼真的“实在性”很多时候限制了个体丰富的同场共情，导致了被投射群体内心隐匿的想象“不在场”，而中国传统文化所说的“得意忘形”以及“大音希声”，充分阐释了声音的传播能真正激发听众“想象的在场”。

广播构建的“非实用”和“无功利”声景完美彰显了声音独具的审美属性。正因为声音绘就的场景与日常生活存在相对区隔的距离，其投射的抽象性声景才最能直达人类内心世界，才能点亮个体内心原本存有的审美“欲望”，让每个人“隐匿”的应然通过声音的想象而得以实现“在场”的实然体验。全媒体时代的广播，只有回归声音本体，坚守声音对人与生活结构性联想的解构和超越，让“声画同达”的视觉与“悠然深远”的听觉实现互文化的嵌合和审美转向，最终达成刘勰在《文心雕龙》所言“寂然凝虑，思接千载；悄然动容，视通万里”的视听融合传播效果。

声音是“想象的在场”。与听觉文化的非直观性相比，视觉文化将我们置于直观的物质世界中，使每个个体的社会属性和阶级圈层在视觉世界中被直观标识和大众凝视。而声音的抽象性和非实用性使它成为一个更加自由的媒介。想象赋予物以意义，声景让我们的想象力得以自由驰骋，让“生活世界”得以在想象的世界中得到“敞亮”和“去蔽”。在广播构建的“声景”世界里，人的社会地位和身份变得不再那么明显，不同社会分工和不同圈层的人们可以更自由地表达，“想象的在场”使得人类的主体间性得以弥合，平等的交流共生成为可能，真正实现不受外物、他人限制的“非实体性的空灵”。

人对声音的审美是一种无功利的、赋权式的审美体验，使人们从功利和社会地位的束缚中暂时解放。广播传播所创造的“在场的共情者”给大众带来了一种巴赫金式的“广场上的狂欢”，其中平等、自由和解放成为这个狂欢世界的真实能动的感受力。广播通过声景将人们连接在一起，创造开放平台，使每个人不受社会阶层和地位的限制，都可以在这个共享的声音场域行使自己“想象的权利”，荡平喧嚣，穿透生活，直达灵魂深处。

三、广播的“理”与“情”

（一）“我听故我思”

声音的语言性使广播比其他传播媒介更具有形而上的抽象意义和美学意义，使广播具有本体性上的“抽象冲动”。听觉媒体的本质是语言的“声”与律动的“音”，而视觉媒体的本质是现象的“影”与直观的“像”。在对听觉和视觉的哲学认识上，“感性直观的视觉具象”和“形而上的语言抽象”是两种不同的审美意向和价值取向。听觉的语言性在德里达《声音与现象》一书中被归纳为“唯有语言才是在场与不在场的游戏中介”，这揭示了声音与生俱来的媒介本质，以及语言传播在连接感知和思维之间的核心功能。德里达把声音视为一种存在于普遍形式之中的在场元素，“没有声音，任何意识都是不可能的……声音就是意识”①。因此，笛卡尔所指的“我思故我在”的前提是“我听故我思”，实质是由于声音“想象的在场”引发了听者的思考，让我们的认知和存在紧密相连。

胡塞尔将语言的陈述和判断视为基于感知和想象等直观行为的非直观符号行为，认为语言具有引导我们思考和理解世界的能力，并超越了单纯的感性经验。在声音的听觉性和语义性的区别上，广播作为一种声音媒体，突出了声音的“语言性质”。尽管声音可以传达情感、触发直观体验，但它的意义仍需要通过观念层面的言说语义来实现。在黑格尔对艺术价值和审美价值的区分标准中，语言的艺术被认为具有最高的审美价值。广播提供了一种不受直观约束的媒介，使声音的语言性能够在审美和艺术的领域中充分展现。具备这种独特性质的广播，允许人们在听觉领域中超越实用性，进一步探索声音的抽象和哲学思考，这也正是人类在日常生活中内心对艺术和审美孜孜不倦追求的表征。

因此，广播作为一种传播声音的媒体，有助于弥合感性直观与语言观念之间的差距，并为语言的艺术性和审美性提供了独特的平台。在这种“抽象的阶梯”中，正如早川一会所言，“越是抽象，字词与现实事物的联系越不直接，他们之间的相符程度就越低”。这种“抽象冲动”使广播在传达抽象概念、引发哲学思考以及推动审美价值观念的发展方面具有重要的功能意义和美学境界。

（二）广播的“诗性”与生活的“无常”

当代的语言学转向，是交互主体转向的直接结果。当他人和社会变得越来越重要时，语言的交流功能就会越来越受重视。哲学在当代的第三次转向，使

① 倪梁康．直观的原则，还是在场的形而上学?：德里达《声音与现象》中的现象学诠释与解构问题导论［J］．浙江学刊，2004（2）：54－73.

哲学从天上回到人间，这种胡塞尔式的现象学认识使得人对世界的认识超越主客，进入了语言学的哲学逻辑观。在这一新的语言学转向下，语言不再是简单的工具，而是我们与世界、与他人交互的媒介，它不仅仅用于传递信息，还用于传达情感、思想和文化。广播展现了语言的诗性，使人进入生活的“无常”。广播的“广播”不仅是信息的传递，而且是表达文化、情感和思想的媒介，是对人“异乡的召唤”。这种情感的召唤可以唤起听众共鸣，产生对自我的本体性认识欲望。语言的诗性是人与万物一体的前提，人们通过广播作品聆听那些不在场的声音和情感，唤起情感，然后将它们想象出来，形成共通的感性审美观照和移情冲动。这种超越生活有限性的“无限”，将我们带入了超越常规思考境界的“无常”①。

广播的发展与当代语言学转向密切相关。这种转向强调了以语言为肌理的声音在信息传播和文化发展中的核心地位，以及人与世界的在世关系与认识关系上对人本体性的回归。广播通过声音的“灵韵”和话语的“诗性”，让听众实现对自我的本体性认识。在广播营造的“共时性对话场域”中，人能够更好地理解自我的本体存在。

（三）作为消费生态的“共情声景”

“共情”是广播吸引听众的重要生命线，其实质是使听众成为声音景观下受感性驱动的欲望消费者。这种交互的“消费生态”与广播的“广”相互融合，形成了一种“共情的声景”。声音从最初作为一种与时间共生的媒介，在各种新技术加持下变身为能与空间共舞的特殊媒介。随着全媒体时代的到来，广播携时空交融之势，在跨越不同平台的同时，依旧秉承着其独有的传播特色——“共情的欲望”。广播专注声音传播，营造出更具渗透力和沉浸感的感官体验，使听众深陷其中不能自拔。传统的情感节目、夜间谈话节目、音乐节目等都以主播独特的声音特质和个性解读“吸粉”无数，形成人与在地城市间共同的“声景”②。声音的特质使其具有强制性，它不仅唤起听众对共鸣的

---

① 张世英. 超越在场的东西：兼论想象［J］. 江海学刊，1996（4）：69－74.

② 吴红雨，潘忠党. 绘制一座城市：一项城市广播电台的个案研究［J］. 新闻与传播研究，2022，29（4）：73－92，127－128.

欲望，而且有不可替代性。正如人们常说的，“声音不能不听”，这种不可替代性赋予了声音传播独特的影响力。

广播是人生命生存的叙事，人天生就有对声音的通感需求和共情欲望。全媒体时代，广播也不再局限于单一的信息传递，它的发展超越了语言的线性关系和逻辑关系，更多地关注声音调动的感受和通感的联觉。广播寻求以人为本的以情感人，在这个“感人”的过程中，听众成为声音景观下受感性驱动的欲望消费者，形成一种同声共情的“声景生态”。

广播通过声音赋予人类共同的情感价值和审美体验，复活了人的本体性美学。“歌以咏志”，广播是一种工具，更是一种价值。从工具理性到价值理性，人对声音的需求最终还是人对自我价值实现的本体能动。因此，广播不仅是一种手段，而且是人发展的目的。广播连接了人类的情感世界，让我们能更深刻地感受到生命丰富的复杂性和生命生存的厚度。

（四）言为心声：作为凝聚价值的“声音共同体”

在媒介融合发展下，广播构筑的社会化框架更易使听众形成广泛的文化内化和价值认同。广播成为凝聚社会价值的最便捷渠道和最有效平台，满足了更多营造环境、形塑文化、应急管理，甚至日常管理、社会交往中必不可少的复杂需求，同时更多地成为人机共生、人地同构的价值共同体。

广播的发展从社会公共空间逐渐走向了人内心的空间场域。声音传播具有突破视觉文化的能力，它可以在瞬间穿透人的情感屏障触发共鸣，唤起人的认同和共情，激起“民胞物与”的冲动。在全媒体时代，人们越来越需要情感的共鸣和认同，声音的“广播”因其直观而深刻的情感力量，成为实现这种共鸣的重要途径。声音不仅是传递信息的工具，而且是连接人与人、人与文化的共同体和价值桥梁。

广播是一种人与存在价值的“同构”，是人类文化与生存空间的“完形冲动”，是心理空间与生命存在的时空完形和融合欲望。这种同构和融合是生命的内在冲动，是人类真善美的共同价值在广播中的体认。这种“同构冲动”以及对自我认识的“完形冲动”，让广播在全媒体时代走向了“彻底的时空融合”，冲破了人与人的隔阂，形成了价值的共鸣和共通，形成了人和广播与社会文化的同频共振。

四、结语

智慧广播、云广播的时代正在到来，广播已经不再是传统意义上的广播，它的时空关系、传受关系、情理关系均发生了实质性变革。融媒体时代的广播被赋予新的定义，声音的跨媒体传播、音视频融合、广播可视化使广播成为最有可能成为“四全”媒体的主流媒体。

广播传播者与接受者边界的消融，使“播客”成为主体交往的重要载体，为话语权的扭转和新型公共空间的形成、为“主体间性”创造了新的可能。当人们戴上耳机穿梭在城市中，进入由声音再造的“第三空间”，人身上所具有的游徙性与游戏性发生了重叠，暂时逃离了集体的“规训”，与自己“独处”。① 声音景观对人们的操控正在被终端均可独立运行的分布式云广播所重构，声音的“隔离式”传播使理性回归成为可能，由情感消费向价值共同体的协同进化也成为可能。人的内心在这一刻变得“部落化”，人类文化与生存空间在这一刻逐渐融合。

媒介市场生存下的“去广播化”趋势，不仅是对全媒体时代声音媒介的认知错位，而且在某种程度是被人为异化和弱化的。在视觉文化过度泛滥的当下，声音的静观变得难能可贵。广播不应是一种过时的“老腔调”，将广播“去之而后快”并不能成为主流媒体应对商业平台挤压的药方，相反还将导致本就处在断崖式下滑的主流媒体在现代传播格局中更加“失语”。回归声音的本质，给“广播”一个深度创新复活的机会，就是给受众内心一个“声情并茂”的可能性机会，也是给自己重塑一个时空广袤的可供性媒体市场机遇。

参考文献：

[1] 牛存有. 大音频时代广播的发展方向［J］. 中国广播，2019（1）：47－51.

[2] 倪梁康. 直观的原则，还是在场的形而上学?：德里达《声音与现象》中的现象学诠释与解构问题导论［J］. 浙江学刊，2004（2）：54－73.

---

① 许加彪，张宇然. 耳朵的苏醒：场景时代下的声音景观与听觉文化［J］. 编辑之友，2021（8）：12－17，23.

[3] 张世英. 超越在场的东西：兼论想象 [J]. 江海学刊，1996 (4)：69－74.

[4] 吴红雨，潘忠党. 绘制一座城市：一项城市广播电台的个案研究 [J]. 新闻与传播研究，2022，29 (4)：73－92，127－128.

[5] 许加彪，张宇然. 耳朵的苏醒：场景时代下的声音景观与听觉文化 [J]. 编辑之友，2021 (8)：12－17，23.

（颜春龙系重庆师范大学新闻与传媒学院院长、重庆师范大学广播研究院执行院长、教授；高新哲系重庆师范大学硕士研究生）

传播终端变革中的交通广播深度类型化研究

卢文兴　吴　飞

摘　要：交通广播保持数十年的车载终端收听优势，在喜马拉雅等音频聚合平台及头部音频客户端纷纷进驻智能车机后，迅速失去独占鳌头的地位；而在不久的未来，车联网进入全面智能化阶段后，其将遭受更大冲击。在此情形下，本文提出了交通广播推进深度类型化的应对方略：其核心是构建广播自控或广电合控的应用客户端，并在确保媒介营销能实现合作共赢的基础上与车联网互联互通；与此同时，抓紧推进满足驾乘群体多元需求的深服务，打造驾驶场景下全新的音视频生态；推动从“内容为王”向“服务为王”迭代升级，在大数据支持下实现精准感知，通过线上线下多平台、个性化、全方位服务满足受众（用户）多样化需求，形成可持续经营的受众（用户）服务产业链项目，以确保在5G和车联网升级并普及之时，守住主流媒体阵地，在“智能车生活”场景中继续“一路畅通”。

关键词：交通广播；传播终端变革；深度类型化

自1991年中国内地第一家交通广播诞生于上海后，迄今为止全国各地（不含港澳台，下同）已开播了240多个交通广播频率。

交通广播在短时内能发展到如此规模，主要源于我国汽车保有量大幅增长而城乡道路建设相对滞后的现实。截至2022年年底，我国汽车保有量已超3.19亿辆，位居世界第一。但我国千人汽车保有量仍仅有200多辆，而美国已近1 000辆，欧洲也有600辆。[①] 可见，未来我国汽车保有量仍有较大成长

① 刘远举. 中国的汽车保有量到底高不高，还有增长空间吗？[EB/OL].(2023-02-10)[2023-06-20]. https://view.inews.qq.com/wxn/20230210A009X000.

空间，与之紧密相连的交通广播也随之拥有具备更广阔用武之地的契机。

然而，自2010年始，百度、阿里巴巴、腾讯、华为等相继开启车联网，特别是喜马拉雅、蜻蜓FM、考拉FM、多听FM等音频聚合平台和凯叔讲故事、宝宝巴士等垂类音频客户端先后进驻车载终端，交通广播在移动收听中的优势地位迅速被削弱，市场份额直线下跌。据CSM媒介研究的数据显示，与十年前（2013年）相比，2023年广播收听市场总量下降超过三分之一，达37.4%。

汽车保有量增长而交通广播却走下坡路的原因，当然是车联网推动的车载传播终端变革。对此，不少学界业界人士认为，交通广播不仅不能因为车联网的崛起而改变交通这一类型化方向，相反要把这一类型化推向更深的层面。这种业界称之为深度类型化的道路，即在车联网背景下，交通广播要从成立之初以媒体为本位的行政指令、面向驾驶场景和媒体竞争状态下的类型化，转变为以市场为主导，以满足受众（用户）各方面需求为主旨，并善于应对多元化竞争的更高层级类型化，以确保交通广播在原有“导航”作用被弱化后，通过助力驾乘群体更好地应对车上车下所面临更多的困扰和痛点、难点，在为其提供深层次服务中守住广播可持续发展的“护城河”。

一、车联网AI信息平台为车载终端带来四大变化

我国是世界上车联网技术最先进的国家之一。根据中国汽车工业协会提出的五级车联网划分标准，我国车联网发展已超越“驾驶资源辅助阶段”“部分自动化阶段”，正在“有条件自动化阶段”发力，未来将向“高度自动化和完全自动化”阶段迈进。预计到2025年，我国将实现有条件的自动驾驶智能汽车规模化生产，到2035年基本实现“智能汽车强国”的战略目标。[①] 届时，车载终端的信息交互，也将发生明显变化：

第一，驾车人在驾驶场景下所需要的路况信息等，可实时在车联网AI信息交互平台中获得满足。这将取代当前由交通广播提供的交通指引类服务。

第二，车联网的AI信息交互平台允许众多信息生产者进入车载终端，为

---

① 罗丹. 漫谈车联网产业发展之“他山之石”[EB/OL].(2023－02－24)[2023－06－20]. http://www.cww.net.cn/article?id=574790.

用户提供涵盖工作、生活方方面面的信息，交通广播将从“一枝独秀”走向面对“百花齐放”的竞争层面。

第三，车联网的AI信息交互平台可收发图片、文字、音频、视频及直播等多样化信息，车载终端将从原有的“导航”和音频传播功能升级为全方位的信息与服务平台，以满足驾车人被“解放的双手和双眼”对更多元化的信息与服务的需求。

第四，车联网的智能语音交互，只需用户发出口头指令，便可获得相应服务，简化了操作程序及时间。在AI多元化信息交互平台的帮助下，汽车将从代步工具转为工作和生活的多功能空间。

二、构建可持续发展的车联网平台需要克服三大难关

车联网作为新一代网络通信技术与汽车、电子、道路交通运输等领域深度融合的新兴产业形态，在经济高质量发展中正释放着巨大的潜能。国家发展改革委、工信部、交通运输部等核心主管部门预测，到2026年，我国车联网市场规模将达到8 000亿元。国际著名会计师事务所普华永道预测，2030年智能网联汽车渗透率将达到56%。①

面对车联网产业的巨大诱惑，不少交通广播人认识到，交通广播变革的核心之策在于构建广播自控或广电合控的应用客户端，通过智能交互、大数据分析及个性化推送，与驾驶舱深度融合，打造驾驶场景下全新的音视频生态。相反，如果放弃了应用客户端，无法回收受众（用户）的多维数据，既不能依托数据获得调研性决策和实现商业化收益，又失去了对数据的拥有权和把控度，交通广播将从实际意义上放弃了主流媒体地位，成为一个依附其他媒体平台的内容生产机构，不得不在互联网上四处打游击。

因此，广播（广电）必须拥有自控应用客户端，并以合作主体的身份进入车联网平台。这是交通广播应对车联网的核心工程。上马这一工程的关键，不仅要看所建平台的智能先进性，而且需评估其在媒介营销市场中的成长性。

首先，合作的汽车品牌应达到媒介营销所需要的规模。我国国产汽车品牌

① 郭誉清，金军，冯志亮. 2022车联网产业发展洞察［EB/OL］.（2022－11－30）［2023－06－20］. https://max.book118.com/html/2022/1130/7043065120005020.shtm.

有 140 多种、车型有 1 000 多款,[①] 还有大量进口品牌。在某一城市或区域，一种汽车品牌规模普遍较小，一般不足以进行传播营销。因此，对车载终端的重构，只能选择与汽车大品牌商或拥有多元化品牌的汽车大制造商、大营销商合作，才容易拓展具有营销价值的用户群体。

其次，实现广播覆盖区域、汽车行驶区域和广告投放区域的聚合。通常情况下，这三种区域是不一致的。作为有区域性媒体优势的交通广播，应以交通广播信号到达范围为诉求，选择这一区域内有足够规模的汽车大品牌商或拥有多元化品牌的汽车大制造商、大销售商开展合作，并尽力争取广告商对整个区域的布局，以达成“三合一”的市场营销效应。

最后，构建车联网的投入需要获得丰厚的市场回报。无论是自控的应用客户端，还是车载终端的重构技术与设备，乃至于相关信息的采集、制作和供给，都需要较大的投入。因此，上马车联网工程时，必须对投入与产出进行较为精确的评估，以确保在获得良好的社会效益的同时，也有可观的经济效益，才能做到可持续发展。

三、抓紧确立满足驾乘群体多元需求的深服务定位

交通广播面对的虽是难关重重的车联网征途，但退必然在下滑之路上越行越远，只有进才会有一线生机。因此，许多交通广播的有识之士，以前瞻性的眼光和说干就干的魄力，积极介入、提前介入，参与车联网平台建设。与此同时，交通广播应根据车联网技术升级状况，因时、因地、因不同需求而开展相应的深服务。

一方面，交通广播在当前车联网升级与普及仍有“空白地”和“死角”的态势下，应着力将服务指向车联网尚未覆盖的区域，继续在道路交通安全指引上发挥不可或缺的作用。应向车联网 AI 信息交互体系难以企及的“大交通”领域延伸服务，包括“车、路、行”信息自动交互之外的需人工操作的信息生产与传播，与驾乘群体和“车、路、行”相关联的深层次信息的挖掘与解读，等等，使之与车联网的自动导航功能形成优势互补。

---

① 乐乐百科．国产汽车品牌大全排名［EB/OL］．（2023 - 06 - 02）［2023 - 06 - 20］．https：//zuched．com/post/649323a09250．html．

另一方面，交通广播应兼顾驾驶场景的“导航”和助力驾驶人员及时化解各种容易“分心走神”的工作生活困扰和痛点难点等两方面服务内容，帮助驾驶人员既把正手中驾驶方向盘，又把住头脑中的“人生方向盘”。未来，面向驾驶场景的硬服务或许可以取代，而帮助驾乘人员以良好状态投入工作生活的软服务则是无可替代的。

其实，在当今各行各业“内卷”严重的情形下，人们面临的困扰和痛点难点无所不在、无时不有。做好这样的服务意义重大且任重道远。第一，应深入人心地把握需求。可以多措并举，一要充分利用好受众（用户）大数据这一数字时代最重要的资源，精准感知受众（用户）的多样化需求。二要畅通与受众（用户）的线上线下各种联系通道，确保能第一时间追踪和了解到他们的紧迫需求。三要走出直播间，“沉”到受众（用户）当中，用心倾听他们的诉求，设身处地地感知他们的痛点难点。

第二，应做好服务得人心。广东交通之声（原羊城交通广播电台）提出“店小二”的服务理念，被实践证明是十分得人心的创新思维。当好交通广播的“店小二”，需要摆正位置，放低身段，把受众（用户）当“上帝”，让他们无论是听、看节目，还是参与互动，都时时处处感到如沐春风；还需要精于“察言观色”，准确把握受众（用户）“肢体语言”和心理活动，投其所好、解其所难、助其所需；更需要善于与各种人打交道，遇到各种状况都能够处理得滴水不漏，让各方都感到满意。

第三，应提供让人心服口服的专业服务。交通广播作为富有经验的信息生产与传播者，一直为受众（用户）提供高品质的信息与服务。未来在大政方针解读、交规交管政策宣讲、周边信息服务以及为驾车群体提供普遍感兴趣的医疗、教育、心理、购车、金融、证券、保险、置业、投资等咨询性服务时，应安排专业人士提供更具深度性和权威性的信息，既有政策面基本面的宏观信息，又有做决策所需要的具有参考和借鉴作用的微观信息，以“棋高一着”的服务水准留住忠实受众（用户）。

第四，应提供“雪中送炭”应急暖人心服务。全国各地的不少交通广播担负着当地的应急传播服务，如恶劣气候条件下的交通引导、因人为因素或自然灾害造成的道路堵塞的疏导、重大活动的交通管制、紧急救助的交通保障乃至于跨区域联动等。这些信息大多需要人工操作、各方面协调配合才能完成。

交通广播作为主流媒体具有一定的权威性和公信力，其效应也是一般信息平台所无法比拟的。如福建省泉州市一名幼儿突发疾病需到上海抢救，福建交通广播连夜协调福建、浙江和上海的交通广播以及沿途交警和高速部门，开启11小时爱心接力大直播服务，确保急救车在次日交通出行最高峰时段顺畅抵达目的地，赢得宝贵的抢救时间。

第五，应拓展多元交通广播模式。如因应我国正着力构建多元化交通格局和城乡居民多样化出行方式，创办公共汽车广播、私家车广播、城市轨道交通广播、动车与高铁广播、轮渡广播等，并以驾乘人员对信息的实际需求为依据，确定信息产品服务的新方向、新内容。

四、打造以交通类型化为指向的多平台服务产业链

在车联网让众多信息生产者进入车载终端竞争后，交通广播应发挥在交通安全类信息生产与传播领域精耕数十年的经验，围绕深度类型化拓展媒介营销新领域。同时，积极适应媒介融合和数字化智能化发展新态势，推动从“内容为王”向“服务为王”的迭代升级，在大数据支持下实现精准感知，通过线上线下多平台、个性化、全方位服务满足受众（用户）多样化需求，形成可持续经营的受众（用户）服务产业链项目，以守住主流媒体阵地。

（一）数字化互动

设计栏目（节目）和策划活动时，注意将广播基因中的“互动”数字化与智能化升级。让受众（用户）在驾车或乘车场景下利用车联网系统与电台直接对话、参与甚至主导节目，并通过点赞、转发、评论等社交媒体行为与电台及其他用户深度互动。如福建交通广播创办的抖音话题“1717曝光台”，由车友提供素材进行编辑加工，每一期发布后都有大量粉丝点赞、转发、评论。一次，一车主曝光某新能源车各种危险别车驾驶动作影响他人交通安全的视频在平台发布后，刷屏超5 000万次，交警部门及时登上后续视频节目进行引导，才平息了受众（用户）的情绪。

（二）个性化交流

我国汽车驾驶人员已超过5亿，手机用户规模为10.65亿。当前，全国各

地的交通广播普遍面向这两个受众（用户）群体。在线式传播体系中，注意按不同场景、年龄、性别、阶层和文化程度，设立不同风格的栏目（节目）进行传播；同时在互联网和车联网平台建群、设号，开展更细分的甚至是一对一的交流，以满足受众（用户）的个性化需求。福建交通广播的《心理音乐"慧"》《嘿你好么》《恬恬的最佳距离·职等你来》《向往的旅行》《爱在一起》《大叔的老朋友》等，虽然属于非类型化的栏目（节目），但因内容和主持颇具个性化特色，而获得相当高的声音流量。

（三）多设出入口

传统广播大多以"内容"为核心竞争力，但在互联网时代，"新闻媒体作为整个社会传播网络中的一个节点，对其新闻业务水平进行衡量的标准不仅仅是新闻的独家性或制作能力，还包括其在整个社会网络中与其他节点的连接数量，以及转化数据的能力，甚至后两者在实际传播效果中更加重要"①。因此，全国各地的交通广播普遍重视广设传播入口与出口，使内容信息在"全网"和多个平台上畅通无阻，让用户到处都可以搜寻到其所制作的各类高品质信息产品。

（四）垂直类经营

交通广播普遍具有持续的专业内容生产能力，但在融入车联网生态后，须以新传播思维改变内容形态和生产机制，通过建立自媒体平台，合理分配产业链各方利益，吸引更多用户加盟；同时，顺应媒介融合发展态势，推出面向年轻群体的热门短视频、动漫、表情包等原创产品。通过"在播（广告）—在场（线下活动）—在线（线上经营）—在商（产业经营）"等多种经营形式，把栏目与活动打造为可持续经营的用户服务产业链项目。如延伸汽车栏目打造本地"车生活"服务产业链，通过旅游、婚恋、心理解压、维权及公益帮扶类栏目和活动建立社群，满足垂类用户需求，推进垂直类经营。实现这一目标的前提是所办的栏目和活动要有持续吸引用户的信息、产品和应用。如福建交

---

① 汪惠怡，蔡雯．连接媒体与用户：主流媒体平台扩大影响力的行动策略与难点：基于对三个央媒平台帐号体系的考察［J］．编辑之友，2023（6）：78－84.

通广播《高考直通车》特别节目，以爱心送考为主题联动各政企部门和驾驶人员一起做公益，已连办了18届，每年都深受高考学子及家长的欢迎，成了当地广播的一个重要品牌。

（五）贯通性服务

发挥传统媒体的公信力优势，在紧密依托政府部门的支持下，整合专业（行业）及民众等各种社会资源，开展线上线下贯通的各类活动。积极培养线下各种活动的组织策划人才和线上直播带货等活动的互联网营销师，拓展交通广播营销新市场。如福建交通广播2022年活动创收增长了4倍，首次超过了频率广告投放的总收入。2023年福建交通广播和西藏、新疆等地的文旅系统进行合作，打造“福建人畅游西藏”“福建人畅游新疆”大型文旅惠民团，创收项目总和超过百万，实现了“广播＋旅游”的产业融合转型。

（卢文兴系海峡之声广播电台原总编辑、《华人头条》总编辑；吴飞系福建交通广播编辑）

车联网背景下交通广播的空间转向和意识迭代

魏文楷　谢豪莹

摘　要：随着5G和物联网技术的进一步发展，车联网成为广播行业持续探讨的热点话题。倘若以传统移动媒体视角观察车联网时代的交通广播发展状况，不免陷入自我欺骗的漩涡。本文通过车联网和交通广播共同发生改变的共鸣点——空间，探索车联网给交通广播带来的空间位移、空间形变、空间交叠下体现的新特点。同时，提出交通广播应对新空间时应当培育新型时空观、物质观和链接观，在此种意识指导下，审视自身的内容生产、交换和消费行为。

关键词：空间转向；三元空间；车联网；交通广播

国家广播电视总局2021年10月8日发布的《广播电视和网络视听“十四五”发展规划》中提出“产业高质量发展，成为发展数字经济、扩大内需的强力引擎”以及“科技创新有效赋能行业发展，智慧广电全业务服务模式基本建立”的要求。自新媒体蓬勃发展，2015—2016年广播广告收入陷入增速低谷期。由中国社会科学院新闻与传播研究所发布的《新媒体蓝皮书：中国新媒体发展报告No.7（2016）》指出，2015年互联网媒体广告收入首次超过电视、报纸、电台和杂志四家传统媒体广告收入之和。根据赛立信媒介研究《重存量　智融合——数览2022广播收听市场》数据，受疫情影响，2022年广播媒体接触率整体下跌3.3个百分点，但其中智能终端用户规模突破4个亿，同步增幅达10.8%。由此可见，互联网的便捷性和终端便利性对广播用户的吸引力。

在车载广播领域，由于汽车载体的特殊性和受众群体的针对性需求，广播始终是车载媒体的重要组成部分。广播行业自开始实施“频率专业化”建设以来，各地交通广播与当地交管部门建立长期合作关系，打造具地域性、专业性、服务性于一身的全国交通广播矩阵。5G技术遍地开花的状况下，车载媒体从传统广播频率逐步演化至万物互联的车联网，国家出台了《智能汽车创新发展战略》（2020 年 2 月 24 日）、《车联网（智能网联汽车）产业发展行动计划》（2018 年 12 月 25 日），提出 2025 年实现有条件自动驾驶的智能汽车规模化生产、2035 年中国标准智能化体系全面建成等目标。广播行业与汽车企业进行深度合作成为突围新媒体困境的重要路径，车载屏幕堪称媒体争相争夺的“第四屏”。尤其是历年来在广播行业收听率占据前列的交通广播，与车联网有着天然关联性，其内容生产、盈利模式和传播模式在嵌入车联网体系前需要经历一番迭代升级。车联网的技术驱动与广播的内容优先是各自遵循的发展规则，探索媒体融合路径的必要前提是兼容两者运行逻辑，应当在两者共同遵循的逻辑点下寻觅共赢道路。学界常采用的研究范式是结合车联网技术特征与媒体生产的技术主义范式，而忽视了广播与车联网、物联网等合作带来的技术资本主义等问题。广播研究需要超越学究式或宣教式范式，以更加系统、开阔的视野展开。[①] 汽车是两者的结合点，交通广播通过声音嵌入汽车空间，车联网通过虚拟链接打破汽车空间的独立性，空间是两者共同创造的新产物。西方社会理论界将所谓“空间转向”定义为“将空间概念带回社会理论的架构之中或曰以空间思维审视社会”[②]。从物质到精神层面，空间转向是广播在车联网环境下的独特站位。因此，本文以交通广播的空间转向视角梳理车联网背景下营造的新空间特征，书写交通广播在新空间突围传播困境所需的新意识、所肩负的新责任。

一、车联网背景下交通广播的新空间

（一）空间位移：技术互联互通打破空间独立性

车联网的本质是物联网，在“万物皆可通过网络互联”的底层逻辑下，车载广播从过往仅存在于汽车内部的单个空间转变为空间载体，具有承载性和再现性。过往，空间的相互独立性让不同空间泾渭分明，用户进入新空间需遵

---

① 赖黎捷，颜春龙. 媒体融合与智能新生态：广播研究的当下格局与学术责任［J］. 中国广播电视学刊，2023（8）：33－37.

② 崔波. 清末民初媒介空间演化论［M］. 北京：北京大学出版社，2012：4.

循新规则，内容和情景随空间移动而转化。车联网技术能实现媒介内容的联动，将智能终端设备的内容迁移至“第四屏”，达到内容和场景持续融合的效果，打通空间壁垒是物联网技术在硬件设备优化中产生的卓越作用。空间和内容皆属于产品，交通广播生产内容的同时也在创造新空间。列斐伏尔提出的空间三元辩证法中，“空间实践”所对应的概念为“感知的空间”，即具有物理形态的社会空间，如都市的道路、网络、工作场所等。[①] 交通广播具有强指涉性，以及针对道路状况进行实时直播的特性，让交通广播将道路空间位移至车内，是对社会群体行为的再生产。此种生产行为给车主赋予主体地位。但交通与开车行为关联度越高，对单独空间的依赖性便越强。在车联网状况下，交通广播在空间位移中出现脱域性，即脱离汽车环境随即产生不适性。空间位移建立在空间边界模糊的基础上，时空持续性在交通广播的特定传播情景要求下难以维持。车主在安全到达后对实时路况的需求急速降低，车联网反而成为强调交通广播局限性的元素。在空间位移中，交通广播与车联网呈现一种移动性和持续性的矛盾。于交通广播而言，车联网带来的持续性要求是一种挑战。

（二）空间形变：社会属性加持激活空间主动性

吉登斯在列斐伏尔“空间的生产”基础上强调人类社会实践对空间的创造和重塑。车联网对交通广播营造的空间进行再次加工塑造，其基础底色是主体社会需求。汽车和交通广播共同创造的独立空间被打破后，沿着车联网网络体系进入空间的元素交由传播者和受众共同把关。在车载媒体的选择上，车主的行为不被有限的物质空间局限。其主体性被车联网技术带来的行为可能性激活，萦绕在车内空间的话语和声音在网络加持下，成为构筑车主形象的一部分，因此带有更强的社会属性。

“空间是社会行动的重要维度之一，它既影响了社会行动的发生和进行，同时也受到社会行动的影响和改变。”[②] 车联网技术不断普及，车内空间的网络联动性给用户带来更高社会共识，车辆变成媒介，车内空间也成为车主自我

---

① 李春敏. 列斐伏尔的空间生产理论探析［J］. 人文杂志，2011（1）：62－68.

② 吉登斯. 社会的构成：结构化理论大纲［M］. 李康，李猛，译. 北京：三联书店，1998：38.

形象管理的重要组成部分。与音乐、娱乐节目相比，由于交通广播的交互性和个性化程度较弱，空间形象可塑性较低。车联网介入车载广播后，广播行业不得不接受播出主动权转移的结果。但从空间象征意义的变化，可以看出空间形变在为受众带来更多自主权的同时，也给空间行为带来更多想象空间，增强空间演化的主动性。

（三）空间交叠：时空场域联动激发空间流动性

马克思、恩格斯在讨论传播技术革命对社会结构的影响时，提出“时间消灭空间”① 这一论断。中国经济高速发展，人们习惯用时间追赶空间，交通运输工具不断提升的速度便是一种证明。车联网是人们突破物理空间愿景的呈现，交通广播是人们对跨越空间追求及时性的体现。以时间消灭空间是马克思对资本流动规律的总结，降低交易时间能达到扩大交易市场空间的效果。这种经济发展思路从物质层面迁移至精神层面，对时间的过度追逐形成了“无时间的时间”和“流动性的空间”。所谓“流动性的空间”指的是物理空间转变为“有所企图的、重复的、可程式化的交换与互动序列”②。置于车联网语境下，交通广播对时间的要求更高，网络体系助力交通路况和新闻信息的即时性传播，从实际存在的物质空间转化为信息传播的虚拟空间。车联网对交通广播的空间塑造，不止停留在车辆内部，还有新媒体应用中的信息呈现，流动的空间也存在双向互动性。隐藏在车载空间背后流动的空间有：都市化空间、形象化空间和媒体化空间。空间与空间相互交叠，构筑基于车联网的流动性空间，给交通广播带来新场域。

二、车联网背景下交通广播的新意识

（一）时空观：时空压缩与连续空间之争

面对车联网带来的新空间和新要求，交通广播应当采取积极应对的姿态，

---

① 中共中央马克思恩格斯列宁斯大林著作编译局．马克思恩格斯全集：第 1 卷［M］．北京：人民出版社，1995：58.

② 卡斯特．网络社会的崛起［M］．夏铸九，王志弘，译．北京：社会科学文献出版社，2001：505－506.

首要问题是解决交通广播生产内容的时空意识。这与广播生产后台的空间状况有关，时空压缩不仅体现在受众习惯性快速接受多种碎片化信息方面，而且在交通广播节目制作人和主播身上有所反映。在长期套路化信息生产模式协助压缩后台制作信息时间的时空，交通广播节目创新度难以提升。大卫·哈维认为，时空压缩“标志着那些把空间和时间的客观品质革命化了，以至于我们被迫、有时是用相当激进的方式来改变我们将世界呈现给自己的方式的各种过程”①。在时空性质变更的车联网时代，交通广播作为车载广播中影响力较大的存在，有必要进行自我革新。空间障碍的消除并未一视同仁地给各类型广播带来优势，对外呈现的形式受到空间带来的约束力，被迫打破空间独立性。

重塑新空间的压力让交通广播不得不从陈旧的节目形式中跳脱出来，争取空间持续性，将系列节目作为传播矩阵的核心，以交通为重要媒介，加强塑造更多具有社会属性的空间。如广东交通之声播出的《律师说法》系列节目，紧跟时事，在河北唐山打人事件发生的第二天便邀请钟琦律师进行案件分析，并在众多社会突发公共事件发生后，以快速、客观的姿态进行相关内容播报，打造系列节目。在时空压缩的大趋势下，无法规避扩充信息内容延展性的方向，但对信息属性的多样性呈现可以让交通广播媒体在空间联动情况下，突围过往空间独立性的困境，提升品牌意识和内容社会性。

（二）物质观：虚拟技术与现实需求之鸣

媒介环境学派的空间观中呈现一个由物质空间到感觉空间再到物质空间的螺旋式“回归”态势。② 车联网空间带来更多虚拟属性，交通广播将虚拟空间与现实空间进行关联，两者达到一种平衡状态。而营造沉浸感是虚拟现实的基础，作为虚拟现实效果的评判标准，沉浸感需要不断被加强和完善。③ 由于车

---

① 哈维. 后现代的状况：对文化变迁之缘起的探究［M］. 阎嘉，译. 北京：商务印书馆，2003：300.

② 陈长松. 基于空间三元辩证法的移动传播“空间形变”研究［M］. 南京：河海大学出版社，2021：35，71.

③ 申启武，李颖彦. 感知边界的革命：论虚拟现实的沉浸感营造及其认同建构［J］. 现代传播（中国传媒大学学报），2021，43（1）：92－97.

联网下交通广播的属性变更，主体介入空间后带有较为强烈的需求导向。空间中主体需求与其视听景观相关，倘若能够借助车联网技术，并能够实现数字电台结合用户所处的不同时间、地点、场景甚至情绪状态，按照大数据采集分析产生的精准用户画像进行个性化推送，很容易增加听众对该电台的认同与所谓“黏性”。[①] 这使交通广播与车企合作时，需要迭代的传播思维，从技术视角看待广播内容分发，从空间视角尊重用户的实时需求，从车联网能实现的效果出发，将传播效果最大化。

交通广播生产的内容不止满足用户物质层面的需求，还在精神层面具有形塑车辆这一媒介的作用。在保持用户介入空间权力塑造的基础上，交通广播要合理高效输送交通广播内容，寻找参与议程设置各主体皆接受的主题。

（三）链接观：话语互动与声觉空间之融

交通广播的节目形式演化过程始终遵循“以声为媒”的原则，在空间塑造方面，广播利用言语进行空间互动，实现主播和主体的链接。主播的声音、声调和情绪在车辆的狭小物质空间中具有强感染力，营造出一种“声觉空间”。保罗·莱文森认为，每一种声觉空间在声觉这个主题上都各有不同，而当声觉空间转化为赛博空间这个版本后，它在一些主要的方面就和那些旧媒介分道扬镳了。[②] 这一点在车联网的双向传播中体现得更为明显，例如“阿基米德”主打“在线收听全国广播节目和主播互动”，在互联网场域延续交通广播的内容作用和声音感染，实现广播节目在多种媒介的相互链接、相互影响和相互制约。在交通广播节目创作中，车联网环境下的声觉空间应对更多新要求，需使用更多声音修辞和声音符码。例如江西交通广播在 2023 年开设《欢迎光临》这一档午间娱乐脱口秀互动节目，其中运用反讽、含混等话语修辞塑造轻松的对话空间。在流动空间中，主播选择话语修辞方式和声音修辞手法，需综合考量多重空间语境的制约。

---

① 施斌，唐铭泽. “车联网”场景下移动广播重构路径探析［J］. 北方传媒研究，2022（1）：60 －64.

② 莱文森. 数字麦克卢汉：信息化新纪元指南［M］. 何道宽，译. 北京：社会科学文献出版社，2001：69.

三、车联网背景下交通广播的新责任

（一）生产责任：多形式内容支撑主体引导力

空间作为一种产物，并不是指某种特定的产品——某事物或某物体，而是一种关系，这个概念要求我们必须对生产与产品概念以及它们的相互关系作拓展性理解。空间被当作产品，并被广播人认真对待的首要前提是看到空间的价值。作为交通广播的内容生产主体，在车联网浪潮中获取更多市场份额、彰显社会责任是广播立身之本，而空间思维让交通广播更清醒地认知到媒体自身的优势局限于内容生产。内容生产和空间形成相互警醒、相互约束的共生关系，尊重空间和利用空间是在车联网背景下创造优质内容的前提。在此状况下，需要维护广播行业长期积攒的优势（如较好的内容生产质量、广泛的信息资源网络和传播主体公信力），并积极接纳车联网技术带来的内容新需求、情景新变化和传播新局面。同时，进行交通广播的内容和形式创新，满足用户对听觉的审美要求，激发用户对交通广播的更多服务需求和知识需求，从空间视角出发将车辆塑造为新型媒介。交通广播应当抓住在车联网背景下不同空间联动、交叠的机遇，充分意识到自身在广播行业发挥的作用，致力于稳定广播主体的引导力，落实广播的生产责任。

（二）交换责任：多符号互动构建城市传播力

在交通广播的传播链条中信息交换占据一定比例，车主对交通信息的需求让交通广播的存在具有显著合理性。在确保交通广播内容生产能持续保持专业性优势的基础上，其信息交换在车联网背景下的新责任愈发凸显。交通广播的地域性特征让内容生产具有更加精细化的指标，用户集中聚集在某些特定城市。城市的根本属性是空间性，空间性的关键是人的聚集。[①] 车联网打破物质性的聚集，让网络场域中的聚集成为可能，对城市的传播行为也悄然发生改

---

① 索亚，强乃社．以空间书写城市［J］．苏州大学学报（哲学社会科学版），2012（1）：21－28．

变。马克思曾表述："生产越是以交换价值为基础，因而越是以交换为基础，交换的物质条件——交往运输手段——对生产来说就越重要。资本按其本性来说，力求超越一切空间界限。"① 在我国广播的事业、企业双重属性要求下，车联网带来的空间破壁作用需更好服务于城市，这也是隐藏在信息交换下的潜性要求。城市的空间是现代性的一个结果，城市本身作为一个媒介，又构筑了人与社会的新型关系。② 这就需要交通广播在传递符号时，充分结合自身所处城市的独特性，以广播空间交叠性融入城市空间。例如宁夏交通广播的《的哥哈喜喜》、贵州交通广播的《我是柳叶眉》、湖北交通广播的《好吃佬》等方言类交通广播栏目，从路况到生活，借助交通广播给用户提供生活必需的信息等的优势，肩负传播城市文化的责任。

（三）消费责任：多主体想象形塑媒介凝聚力

在车联网的互联互通逻辑指引下，交通广播引导用户思维的渠道从单一发展至多元。用户的消费行为是交通广播盈利的方式之一，交通广播有责任和义务对其进行良性引导。这种引导存在于三方面：交通广播广告宣传后引发的消费行为、用户为交通广播在互联渠道上产生的信息消费行为、用户主观介入后生成的内容带来的信息消费行为。车联网背景下，这三重空间产生一定程度的交叠，进行物质空间和虚拟空间的交融。列斐伏尔的三元空间中物质空间虽然指向生产与在生产实践的具体场所和空间化的位置，但这种物质空间是主动的、充满想象力的，是保证生产和再生产实践的基本要素。这也为交通广播在生产空间方面提出更高要求，以培养和保护主体想象力为目的进行消费引导。多主体介入后的社会空间拥有凝聚劳动和资本的力量，车联网的技术姿态便是邀请用户主动打破空间壁垒，赋予汽车媒介更多想象力，从汽车媒介出发提升汽车和消费、城市与文化的联动力。交通广播作为主体，也拥有相应的责任，在用户释放更多社会想象力的同时，辅助维持和维护用户基于交通广播产生的消费行为，以此提升道路交通车辆作为媒介的凝聚效果。

---

① 马克思. 1857—1858 年经济学手稿［M］. 北京：人民出版社，1995：521.

② 孙玮. 作为媒介的外滩：上海现代性的发生与成长［J］. 新闻大学，2011（4）：67－77.

四、结语

车联网作为物联网时代的特殊产物，对交通广播的影响并非简单的功能迁移或叠加。互联网给车载媒体带来的功能变更让汽车作为媒介的属性更为突出，交通广播媒体与汽车媒体的碰撞产生更多可塑性空间。车联网给传统的汽车空间注入新鲜血液。在新空间场景下，交通广播一方面需要积极应对新变化，另一方面需要发挥主观能动性，坚守内容和资源优势，稳定引导性地位，借助互联优势将广播作用发挥至最大化。车联网时代的到来，对广播产业是机遇，亦是挑战，交通广播更是如此。想要在稳固现有听众群体的基础上通过技术和平台拓宽市场，传统传播思维并不是解决问题的关键。从车联网和广播产业的共通点出发，重视车联网技术给广播产业带来的空间联动和连续价值，以空间塑造的角度审视广播产业，不失为一种新视角。

参考文献：

[1] 赖黎捷，颜春龙. 媒体融合与智能新生态：广播研究的当下格局与学术责任 [J]. 中国广播电视学刊，2023 (8)：33 -37.

[2] 崔波. 清末民初媒介空间演化论 [M]. 北京：北京大学出版社，2012.

[3] 李春敏. 列斐伏尔的空间生产理论探析 [J]. 人文杂志，2011 (1)：62 -68.

[4] 中共中央马克思恩格斯列宁斯大林著作编译局. 马克思恩格斯全集：第1卷 [M]. 北京：人民出版社，1995.

[5] 申启武，李颖彦. 感知边界的革命：论虚拟现实的沉浸感营造及其认同建构 [J]. 现代传播（中国传媒大学学报），2021，43 (1)：92 -97.

[6] 索亚，强乃社. 以空间书写城市 [J]. 苏州大学学报（哲学社会科学版），2012 (1)：21 -28.

（魏文楷系广西师范大学文学院/新闻与传播学院教授；谢豪莹系广西师范大学文学院/新闻与传播学院硕士研究生）

数智化时代交通广播的场景建构

赵红勋 薛璐瑶

摘 要： 置身于数智化时代，交通广播节目的场景建构正经历着前所未有的深度变革。在车联网、人工智能等数智技术的强力渗透之下，聚合了流动、拟态、沉浸、延伸四大维度的场景特质成为当下交通广播节目的重要表征。其中，流动场景承托起交通广播内容展演的多重维度，拟态场景印证着交通广播交互关系的全面重塑，沉浸场景满足了实时在场感知的受众期待，延伸场景提供了交通广播多域展演的全新可能。

关键词： 数智化；车联网；交通广播；场景

伴随人工智能的迅猛发展和数字技术的深度突破，“数字智能化 + 智能数字化”的全新时代——数智化时代已然全面到来。有别于“数字化”的单一式理念，“数智化”的发展理念意味着智能机器、智能关系、智慧管理的全面普及以及万物互联、思维互联的全新可能。在该理念的深度浸润下，人类社会中全领域的各方面都在被重塑，其间尤以新闻传媒领域较为突出，数智化理念的强力渗透将其创新性变革的浪潮推至全新高度。美国学者约书亚 · 梅罗维茨指出，新技术介入下的媒介进化必然致使社会环境及媒介情境产生变化。故在“数字 + 智能”的双层介入下，以及人工智能、车联网、大数据、云计算等高新技术的强力驱动下，交通广播的场景正在被全面重塑，并在发展中拥有了更为丰富的构建维度。

一、流动场景：交通广播的数智时代表征

作为以车内场景传播为主要表征的节目形态，交通广播始终立足动态化

的、流动式的车载传播环境，以处于行驶状态的汽车司机为主要传播对象，以居于汽车环境的车载媒介和移动媒介为主要传播终端。故同其他广播类型相较，交通广播本身就具备鲜明的流动化特质。进入数智化时代以来，伴随车联网系统的深度普及、人工智能技术的升级突破以及传统传播格局的普遍扭转，交通广播的流动性特质得以进一步深化。正如罗伯特·斯考伯和谢尔·伊斯雷尔在《即将到来的场景时代》中所言，当下场景时代由大数据、移动设备、社交媒体、传感器和定位系统五大力量形构而成。[①] 数智化时代交通广播场景的构筑以车联网、人工智能等数字智能化技术为支撑，伴随着此类技术的升维，交通广播场景的流动性特质进一步加深，流动场景也随之成为数智化时代交通广播的首要表征。

首先，在车联网系统深度普及的助推下，交通广播的流动场景形态被重构。作为物联网技术的分支之一，车联网是以行驶中的车辆为信息感知对象，[②] 依托车内网、车际网以及车载移动互联网，形成的以“人—路—车—网”为连结体系的智能信息交换处理网络。近年来，在车联网技术的强势普及以及国家各项政策的强力助推之下，搭载车联网系统和卫星互联网络的智能汽车成为当前汽车销售市场的主流车型，且颠覆了传统车载广播的接收形态。以特斯拉、比亚迪等为代表的智能汽车公司已经放弃调频式的广播接收方式，搭建了以智能音频系统为基础的新式广播场景。以 Apple CarPlay、Android Auto、AliOS 以及华为 OS 等为代表的智能音频操控系统已深度介入车载广播场景的建构，向汽车用户提供高度数据化、集成化、智能化的智能广播系统。至此，传统车载媒介环境逐渐实现了向深植互联网络和数字技术的智能化移动媒介空间转换，基于智能传播系统的新型流动式交通广播场景正在被建构。以 Apple CarPlay 系统为例，此系统可以实现用户手机与汽车控制系统的双向联通，使用户在驾驶过程中通过智能语音助手 Siri 即可选择其感兴趣的交通广播内容，同时还可以将车辆所处路线的实时交通信息和路况信息以广播的形式直接传送给处于驾驶状态的用户，让用户在行驶过程中顺利避开交通拥堵，获得

---

① 斯考伯，伊斯雷尔．即将到来的场景时代［M］．赵乾坤，周宝曜，译．北京：北京联合出版公司，2014：11.

② 井骁．浅析车联网技术与应用［J］．上海汽车，2019（4）：9－12.

更为流畅的驾驶体验，在很大程度上也确保了驾驶过程的安全性。

其次，在人工智能技术升级突破的催化下，交通广播的流动场景呈现被重塑。作为推动当下科技革命和传媒产业变革的核心支撑和重要力量，人工智能技术的突破和进步不断推动着交通广播节目的生产流程、媒介样态、形式风格以及传播格局的深层变革，并为未来交通广播节目的智能化发展注入更多的可能性。在此前提下，交通广播节目的流动化场景开拓了全新的表征路径。一方面，人工智能的高拟人化特质使交通广播节目可以更好地理解和满足广大听众的接收需求，为受众提供个性化的广播内容；同时还能分析、整合不同接收地区的语言习惯和口音，为用户提供更符合个体需求的、更加生动和亲近的交流方式。另一方面，人工智能技术的强感知性赋予交通广播感知、识别、处理广大信息和数据的能力，使其在对实时路况、车载传感器、监控摄像头等多种数据来源的获得和分析中更加准确地捕捉道路交通状况、拥堵情况以及事故事件等重要信息，并结合用户的驾驶偏好为之提供最优出行方案。

最后，人工智能的机器学习和深度分析能力使交通广播具备预测和警示功能，通过对实时监测道路状况、天气情况、施工工地等因素进行关联性分析，可以使交通广播顺利实现对路况信息的精准化预测，以便提前向听众发出相关警示。故人工智能正在为交通广播节目受众带来全新的流动化体验，基于用户需求的个性化的流动传播情境得以形成。

二、拟态场景：交通广播的交互形态重塑

“拟态环境”的概念最早由美国学者沃尔特·李普曼提出，即人们所处的信息环境是由传播媒介对信息进行加工和筛选后所呈现的虚拟世界。[①] 李普曼指出，拟态环境并非现实环境的真实再现，而是经由传播媒介对信息进行加工和筛选后所呈现的虚拟环境。置身“万物皆媒”时代，伴随互联网技术的下沉、社交媒体的普及以及受众权利的释放，人们互相为媒、相互作用，[②] 除传播主体外，每个接收个体也被赋予建构拟态环境的权利，因而当下的拟态环境

---

① 李普曼. 舆论［M］. 常江，肖寒，译. 北京：北京大学出版社，2018：14－15.

② 彭兰. 新媒体时代拟态环境建构的变化及其影响［J］. 中国编辑，2022（12）：4－9.

是在全民共同参与下，在传受双方双向互通、深度交互中被构建起来的。[①] 于交通广播而言，数智化时代所带来的社交媒体普及化、信息互通实时化、意见反馈便捷化等均致使传受双方的交互性被进一步强化。恰是在这种由交通广播将节目送达受众，受众又以深度交互形式反过来形塑节目形态的彼此建构过程中，交通广播于数智化时代下的拟态场景得以形成。

首先，社交媒体的井喷式发展激活了交通广播的拟态场景搭建。数智化时代是传统广播同新型媒介深度融合的时代，亦是广大受众与媒介交互空前强化的时代。过去仅以传统广播电台为传输介质、以车载音频设备为接收终端的交通广播，在当前这样一个时代的赋能下也拥有了更为广阔的展演平台和更为深入的交互方式。大到国家级的中国交通广播，小至地市级的交通广播，各级各类的交通广播机构正搭载新型社交媒介铺排传播路径，利用以“两微一端”为代表的社交媒体平台形塑节目全新状貌。至此，受众接收交通广播的渠道不再局限于车载音频等传统媒介，与交通广播节目间的往来也不再局限于拨打热线电话等传统形式，越来越多受众通过诸如喜马拉雅、蜻蜓 FM 等个性化社交平台接收交通广播节目。得益于这些新媒体平台的深度交互特质，他们能够以发表评论、观点、态度或与节目主持人实时互动等实践拓宽交通广播的参与路径。以河南洛阳交通广播为例，其在新浪微博创建了名为“洛阳交通广播”的官方账号，在实时发布最新的交通信息的同时，利用微博强大的互动功能让广大用户以评论、转发或私信等形式提供所处位置的交通状况，同时选择与微博的用户实时互动以获取最真实的现场情况，在此基础上整合路况信息，以广播的形式迅速传递给有需要的车载用户。这样受众不仅可以更加精准地获取所需路况信息，而且还能主动参与至节目内容的生成和传播之中。由此可见，交通广播正通过建构全新的拟态场景来适应数智化时代的变革。

其次，受众话语权力的释放有利于交通广播的拟态场景开拓。立足于数智化时代背景，交通广播借助以受众为主导的时代契机搭建拟态环境，重塑交通广播的交互形态。长期以来，受众在交通广播节目的传播过程中都仅以一个倾听者和接收者的身份存在，他们很少介入节目之中，就算介入也是以诸如热线

---

① 纪元. 场景理论视域下创意中插广告场景建构策略［J］. 视听界，2023（2）：59 - 62.

电话拨打、交通路况信息传递等简单的往来形式，几乎不会参与节目内容生产、节目形式构建等节目创造过程。故过去交通广播节目受众的话语权较小，对节目内容、节目制作、节目传播以及节目构成等并不具备较大话语权。此外，传统媒介时代的交通广播多由官方机构创办，具有强公信力、高权威性的特征，这亦是普罗大众无法在交通广播中拥有个人的话语权的重要因素之一。伴随数智化时代的到来，受众的话语权得到释放，无论是借助移动互联设备、社交媒体平台还是其他媒介形式，普通受众都可以随时随地表达对一档交通广播节目的看法和意见，甚至可以参与一档交通节目的内容生产，抑或是为节目的未来发展走向提供专业建议。如今交通广播节目已经开始从以 PGC（专业内容生成）为主导的生产模式向 PGC、UGC（用户内容生成）合力的生产模式转换，所谓 UGC 即普通受众利用手边的智能设备，即可完成新闻内容的采集、制作以及发布。这种极具时效性的内容创作方式同交通广播的内容生产诉求极为契合，尤其是在播报交通路况时，节目需要及时获取实时交通信息。但很多时候节目记者无法快速奔赴现场，此时受众的重要性得以显现，他们通过提供信息素材深度参与节目创作和生产之中。

三、沉浸场景：交通广播的在场体验打造

置身数智化时代，信息数量正以几何级数的速度迅速增长，交通广播的受众早已不再满足于单纯地或简单地获取信息数据，他们不仅希望能够听见广播、看见广播，而且期待能够沉浸式感知广播。而所谓沉浸式感知，指的是利用多重技术手段创造丰富多样的、极具感知力的感官体验，令广播受众沉浸式置身于广播情境之中，从而实现更加深入地感知广播节目的内容传递和情感流向。过去交通广播节目仅能够为受众构建以听觉为主要表征的传播情境，受众只能听广播，而无法通过视觉、触觉等其他感知方式沉浸式接收广播。而数智化时代的到来为沉浸式的场景感知提供了技术支撑，在各项高新技术的深度介入下，交通广播的沉浸体验打造已经不再困难，当下的交通广播逐渐开始向沉浸式广播场景打造的方向靠拢，在为广大用户营造更加真实的临场体验之中满足了受众“沉浸式在场”的诉求。

一方面，以 VR（虚拟现实）、AR（增强现实）为代表的高新技术为交通广播的沉浸场景打造注入发展潜力。技术的加持为交通广播节目的沉浸虚拟场

景构建提供了有力支持，交通广播节目场景以更加生动、直观的形式面向广大受众。首先，利用 VR、AR 技术，同时搭载智能汽车管理系统，交通广播节目可令用户仿佛置身于真实情境之中，切实感知广播内容。例如，借助 VR、AR 等相关技术，交通广播节目可打造出虚拟路况信息展演场景，使得车载用户通过智能感知设备甚至裸眼，就能看到虚拟成像的道路、车辆、交通标志，以及实时导航指引和交通路况。其次，VR、AR 的介入也令用户与交通广播节目的实时联通、共享成为现实，用户可以在广播节目搭载的虚拟情境中同节目主播或者其他用户实时交流，互相分享路况信息，提供实时路况反馈。最后，VR、AR 等技术还能够增强交通广播节目的休闲娱乐属性。例如，在长时间停车等待时，交通广播节目可以为车载用户建构虚拟的休闲娱乐场景，令其拥有沉浸式游戏体验，打发无聊时光。

另一方面，直播技术的突破为交通广播的沉浸场景建构开拓了新发展路径。当下火热的直播形式以实时性、交互性和在场性特质，有效推动了交通广播节目的沉浸场景营造。快节奏的生活方式、井喷式的信息涌现以及社交媒体的兴起均致使当下受众对信息的接收需求越来越高，他们重视信息获取的即时性和沉浸感，期待第一时间迅速了解情况。而直播这一形式恰好能满足这一诉求，通过现场直播使其即时获得相关资讯。过去的交通广播节目虽然也有不少内容以直播的形式为受众呈现，但其往往局限于演播室场景之中，受限于交谈对话式的播演形式和以交通路况为主的内容呈现方式，受众较难实现沉浸式的感知体验。伴随着直播技术的突破，越来越多交通广播节目开始走出局限性，以多元化直播的呈现形式为受众提供更为真实化的、沉浸式的场景体验。例如，在新媒体的强势发展下，很多交通广播节目开始选择音视频同步的直播形式，通过声音形式，在广播端为受众传递节目资讯的同时亦开辟出视觉展演窗口，令受众在收听广播的同时可以打开移动智能接收终端观看实时直播画面，很大程度上提升了受众的沉浸参与感。以山西阳泉交通广播为例，为迎合当下受众的视听新需求，自 2023 年 5 月以来，阳泉交通广播开始通过微信视频号、抖音号进行节目内容的视频化直播，广大受众在听广播的同时可以观看到相对应的实时画面，还能够通过发布弹幕等形式参与节目互动。

四、延伸场景：交通广播的多域展演可能

长期以来，交通广播都视车载环境为主要传播场域，借由广播演播室中主持人的声音实现节目内容的生成和展演。伴随数智化时代的到来，人工智能技术不断实现重大突破，其在交通广播节目中的应用不仅扩大了广播的传播范围，而且为交通广播场景开拓了更多的建构路径。诸多交通广播节目开始跳脱出其固有的车载传播场域，向各类数字媒体展演平台拓展。与此同时，各类交通广播平台也日益重视线下场景的建设，以期提供更为丰富多元的信息和服务。至此，聚合了多重感知体系的场景在交通广播节目中被建构，交通广播节目得以拥有除车载展演场景和听觉表达场域以外的其他延伸场景和表达空间。

首先，当下交通广播节目跳脱出固有的传播情境，凭借广阔的数智化媒介展演平台完成其多维化的场景搭建，使过去受限于频率和听域之间的传统交通广播在数智媒介的赋能下拥有了更为多元化的展演舞台和呈现维度。事实上，伴随智能媒介的发展和普及，越来越多的受众不再满足于单纯地听广播，他们期待广播节目拥有更为多元化的表征形态。而数智化时代恰好赋予了交通广播节目在数字媒体展演平台上更广阔的发展空间，为其提供社交媒体、音视频流媒体以及智能播放终端等多个展演平台，使交通广播实现更为多样化、丰富化的节目内容呈现和更为多维化、立体化的节目场景搭建。例如，越来越多的交通广播节目开始以精彩的短视频、图片、文字等形式实现节目的视觉化拓展，以便达到节目的“二次传播”效果。以中国交通广播为例，该广播机构紧跟数智化的时代浪潮，在诸多新媒体平台铺设媒介传播路径，将不同表现形态的节目内容送至分布于不同平台的广大受众，提升了节目的影响力和传播力。截至目前，中国交通广播已经形成了聚合传统广播平台和互联网媒体平台于一体的传播矩阵，在传统平台为广大受众传送广播节目的同时，还在互联网音频端推出音频内容，在互联网视频端进行视频内容产出，推动了交通广播节目在不同传播情境的广泛传播。

其次，数智化时代的交通广播创新性地突破了以往广播的线上传播形式，通过建构线下服务场景延伸交通广播的辐射范围。交通广播节目通过便捷化、贴心化的服务供给，满足广大受众的驾驶需求、信息需求以及娱乐需求。立足于强调“以人为本位”“以受众需求为主导”的数智化时代，仅局限于线上场

景的信息接收和内容互通无法满足广大受众的需求，于是当下的交通广播节目开始注重节目线下场景的建设，以期为广大用户提供更贴近实际生活场景的服务。例如，越来越多的交通广播节目选择同城市交通管理部门进行合作，完成线上交通路况信息播送的同时，在重要交叉路口、高架桥、地铁站等交通繁忙地带开辟更为直观的、更具时效的线下交通服务场域，以设置大屏幕或 LED 显示屏等方式，实时展示交通路况、安全警示等信息，帮助驾驶员和行人及时了解交通状况，提高道路通行效率，减少交通堵塞。如此，交通广播节目不仅实现了基于线上的交通安全导引，而且通过线下服务场景的铺设切实为广大群众提供了出行便利。

五、结语

进入数智化时代以来，在以车联网、数字媒介、虚拟现实为代表的数智技术的强力辐射下，交通广播节目的场景构建正经历着前所未有的深度变革。未来，伴随人工智能技术和数字化操控系统的不断创新与发展，交通广播节目的场景还将朝向更加智能化、个性化、仿真化、沉浸化的趋势发展。但与此同时，交通广播节目场景建构的诸多问题也逐渐显露，如过于烦琐、精美的场景设定有时会分散处于驾驶状态的用户的注意力，从而严重影响其驾驶安全；交通广播节目在触网浪潮中的多元场景排布有时只是为了内容而硬推，并非为了营造真正契合用户接收需求的传播矩阵；利益趋向之下的交通广播线下服务场景很多时候已经沦为广播电台的盈利工具……这些问题屡屡出现之原因皆与偏离建构交通广播节目场景的本质初衷有关。事实上，于交通广播场景的建构者而言，内容质量与受众诉求才是优质场景建构的核心关注点，无论当下乃至未来数智技术的介入能够为交通广播节目场景带来何种程度的革新，其作为辅助场景建构的工具属性都不应发生“偏离”，更不能产生“越位”。毋庸置疑，交通广播场景的建构者必须将场景质量置于首位，把受众需求置于本位，才能创作出真正“以民为本”的优质交通广播场景。

参考文献：

［1］斯考伯，伊斯雷尔. 即将到来的场景时代［M］. 赵乾坤，周宝曜，译. 北京：北京联合出版公司，2014.

[2] 井骁. 浅析车联网技术与应用 [J]. 上海汽车，2019 (4)：9 - 12.

[3] 李普曼. 舆论 [M]. 常江，肖寒，译. 北京：北京大学出版社，2018.

[4] 彭兰. 新媒体时代拟态环境建构的变化及其影响 [J]. 中国编辑，2022 (12)：4 - 9.

[5] 纪元. 场景理论视域下创意中插广告场景建构策略 [J]. 视听界，2023 (2)：59 - 62.

（赵红勋系河南大学新闻与传播学院副教授；薛璐瑶系河南大学新闻与传播学院硕士研究生）

车联网时代交通广播的全媒体传播思考

梁颖茵

摘 要： 交通广播作为传统媒体中的一员，面临着新媒体时代的挑战与机遇。在我国媒体融合的第十个年头，交通广播已经取得了巨大的发展成果，尤其是在央视“2+6+N”全媒体传播矩阵的布局中，央视交通频率的发展表现出了强大的活力。然而，在车联网时代的背景下，交通广播仍然面临着许多前所未有的变革。随着智能车载系统的崛起，传统广播受众的使用习惯正发生着根本性的改变。在这一背景下，我们必须深刻认识到，传统广播不仅需要与新兴技术保持紧密结合，而且需要积极探索拓展服务场景的新模式，以适应广大受众的需求变化。

关键词： 车联网；全媒体传播；交通广播

党的二十大报告强调，要加强全媒体传播体系建设，塑造主流舆论新格局。全媒体传播体系建设的提出正是对媒体融合工作发展的方向指引，是对未来新媒体传播布局的整体策划。其顶层设计为：加强全媒体传播体系建设，塑造主流舆论新格局。

2023 年是中国媒体融合的第十年，我国的全媒体传播建设已有了极大发展。关于全媒体传播的模式，央视已有较为完整的布局，即“2+6+N”全媒体传播矩阵：2——央视频、央视新闻客户端；6——央视体育、央视财经、央视少儿、央视文艺、央视影音、云听 6 个垂直客户端；N——央视各渠道全媒体账号体系。在此布局下，交通广播作为专业性较强的广播频率还有巨大的发展空间。

在车联网时代下，交通广播与智能车载系统、音频市场、车载导航等商业产品的市场竞争与资源整合协同发展是有待探索的命题。随着大数据、云端、智能车载系统的发展，智能导航基本成为每个出行者提前了解路况的首选，交通电台在车内场景的打开率与收听率逐步减少；且由于成本、使用频率等原因，许多智能汽车企业已不在车内安装可收听 FM 的车载广播系统，取而代之的是搭载了更多功能和音频内容的智能车载系统。因此，在全媒体传播建设中，作为传统广播，特别是专业的交通广播，持续发展车内使用场景是必不可缺，且拥有巨大发展空间的。车内场景曾是交通广播的主战场，但如上文所述，车内场景的使用率已逐渐下滑。随着技术不断更新迭代，这是不可逆的发展趋势。因此，在国家布局全媒体传播体系时，交通广播更要深入理解全媒体传播，思考如何利用自身优势，积极拥抱技术，融入市场，在瞬息万变的发展中找到属于交通广播乃至传统广播的一席之地。

一、紧抓交通广播特点发展

交通广播要进行发展，要在我国全媒体传播体系中发挥积极作用，就必须发挥好交通广播“三性”“三化”六个特点。

专业性：交通广播作为专业化广播频道，其定位与内容有明确规划——与交通相关，如交通法规、出行资讯、路况信息等，一些交通广播还承担应急广播的重要责任，如广东交通之声。专业性是交通电台发展的核心，“内容为王”是媒体人和市场经过检验的真理，无论传播平台、传播方式如何革新，受众需要的仍是优秀的内容。交通广播作为传统媒体，在优质内容输出方面比起一些商业媒体、自媒体更有优势，加上以专业性为核心，可以打造适应不同传播平台的内容矩阵。

权威性：媒体的权威性是由多个因素构成的，包括媒体的知名度、社会声誉、重大报道的频率、知名记者群体的存在以及媒体的覆盖率等。在媒体产业化阶段，广告收入开始被视为媒体权威性的象征之一，甚至成为其权威性的标志。媒体的权威性也可以为其带来更多的流量和变现机会。交通广播媒体的专业性是其建立媒介权威性的重要因素，两者相辅相成。在全媒体时代，必须通过技术、内容、形式的革新与融合，强化媒体的权威性，塑造主流舆论新格局。

即时性：是媒体传播的重要属性之一，广播拥有较强的即时性，可实现交通资讯的实时发布，为受众带来便利。

碎片化：实时交通资讯发布是交通广播的一个重要组成内容，交通信息简短易懂，且多为突发性信息，无论是文字还是语音、视频播报，都呈现碎片化发布的样态。即时性与碎片化是交通广播最符合新媒体传播规律的两大特点。在车联网时代，车载智能语音系统、导航系统不断升级，交通广播作为我国主流媒体，与当地政府及交通部门联系紧密，在突发路况与应急广播等突发性新闻报道中能获得第一手资料，这是商业产品难以触及的优势之一。因此，在车联网时代，交通广播可以利用这一优势，整合市场资源，自建平台或与优质音频平台合作，成为优质内容供应商也是转型发展方向之一。

地域化：省、市级广播频道内容大都具有地域性，特别是交通资讯，这就决定了交通广播的大部分内容都要贴合本省、市受众的特点与需求。

垂直化：交通广播频道的专业性，决定了其内容及定位必定是与“交通”相关的。而在全媒体时代，以“交通”为核心，可发展出多样化的垂类内容，如最基础的“交通 + 出行”“交通 + 旅行”“交通 + 娱乐”等。以此为内核，交通广播可以整合资源，深度挖掘内容。

二、深度媒体融合，建设全媒体传播体系

交通广播作为专业性突出的主流媒体，在融媒体发展进程中，已积累了多种成熟的运营模式。其中一项典型举措是鼓励主持人和栏目积极在社交媒体平台上建立 IP 账号，从而打破传统广播地域性的限制，借助公共领域的流量资源，实现对电台的双向渗透。这使得“通过主持人了解广播”逐渐取代了“通过广播认识主持人”的传统模式。

在传统广播市场份额不断受挤压的背景下，交通广播依然保持着显著的竞争优势。以广州地区为例，根据《SMR 2023 年上半年广州地区广播收听市场调研报告》所示数据，交通之声在广州地区的平均收听率稳定在 1.32%，与 2022 年上半年相持平，在该地区广播节目的收听率排名第一；市场占有率较去年同期增长 0.4%，达到 16%，在广州地区广播市场中持续领先；频率排名在 2023 年上半年同样位列第一。

基于 2023 年 4 月 CSM 发布的《广播融合传播月度报告》，广东地区广播用户依旧倾向于收听环境音，这表明大多数听众在获取传统广播内容时，仍偏

向于采用传统的 AM/FM 设备进行收听。尽管用户的收听习惯并未有太大改变，但是市场和技术的综合进步势必会对传统广播的接收终端覆盖率产生压力。因此，“拓展服务场景”已然成为广电网络行业的核心发展课题。总台央视在全媒体传播体系的构建中已展现出成功示范，随着技术的不断演进，主流媒体涵盖各种传播终端势在必行。加之车联网理念的不断演进，智能汽车的生产和使用规模逐年攀升，这些因素表明传统媒体需朝着“拓展服务场景”的方向进行策略性调整。构建全媒体传播体系已成为国家层面的战略构想，对于作为国家主流媒体的传统广播而言，这些变革与趋势将引领其向着更为多元、创新和全媒体的方向发展。为适应迅速变化的环境，传统广播借助紧跟时代脉搏的策略，以期在车联网时代探索新的增长动能，进一步巩固其在媒体领域的核心地位。

三、健全人员配置，布局车联网时代发展

根据《2023 中国网络视听发展研究报告》的数据显示，截至 2022 年 12 月 31 日，我国网络音频用户（指半年内使用过网络听书或网络电台的用户）数量达到 3.18 亿人（见图 1）。尽管在我国网络视听行业中，这一数据所占比重较小，但其市场规模却已达到 338.5 亿元人民币，凸显出网络音频市场的巨大潜力。值得注意的是，随着我国汽车保有量的不断增加，音频的使用场景正在发生转变，进一步扩大了音频市场的发展空间（见图 2）。自 2000 年中期开始发展至今，我国音频市场已逐渐形成成熟的平台运营模式，其使用场景与覆盖内容更为广泛，因此更能赢得受众的青睐。

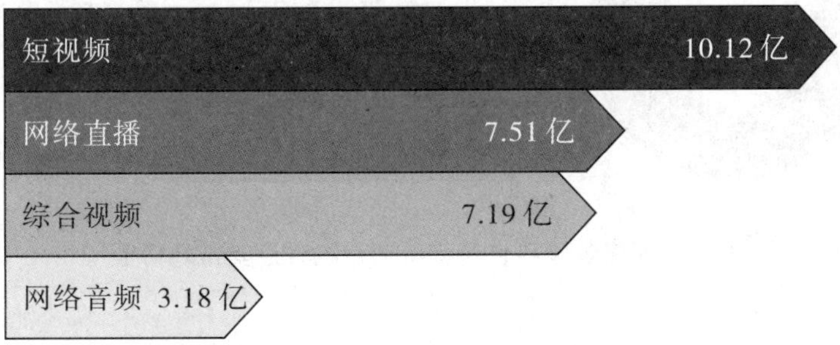

图 1　2022 年网络视听各大应用用户规模

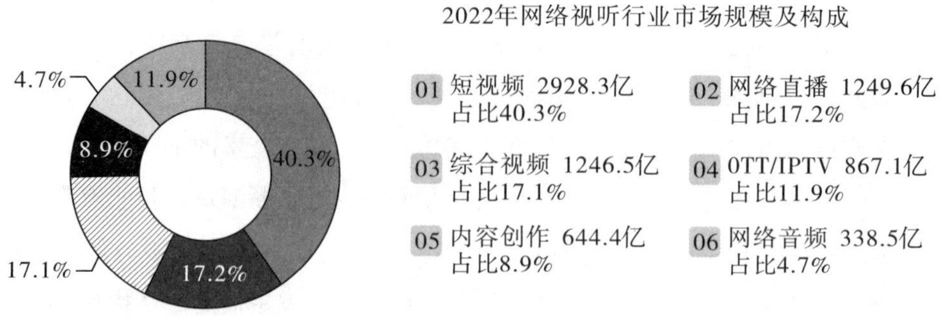

图 2　2022 年网络视听行业市场规模及构成

中国音频市场呈现蓬勃发展的态势。当前，喜马拉雅已垄断超过 70% 的市场份额，其次是蜻蜓 FM、猫耳 FM 等音频平台（见图 3）。尽管音频市场拥有广阔的发展空间，但整体内容监管仍待进一步完善。目前，现有音频产品中有相当一部分来自个人机构，导致音频内容质量良莠不齐，这对社会发展产生了一定的负面影响。中国主流媒体承担着传播主流价值观、弘扬正能量、为人民服务的重要使命。在内容创作方面，交通广播不仅仅是信息的传递者，而且是社会正能量的传播者。在这个信息充斥的时代，交通广播应紧握这一特点，加强内容创新，传递高质量、有价值的信息，为受众提供及时、准确、实用的交通资讯，以此为社会发展做出更多贡献。

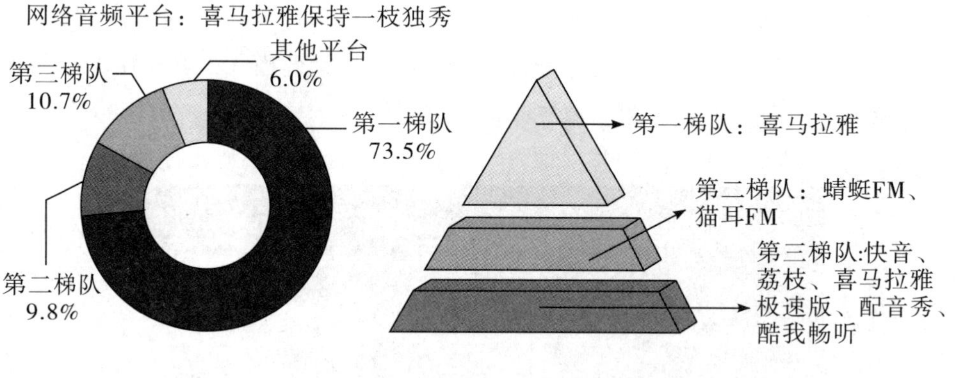

图 3　网络音频平台各梯队应用构成及其市场份额

在这个充满机遇和挑战的新阶段，融入音频平台成为交通广播重要的转型方向。随着车联网时代的来临，车内场景的使用量成为交通广播发展的新蓝海。将交通广播纳入音频平台，可以让广播内容更加贴近车主的生活，实现随时随地获取交通信息的便捷性。这不仅能够扩大交通广播的受众范围，提升媒体知名度；还可以通过分析用户的使用习惯和需求，精准推送内容，建立更加紧密的用户关系，从而打造一个更具活力和吸引力的发展模式。

然而，面对现有音频平台已经占据较大市场份额的情况，交通广播在融合发展中需要有创新思维和差异化的策略。喜马拉雅等平台已经汇聚了海量的内容，覆盖了多个领域的用户需求。在这样的背景下，交通广播应该寻找自己的独特定位，可以通过特色内容和服务，吸引用户的关注和使用；也可以探索与音频平台合作，创造交通信息与其他领域的深度融合，如交通与旅游、交通与文化等，从而在平台内部形成独具特色的内容阵地。

不过，无论是进入音频平台还是另辟蹊径，都离不开人才的支持。在车联网时代，全媒体发展不仅需要前端内容创作的专业人才，还需要后端技术支持、数据分析等方面的专业团队。车内场景下，受众更加自主地选择内容，这意味着交通广播需要更加精准地洞察用户需求，及时调整内容策略。此外，技术的快速发展也要求人才队伍具备不断学习和创新的能力，以跟上行业的变革步伐。因此，为了在车联网时代充分发掘全媒体的发展机遇，必须注重健全人才队伍。多元化的专业人才既要有深厚的传媒背景，又要具备跨界融合的思维，能够在创新中找到行业的突破口。同时，需要引进先进的技术团队，不断拓展技术边界，确保交通广播能够在全媒体时代充分展现其价值和优势。只有充实了人才力量，交通广播才能在新的发展阶段取得更大的成就，为社会的发展和进步做出更多的贡献。

随着车联网时代的到来，交通广播面临着更广阔的发展机遇。通过深入融合全媒体传播体系，拓展服务场景，以及积极拥抱技术创新，交通广播能够更好地适应时代的变革，满足不断变化的受众需求。在这个充满挑战和机遇的时代，交通广播应当紧密围绕社会需求，持续优化内容质量，实现媒体的价值最大化。通过不断创新和进化，交通广播将继续在车联网时代中扮演重要角色，为信息传递、社会建设以及人们的出行安全提供持续有力的支持。

参考文献：

[1] 张根清. 车载智能网联音频发展对于广播的挑战和机遇 [J]. 中国广播，2022，345 (3)：36 - 39.

[2] 鲁艳敏，陈智睿，涂中文. 基于车联网的“云听”探究 [J]. 传媒，2022 (9)：20 - 22.

[3] 李志春. 当传统广播遇到车联网 [J]. 中国广播影视，2021 (10)：90 - 92.

[4] 郝茹茜. 车联网场景下传统广播的融合发展路径 [J]. 传媒，2021 (6)：56 - 57，59.

[5] 传媒时评.《2023 中国网络视听发展研究报告》完整版来了 [EB/OL]. (2023 - 03 - 30) [2023 - 07 - 20]. https://www.tvoao.com/a/214357.aspx.

[6] 中国互联网络信息中心. 第 51 次《中国互联网络发展状况统计报告》[EB/OL]. (2023 - 03 - 02) [2023 - 07 - 30]. https://www.cnnic.cn/n4/2023/0303/c88 - 10757.html.

（梁颖茵系广州华立科技职业学院电商学院副院长）

交通广播的全媒体研究：效率和用户体验的迭起

刘效伶 胥宇虹

摘 要：随着物联网、人工智能、云计算、数字通信技术的迅猛发展，“车联网”逐步变成现实。本文侧重于交通广播的全媒体研究，分析其在新兴领域的现状，包括交通广播中全媒体传播的关键组成部分和特征、受众的碎片化、信息的过载与同质化、可访问性和包容性的局限，以及为交通广播在全媒体视域下如何提高传播效率和提升用户体验提供策略和方法。

关键词：交通广播；全媒体传播效率；用户体验

在当今快节奏的生活环境里，交通广播已成为现代日常生活的一个重要组成部分。交通广播媒体人需万变不离其宗，保证内容为王，从而更好地搭建全媒体平台。在当前环境中受众既是寻求信息实时更新的出行者，又是依赖准确信息的接收者，交通广播全媒体传播的有效性直接影响着每天广大群众的生活安全性和出行便利性。随着技术的迭代进步，提高交通广播全媒体传播的效率和用户体验的需求前所未有之大。本文为探索创新方法和解决方案奠定了基础，以期改善各媒体渠道的交通信息传播方式，应对当前交通广播全媒体传播面临的挑战，并为深入研究新兴技术和新颖战略提供可行性建议。

一、交通广播中全媒体传播的关键组成部分和特征

2020 年春运首日，中国交通广播提供了春运首日的全景融媒体报道，通过央视财经、央视频、央视新闻移动网、今日头条、新浪微博、一直播、一点资讯进行直播，获得交通运输部、公安部经济犯罪侦查局、公安部治安管理局等的支持。中国交通广播携手公安、消防、公路等一线职工，为大众春运保驾

护航。以中国交通广播为代表，笔者主要分析交通广播中的全媒体传播，其含义是指使用多个渠道和平台向公众传播交通相关信息，旨在接触更广泛的受众，并通过多种媒体渠道提供实时更新。① 交通广播中全媒体传播的关键组成部分和特征如下：

（一）利用多个媒体平台进行媒介融合

利用多个媒体平台进行媒介融合，交通广播可以确保人们使用首选的通信媒介接收相关且及时的信息，具体举例如下。

交通广播的全媒体传播中主要的媒体平台分布包括在重要位置向行人和驾驶员传递交通信息的数字标牌显示器；在家中或公共场所覆盖的用于播放交通信息、解读交通政策、曝光违法行为的电视频道；为通勤者和出行者在路途中，特别是在驾驶期间，提供路况更新、出行指南、音乐陪伴的广播电台；为用户提供可直接用计算机或移动设备访问流量信息、交互式地图的可视化网站平台；提供交通更新、道路封闭信息和替代路线建议，覆盖庞大的在线社区社交媒体，如微博、微信和抖音等社交媒体平台；开发拥有实时流量更新、个性化路线规划功能，并能根据用户的位置和偏好向用户推送通知的移动应用程序，等等。

以河南交通广播为例，该台打造了主流平台全覆盖的新媒体矩阵，粉丝总量有 2 200 多万。其融合传播力连续九年跻身全国广播第一阵营，并通过利用这些多样化的媒体平台，达成交通广播的全媒体传播，确保了交通信息广泛可用，有效地引导大众的出行。

（二）全媒体传播强调提供实时流量更新

交通类频率作为主打城市交通、路况信息播报的频率类别，其收听率走势与人们的工作、学习、生活节奏密切相关。随着大众生活的不断丰富，其出行的时段不再只是早高峰、晚高峰，交通广播这一相关性在“车上”的体现相较于“所有场所”更为明显。实时流量更新是流量广播中全媒体传播极其关

---

① 梁超. 互联网时代交通广播的差异化策略及发展空间：以中国交通广播为例［J］. 中国广播，2022，345（3）：88－92.

键的方面，全媒体交通广播创建了一个全面而动态的系统，可以让用户在动态变化中随时了解当前的交通状况。在用户体验方面，通过与地图软件、天气软件、后视镜系统等共享及时准确的数据，通勤者和出行者可以避免交通拥堵、事故、道路封闭和其他可能影响其计划的事件，从而高效地到达目的地。于交通广播而言，实时流量更新能够确保用户收到有关交通状况的最新的准确信息，确保交通广播系统的可靠性，增强应急响应能力。

交通广播的全媒体传播实时流量更新增强了道路安全，节省了群众出行时间，减少了交通拥堵，提供了宝贵的公共服务，并为有效的应急响应和城市规划做出了贡献。通过提供准确和最新的信息，交通广播的全媒体传播在改善驾驶员和通勤者的整体出行体验方面发挥着至关重要的作用。

（三）提供全面价值信息，助力生活幸福感

通过利用多个媒体平台和集成各种数据源，交通广播系统可以提供广泛的宝贵信息，为人们提供更高效、更安全的生活方式。一是服务类信息，如与地图软件合作，中国交通广播将获取的路况信息及路况研判通过合作地图软件进行推送，实现了广播内容的地图传播。二是便捷类信息，如深圳交通广播是全国首批接入微信小程序腾讯出行服务的广播电台，使得收听交通广播和互动的方式更加便捷。三是全景式信息，如南京交通广播《智勇在线》节目，通过微信平台推送被劫车辆特征、车号、嫌疑人可能的去向，呼吁车友提供有效线索与110指挥中心联系，核实案情，实时联动。各界都称赞这是一次全方位、全媒体、全景式、全直播的成功案例，其通过广播这一特定媒体形态，完成了伴随式、互动式、个性化的传播任务。四是公益类信息，如河南交通广播受邀参加2022年广东“菠萝的海”百千田头直播大会，与来自全球各地的百名网红、千名主播共同向全球网友推介徐闻菠萝，助力乡村振兴。

总之，交通广播的全媒体传播缓解了交通压力，提高了道路安全性，帮助大众出行决策，提高了城市应急响应能力，促进了环境福祉，提供了全面的价值，有助于个人和整个社会的幸福感提升。

二、交通广播的全媒体传播所遇困境

2023年3月2日，中国互联网络信息中心（CNNIC）第51次《中国互联

网络发展状况统计报告》发布。《报告》显示，截至2022年12月，我国网民规模达10.67亿，较2021年12月增长3 549万，互联网普及率达75.6%，[①]在此环境下，大众生活全面“网络化”，在新一轮科技革命的驱动下，交通广播的全媒体传播也遇到了现阶段的困境。

（一）受众的碎片化

随着受众使用的媒体平台变得更加多样化，如何有效地接触和吸引更多用户成为挑战。5G技术在广播音频制作与传播中的深度应用，打破了媒体间的传播渠道边界，为广播媒体带来更丰富的伴随性收听场景，甚至能够达到多场景叠加的效果。

受众通过各种媒体平台获取信息，每个平台都有其独特的特点和局限性。不同的受众细分群体可能喜欢不同的媒体渠道，这需要交通广播系统调整其传播方式，以迎合不同的用户偏好，提供有凝聚力和全面的交通信息服务。交通广播的全媒体传播需要战略性地应对受众的碎片化这一挑战，驾驭受众碎片化的复杂性，并有效地向多样化和高黏合度的用户群提供有价值的交通信息。[②]

（二）信息的过载与同质化

两种现象影响了全媒体传播性能的发展：信息过载和信息的同质化。首先，随着多个媒体渠道的出现，用户可能会被大量信息淹没，信息过载使得他们很难对相关流量更新进行筛选和优先级排序。对传播性能产生如下四点影响：注意力减少、选择性忽视、低效决策、消息清晰度的丧失。其次，全媒体传播中的同质化，是指在不同媒体平台上呈现相似或相同内容的倾向，可能使用户忽视每个平台的独特优势。当交通广播试图在各种媒体渠道中以一刀切的方式提供相同的内容时，可能会导致特定平台上的用户找不到与其需求相关的通用内容，从而降低参与度和用户黏性，错失发挥各平台的独特功能以更好地与用户沟通和交互的机会。

---

① 国家图书馆研究院. 中国互联网络信息中心发布第51次《中国互联网络发展状况统计报告》[J]. 国家图书馆学刊，2023，32（2）：39.

② 卢科键. 交通广播品牌运营与缺失：以重庆交通广播为例［D］. 重庆：西南大学，2010：15－18.

交通广播中的全媒体传播可以跨平台向用户提供有价值和相关的交通信息，需要有效管理信息过载和避免同质化来增强他们的出行体验，并促进更安全、更高效的通勤。

（三）可访问性和包容性的局限

交通广播中的全媒体传播具有很多好处，但在可访问性和包容性方面也面临局限。这些局限可能会影响某些用户群体，并阻碍沟通策略的整体有效性。

一方面，数字鸿沟限制，并非所有人都能平等地获得数字技术和互联网技术。农村或经济弱势地区的人们可能无法使用智能手机、电脑或高速互联网，这限制了他们通过数字渠道接收实时流量更新的能力。另一方面，不同技术熟练度的用户的需求不同，有视觉或听力障碍的个人可访问性不一致。另外，关于数据隐私问题，用户可能会对与交通广播系统共享其位置数据或个人信息犹豫不决，从而限制了个性化服务的有效性。通过解决这些限制并积极努力提高可访问性和包容性，可以提高交通广播系统的整体有效性和影响力。

三、提高交通广播全媒体传播效率的策略

（一）监控和响应用户反馈

监控和响应用户反馈是提高交通广播中全媒体传播效率和有效性的关键策略。用户反馈为用户体验、偏好和需要改进的领域提供了重要的建议。反馈收集机制为用户设置多个渠道，以便用户轻松提供反馈，包括网站、电子邮件联系人、社交媒体渠道和专用客户热线上的反馈表，实时监控用户反馈，以快速识别和响应关键问题和紧迫问题。利用自动情绪分析工具将反馈归类为正面、负面或中性，有助于识别趋势并确定响应工作的优先次序。监控社交媒体渠道与交通广播相关的话题、评论和标签，如深圳交通广播《交通生活热线》节目组获赠锦旗，听众点赞其维权速度，解决听众的担忧并与听众互动。

建立有效的用户反馈机制，积极倾听用户的声音，并将其作为持续改进的依据，对于企业和产品的成功至关重要。无论是通过调查问卷、用户调研、社

交媒体互动还是其他方式，都应该努力为用户建立良好的反馈渠道，并将用户反馈纳入决策和产品开发的过程之中。

（二）建立关键绩效指标（KPI）和分析框架

关键绩效指标（KPI）提供了可量化的指标，有助于评估传播策略的有效性，并确定待改进的领域。先确定交通广播系统的首要传播目标，例如增加用户参与度、缩短响应时间、提高信息准确性。然后定义可衡量的目标，将沟通目标转换为具体和可衡量的目标，例如，设定一个目标，将社交媒体参与度提高一定百分比，或将用户反馈的响应时间缩短到特定时间。再量化用户参与度，通过网站访问量、应用程序下载量、社交媒体互动（喜欢、评论、分享）量和平均会话持续时间等指标来衡量用户参与度。最后实施转化漏斗分析，以了解用户如何通过参与，从初始意识到基于流量信息采取行动。还需要进行比较分析，比较一段时间内或不同时期的 KPI，以确定趋势、季节性或特定沟通举措的影响。另外，还要进行基准测试，根据行业标准或竞争对手对关键绩效指标进行基准测试，以深入了解系统与该领域其他标准相比的性能。[①]

持续观察和更新关键绩效指标和分析框架，使用数据分析工具来可视化关键绩效指标，有助于推动交通广播全媒体传播的可持续发展。

（三）简化信息传播流程

用户更易接受轻松便捷的体验方式，可以通过简化信息传播流程来提升用户体验感。集中式信息管理，指建立一个集中式信息管理系统，整合来自各来源和平台的数据。这种集中的方法确保了信息的准确性和一致性，减少了更新和传播信息的重复工作。设置数据可视化和信息图表，指使用可视化辅助工具和信息图表来简化复杂的交通数据，如彩色编码地图，可以帮助用户快速掌握信息。清晰简洁的更新，指以清晰简洁的格式提供信息，避免行业专用术语和不必要的技术细节，预先提供最关键的信息。

维护一个直观数据记录，无需实现去中心化、去中介等模式。其既可以解

---

① 罗戈．新媒体时代下交通广播的营销策略研究［D］．广州：广东外语外贸大学，2015：58－62．

决复杂问题，又能提升效率。事实上，笔者认为可以通过同步数据记录，来突破全局多副本的数据存储模式导致的复杂低效的瓶颈。

（四）跨平台集成，减少同质化

为了提高交通广播全媒体通信的效率，可以建立跨平台集成模式，并减少同质化战略。例如，为了更好推动上海交通广播事业发展，加强业务拓展，树立媒体品牌形象，深入整合城市交通信息资源，SMG 联合长三角 9 家交通台建成了广播交通信息服务平台。

实施统一的数据管理系统，可以实时收集和处理来自各种来源的流量数据。这个中央存储库可确保全媒体平台的信息一致性和及时性。集成移动应用程序，可以将交通广播服务集成到热门的导航和交通应用程序中。这种集成增强了可访问性，并确保用户在使用首选导航应用程序时收到实时更新。

社交媒体可以成为双向沟通的强大工具。架构跨平台推广模式，可以在各种媒体渠道上交叉推广交通广播服务，以提高知名度并覆盖更广泛的受众，有效地满足不同的用户需求。

（五）利用自动化和人工智能技术

事实上，交通广播的全媒体传播可以从自动化和人工智能（AI）技术方案的使用中受益匪浅，如楚天交通广播就把百度领先的智能对话技术成果应用在新媒体融合的内容生产、交通服务领域。此举标志着楚天交通广播优先获得领先 AI 技术的加持，也标志着对话式语言模型技术在国内广播与新媒体融合场景的首次着陆。

先进技术可以提高交通广播系统的效率、准确性和用户体验。实时数据收集和处理，自动化用于收集和处理来自各种来源的实时数据，包括交通传感器、GPS 设备、监控和移动应用程序。人工智能算法可以分析这些数据，为用户提供准确和最新的交通信息，分析历史交通模式和当前数据，这种预测分析有助于在拥堵发生之前主动提供流量更新并向用户建议备用路线。人工智能驱动的聊天机器人和虚拟助理可以处理用户查询、提供实时信息，并协助用户进行导航和制订出行计划，分析用户行为和偏好，以优化整体用户体验。

四、增强交通广播全媒体用户体验感

（一）以用户为中心设计全媒体渠道

专注人们衣食住行中“行”的定位，无意间让交通广播成为全媒时代较为精准界定垂直细分领域的媒体之一。出行场景中的产品进一步细分，令这种基因优势大放光彩。进行用户研究，以了解目标受众的需求、偏好和痛点，创建用户人物角色来表示不同的用户，并将其用作设计用户体验的参考。创建以用户为中心、相关且有价值的内容，定制内容以满足特定的用户需求，并为应对交通挑战提供实用的解决方案。

贵州省广播电视信息网络股份有限公司以网络为基础，以技术为依托，以用户为中心，推进“一云双网、一主三用”智慧广电新体系建设，形成“全媒体服务、全方位覆盖、全业态呈现”的发展新格局，推动广电5G、智慧广电与智慧社会建设全面发展。以此为例，通过采用以用户为中心的方法，可以增强全媒体用户体验，提高用户参与度，并有效地向各种媒体平台的用户提供相关信息。

（二）提供个性化和定制的内容

为用户提供创建账户或配置文件的选项，可以设置流量信息的首选项，这包括首选路线、旅行时间、通知设置和语言偏好。基于位置的服务可利用地理定位技术，根据用户的当前位置提供特定位置的流量更新和实时信息。允许用户使用小部件和模块自定义仪表板或主屏幕的可定制仪表板，这些小部件和模块显示用户最感兴趣的交通信息（如通勤时间）、最喜欢的路线或附近的事件。通过个性化反馈循环，鼓励用户就个性化内容和更新的有效性提供反馈，与此同时不断完善和改进个性化算法。

个性化增强了交通信息的相关性，大连FM100.8交通广播打造全天播音24小时，设置线性和单元广播节目共计20余档，涉及专业汽车类、出行伴随类、娱乐互动类、资讯音乐类等多种样态。众口难调也要迎难而上“调众口”。打造精品节目的“招牌菜”，创新重点客户的“定制菜”，制作盘活资源、整合产业经验的“满汉全席”。

（三）结合交互式元素和用户参与策略

北京交通广播通过线上服务将粉丝联结成群，依靠线下活动提升社群活跃度，提升了社群成员的互动性、参与感，形成了数百万用户参与活动的传播效果，使北京交通广播的品牌影响力进一步拓展，加强了品牌与用户间的联系，为其他频道提供了借鉴意义。

在用户积极参与的同时需执行用户审查流程，以确保平台信息的准确性，通过游戏化元素来充分激励用户参与，如获得积分、徽章或奖励。进一步可提供具有用户友好功能的交互式地图，如缩放、平移和在不同层（例如交通流、事件、施工）之间切换，鼓励用户通过报告事件、道路封闭或交通繁忙区域来贡献实时数据，参与到交通广播系统之中，持续改进和积极寻求用户反馈和建议，以不断改善平台的用户体验，[①] 让用户参与平台改善的决策过程。构建一个更高效、更有价值的全媒体交通广播系统，使用户和交通管理部门双赢。

（四）建立无缝多渠道体验

复杂的媒介环境当中，用户追求统一的体验感。中国交通广播就已具备“四微、六新闻、四音频、七视频”对外发布信息和内部联动推广的独有的新媒体矩阵，充分发挥了云平台优势，10 档两会专题节目、120 余期节目全部实现云平台共享。

以此为鉴，需确保用户应用数据在所有媒体渠道之间无缝同步，使用一致的用户界面（UI）和设计。无论使用哪个平台，用户都应该拥有熟悉和直观的体验。根据平台和用户的位置、偏好以及设备，提供上下文感知内容交付。无缝的内容共享使用户能够在不同的媒体平台和社交媒体渠道之间轻松共享流量更新和信息。通过全渠道客户支持，可以在所有媒体渠道提供一致的客户支持。

（五）优化移动设备的响应式设计

全媒体的流量可能有笔记本电脑、智能手机、车载平板、智能手表等多个来源。至关重要的是，交通广播的信息接收在任何地方都需提供相同的体验。

---

① 许川. 新媒体挑战下交通广播的创新与发展［D］. 济南：山东师范大学，2012：35.

这就需要跨设备友好性。

从交通广播受众的移动性特点出发，使用响应式设计技术布局，根据用户的屏幕尺寸和分辨率调整平台的布局和内容，确保内容按比例缩放，并在不同设备上清晰可辨。设计按钮、链接和交互式元素，应考虑到触摸屏，需确保它们足够大，有足够的间距，以避免意外敲击。优化平台的性能，以确保移动设备上的快速加载时间。由于交通平台的特殊性，应简化表单和输入字段，使其易于在移动设备上使用。定期监控移动设备上的用户行为和参与度，分析用户数据以确定需要改进的板块，并不断优化响应式设计，保证受众的体验感。

五、结语

交通广播的全媒体传播已经从传统的广播报道演变为多样的互联平台网络，使出行者能够广泛访问关键的交通信息。交通广播的全媒体传播发展标志着其更高效、对用户更友好的旅程开始。当探索应对当前挑战的解决方案时，通过优先考虑用户需求和接收技术进步，联合各媒介，期待让交通广播通过全媒体传播成为一个更安全、更高效、体验感更强的交通生态系统。

参考文献：

[1] 梁超. 互联网时代交通广播的差异化策略及发展空间：以中国交通广播为例 [J]. 中国广播，2022，345 (3)：88 –92.

[2] 国家图书馆研究院. 中国互联网络信息中心发布第 51 次《中国互联网络发展状况统计报告》[J]. 国家图书馆学刊，2023，32 (2)：39.

[3] 卢科键. 交通广播品牌运营与缺失：以重庆交通广播为例 [D]. 重庆：西南大学，2010.

[4] 罗戈. 新媒体时代下交通广播的营销策略研究 [D]. 广州：广东外语外贸大学，2015.

[5] 许川. 新媒体挑战下交通广播的创新与发展 [D]. 济南：山东师范大学，2012.

（刘效伶系贵州民族大学传媒学院硕士研究生；胥宇虹系贵州民族大学传媒学院副教授）

新探索　新追求

车联网时代广东广播转型的新业态探索

陆敏华　黄　怡

摘　要：车联网时代的到来让广东广播站在了全新的起点。车联网的快速发展给广播行业带来了新的发展机遇，但同时也对传统广播业务模式提出了更高的要求。面对市场的变革和用户需求的变化，广东广播一直致力于融媒转型的探索与实践，积极试水智能广播业务。2023年启动的“汽车智能互动广播”业务将大力推进传统广播业务在融媒时代的转型发展，音频内容的生产、传播与运营的创新与发展前景令人期待。

关键词：车联网时代；广东广播；技术赋能；品牌转型

20世纪80年代，广东广播“珠江模式”成为中国广播改革的一面旗帜。然而，在车联网快速发展的时代背景下，广播面临着许多前所未有的变革。随着智能车载系统的崛起，传统广播受众的使用习惯发生根本性改变。传统广播不仅需要与新兴技术保持紧密结合，而且需要积极探索拓展服务场景的新模式，以适应广大受众的需求变化。

一、广东广播生态转型路径与困境

过去十年，广东广播的融媒体实践一直勇立潮头、勇于创新，跟进时代的发展，用创新的成果说话，以新发展理念推动媒体融合发展。2013年，广东电台珠江网络传媒成立。2014年，广东广播提出以“广播+”的新媒体思路实现“互联网+”的广播创新，强调以广播作为主体来主动融合网络，全方位拓展广播资源、渠道、平台以及商业运营模式等的发展空间，革新广播发展模式，促进传统广播在融媒时代的升级。多个首创性案例证明，“广播+”的概念既是对传统广播的发展思路、模式、格局的重新定位与突破，也是应对网络新媒体挑战的一种改革发展思路，更是主动抓住网络新媒体发展机遇的一种实践探索。其实践成果和成功经验对于中国广播改革与持续发展具有启示意义。

2015 年，媒体融合步入深度融合发展期。广东广播开始向多元化传播方式的全矩阵融媒体平台迈进，将不同媒体在人力、内容、宣传等方面进行全面整合，致力打造更有表达意义的独立平台。在此背景下，2016 年，广东广播电视台触电新闻客户端正式上线。这款以数据挖掘和广电资源为基础的视频资讯聚合产品，集新闻、政务、服务于一身，24 小时不间断提供及时、真实、权威的大湾区热点时事资讯头条，全方面、全时段提供广东各地域新闻资讯，聚合多项政务及生活便民服务。时至今日，触电新闻始终坚持利用大数据分析掌握舆论场主动权和主导权，不断探索拓宽传播的新路径。有了这一基础，全球最大粤语音频 App “粤听” 在 2017 年正式面世，成为广东广播电视台又一运营级融媒体移动应用平台。作为全球最大的粤语原创音频平台，“粤听” 采取差异化战略，以粤语为主要播出语言，内容具有广东特色，为受众提供高质量的专业音频节目，展现优秀岭南文化，旨在构建入口，让内容、文化、服务、商业变现四大元素相互依存、相互作用、相互影响，赋能立体跨媒体生态系统的构筑。

进入 21 世纪 20 年代，数字化传播环境中受众获取和传播信息的渠道多元化，新媒体发展多样化。在融媒体发展趋势的推动下，广东广播电视台交通之声（羊城交通台）不忘初心、行稳致远，在自身发展内容不断充实与创新下，逐步挺进全媒体全向传播主阵地。2020 年 12 月 15 日，“时代之声” 全国广播业综合实力大型调研成果发布，广东广播电视台交通之声荣获年度品牌影响力省级广播频率。从单一的传统媒介到融媒体矩阵，广东广播电视台交通之声一直在求新、求变的路上摸索前进。2021 年，广东广播电视台交通之声开始着力研发车联网原创车机以及车载音频应用，在推动广播行业转型的同时，积极试水智能广播业务，以新科技开启汽车新世界；2022 年，广东广播电视台交通之声以 “智慧 3.0 驾驭未来城” 为主题，用一场汽车后备箱音乐嘉年华开启系列策划，通过一场场别开生面的户外音乐节和后备箱集市，向大家展示广播全媒体全新形象；2023 年，广东广播电视台与德赛西威公司合作的 “汽车智能互动广播”项目正式启动，项目以“粤听”平台技术与内容为基础，开发车载终端的版本，组建内容及渠道运营团队，建立专门针对汽车终端的内容平台。通过构建车联网平台的音视频传播空间，丰富广播产品形态，为受众提供更加多样化、个性化的产品内容，提升车载广播收视体验，抢占汽车智能终端市场，助力广东广播电视台在车联网甚至互联网平台上拓展音视频内容的市场空间。

行至今日，车联网新趋势出现，移动音频逐步向智能车机中渗透，交通广播最主要的车内场景传播面临着前所未有的挑战。根据《2022 年全国广播电视行业统计公报》，2022 年全国广播广告收入同比下降 28. 09%，传统广播电视节目销售收入同比下降 24. 54%。目前，交通广播存在两个难点：一是体制机制缺乏活力，加快转型动力弱；二是内容生产能力不强，融媒端产品质量提升缓慢，缺乏细分市场的垂类内容产品线。因此，如何以车联网技术解决传统广播覆盖与节目生产流程改造的问题，并完成由交通传媒信息传播者向交通信息定制服务运营商的角色转化，进而通过物联感知和智能导航技术的升级，实现“24 小时智慧交通台”的新平台建设与经营是广东交通广播接下来要面对的问题。

二、以新技术赋能传播渠道的转变

依托互联网技术搭建的车载智能终端，正悄无声息地接管原本掌握在车载广播手中的车内注意力，但新能源汽车车载音频用户的飞速增长也为传统广播打开了新思路。中国汽车工业协会统计数据显示，2023 年上半年，我国新能源汽车产销量分别完成 378. 8 万辆和 374. 7 万辆，同比分别增长 42. 4% 和 44. 1%，新能源汽车销量占全部汽车销量的比重也已经达到 28. 3%。在电动化加速的同时，车机系统的智能化也步入快车道。2016—2021 年，中国车载音频用户规模由 3. 1 亿人增长至 4. 44 亿人，增长幅度 43. 2%。汽车智能技术的运用与发展，为车载音乐、车载电台、智能驾驶、智能交互和智能导航等提供了发挥的平台。驾车者可以在车内享受越来越丰富的信息支持与休闲娱乐服务。而与此同时，车载音频用户也面临着车载音视频服务单一、内容质量良莠不齐、过度侵犯隐私数据安全、场景化适配不足等一系列迫切需要改善和解决的新问题。

当下，基于车联网技术的交通广播转型与智慧交通台建设是传统广播行业发展的重要方向。在此背景下，广东交通广播正在探索由交通传媒信息传播者向交通信息定制服务运营商的角色转化，以车联网技术解决传统广播覆盖与节目生产流程改造的问题，通过物联感知、智能导航植入式的升级完成“24 小时智慧交通台”的新平台建设与经营。充分利用车联网技术和智能导航技术，实现交通信息的个性化服务和智能化传播，提高用户体验和行车安全。推动交通广播向智慧交通台的转变，实现交通信息服务的创新和提升。为了加快推进广播内容生产的数字化，制作适合移动端收听的音频内容精品，在即将到来的物联网时代提前布局，占领生存与发展空间。广东交通广播正积极解决转型中的关键问题，应对包括技术整合和数据共享、用户隐私与数据安全等方面的挑战。在进行智慧交通台建设时，与相关政府部门、交通管理机构和车辆制造商等进行紧密合作，共同制定标准和规范，推动技术应用和数据共享。除了探索与音频平台合作，广东交通广播也在摸索交通信息与其他领域的深度融合，通过“交通 +”模式在平台内部形成独具特色的内容阵地，如“交通 + 旅游”“交通 + 文化”等。

车内场景下，受众更加自主地选择内容，这意味着交通广播需要更加精准地洞察用户需求，及时调整内容策略。面对现有音频平台已经占据的市场份额，交通广播在融合发展中需要有创新思维和差异化策略。喜马拉雅等平台已经汇聚了海量的内容，覆盖了多个领域的用户需求。在这样的背景下，广东交通广播应寻找自己的独特定位，通过特色内容和服务，吸引用户的关注和使用。目前，广东广播电视台交通之声已全面开通“1052 车友会”融合平台，开启元宇宙新空间。通过与广州市三川田文化科技股份有限公司、广州展方网络科技有限公司、深圳市王冠汽车产业链有限公司、河北万腾科技集团有限公司联手，为广大车友及汽车产业链上下游企业提供创新元宇宙活动营销服务，满足商务社交、品牌发布、虚拟看车、车友会俱乐部等多种应用场景。借助科技赋能，为车主打造“车世界、车文化、车生活”一站式元宇宙服务平台，包括实时动态路况及交通信息更新，打造“海陆空”交通权威发布第一窗口；同时，整合停车场、代驾、车辆检测、保险及车主服务相关的资源，构筑“1052 车生活”综合衍生服务生态。

三、广东交通广播品牌转型三项举措

广东在粤港澳大湾区的角色、地位特殊。近年来，广东媒体在媒体深度融合工作上持续发力，推进工作卓有成效。其一边维持传统端存量，一边开拓新媒体端增量。然而，对于传统广播行业而言，虽然融媒平台粉丝量规模不小，但日活跃用户数量不理想，如何变现一直没有找到最佳切入点。其自我造血功能弱，无法挑起“养家糊口”的重担。2023 年，广东广播电视台交通之声（以下简称“广东交通之声”）提出“3 年提速行动计划”，通过三项举措推动广东交通广播品牌化转型，持续挖掘融媒产品经营价值。后文所提及“广东交广”为广东交通广播的简称。

（一）品牌化运营，打造“广东交广”新名片

经历了大众传媒鼎盛时期以及私家车保有量激增的黄金时代，交通广播发展至今大多积累了一定的品牌资产。将现有媒体资源运用到交通行业中，是交通广播开辟用户新端口的一项尝试。2023 年，广东交通之声全力发展与交通有关的产业产品。在水上，广东交通之声与广州公交集团客轮有限公司联手打造广州首个“珠水流金”水上音乐厅，以“珠水流金 · 广汽号”新中式现代豪华游船为载体，将移动“水上会客厅”概念正式投入游轮运营，为广州带来全新的珠江水上游体验；在空中，广东交通之声与九元航空合作的跨省自驾游项目正稳步推进，海南棋子湾交通台台庆高端定制自驾游项目常年出团，为后续文旅产品的开发成功集聚了第一批活跃度高、黏性强的稳定客户群。目前，广东交通之声已与广东交通集团、广东高速公路公司、广铁集团、白云机场等建立良好联系，形成广东交通行业品牌共建共识。从广东做起，在全国自驾游目的地版图上，“广东交广优选”成为一张新名片。

（二）拥抱新业态，实现“广东交广”流量变现

在传统媒体和新媒体的竞争和融合中，没有产业化就没有未来，变现能力是首要的生存之道。从 2020 年起，广东交通之声不断推进节目生产模式改革，将“作品”变“产品”，对节目生产单位实施统一的内容生产与市场经营、成本效益管理。前期，广东交通之声向外省经营头部交通台学习，在深入研讨了

北京广电媒体产业“BTV 电视购物”项目等同行经验后，总结出“让内容跟着经营走”的发展策略，以“广东交广优选”系列产品为抓手深入产业发展，开阔广播品牌市场。目前，广东交通之声“1052 羊城代驾平台”项目正在紧锣密鼓筹备中，即将登陆广州，在全国一百亿的代驾市场份额中分一杯羹。通过有效整合新媒体和资本资源，以版权、技术、商务等环节为支撑，构建完整产业链条，充分利用互联网平台进行市场拓展和大众服务。

（三）重塑人才培养，提供“广东交广”全案服务

车联网时代，全媒体发展不仅需要前端内容创作的专业人才，而且需要后端技术支持、数据分析等多方面专业团队。除了对单一领域的深入研究，新型人才还必须具备不断学习和创新的能力，才能跟上行业的变革步伐。近几年，广东交通之声一直致力培养既有深厚传媒素养又有跨界融合思维的多元化专业人才，引进先进的技术团队。在新团队的努力下，其不断拓展技术边界，寻找行业的突破口，为交通行业的政务、商务活动提供全案服务，确保交通广播能够在全媒体时代充分展现其价值和优势。2022 年 12 月，广东交通之声首次将广东广播电视台公益品牌“大爱有声”与公安厅交通管理局的“全国交通安全月”系列宣传工作进行融合，让记者、编辑和主持人与公益爱心企业小鹏汽车组成“大爱有声·悦听美丽广东”2022 交通公益车队，与交警交通安全宣讲团队一同在广东的 6 个城市进行巡回演出，宣传美丽广东，倡导文明出行。在此基础上，2023 年 3 月，广东交通之声联合广州市公安局交通警察支队、南沙区分局等单位举办的“广州大篷车嘉年华巡回宣传活动”获得了社会各界的支持，启动仪式在触电新闻 App、粤听 App、微信视频号等平台直播观看量超过 880 万次。其不仅展示了广东交通之声在活动策划、承办等新业务上的综合实力，而且扩大了“广东交广”品牌在交通领域外的影响力。有了前期的苦心经营，广东交通之声陆续承接了广州长隆集团五一假期慢直播、比亚迪新产品直播等多项商务活动的策划与执行，并携手广东省普法办、广东省公安厅、广东省司法厅、共青团广东省委员会共同推出第四届广东省法治文化节“崇法心声　交通安全靠大家”优秀普法小使者评选等多项大型线下活动。这在不同层次、领域进一步建立和丰富了“广东交广”的品牌内涵，为广东交通之声的下一步转型探索奠定了良好的基础。

四、结语

车联网时代的到来让广东广播站在了全新的起点。车联网的快速发展给广播行业带来了新的发展机遇，但同时也对传统广播业务模式提出了更高的要求。面对市场的变革和用户需求的变化，广东广播一直致力于融媒转型的探索与实践。从 2021 年起，广东广播电视台积极试水智能广播业务，持续大力推进传统广播业务在融媒时代的转型发展，音频内容的生产、传播与运营的创新与发展前景令人期待。但广东广播也要时刻保持警醒，积极应对这些挑战和机遇，不断进行创新，推动自身的转型发展。

（陆敏华系广东广播电视台交通之声、城市之声总监；黄怡系广东广播电视台交通之声、城市之声编辑）

信息服务与秩序生产：车联网背景下安徽交通广播的可视化实践

宋佳辰

摘　要：随着物联网、人工智能、云计算和数字通信技术的迅猛发展，广播在深刻裂变和重组的格局中积极调整传播方式和产品形态，积极探索广播的融媒化发展方向。安徽广播以“广播节目视频化，构建广播新生态”为目标，对交通频率运营中心进行直播室可视化技术改造。其通过整合高速公路、国道、省道、市区重点路段等实时数据资源，跟进突发事件的地理位置，依托广播可视化带来的良好展示性和信息直观度，破除传统地图体系对于视觉的依赖和灵活度欠佳的桎梏，提供动态的信息服务，同时将用户信息反馈纳入实时路况的绘制系统中，实现权力生产的反向实践。

关键词：交通广播；车联网；秩序生产；信息服务

自19世纪20年代广播诞生起，这一听觉媒介的成长就与技术的发展建立了紧密的关联。从调频广播年代走到如今的智慧广播时代，除传统的无线电收发设备之外，5G、大数据、车联网、人工智能等技术都为广播注入了时代的动能。作为主流媒体，广播积极参与媒介融合，借力技术突破自身的固有边界，在“努力打造具有强大引领力、传播力、影响力的国际一流新型主流媒体”[①] 的道路上努力尝试。2020年7月，安徽广播电视台广播视频化小组正式成立，积极尝试转型路径。安徽广播以“广播节目视频化，构建广播新生态”为目标，在发掘车载广播辐射的巨大能量和车联网的发展契机后，对交通频率

① 习近平致信祝贺中国人民对外广播事业创建80周年强调　加强国际传播能力建设　打造具有强大引领力传播力影响力的国际一流新型主流媒体［EB/OL］.（2021－12－03）［2023－06－30］. http://cpc. people. comcn/n1/2021/1203/c640094－32299177. html.

运营中心进行直播室可视化技术改造。装载了智能芯片和软件的智能网联汽车，作为一种新型的移动数字终端，环境感知性能更强，与驾驶人及乘客的关系也更为紧密。广播如何在汽车这一具有强移动性的空间中发挥媒介效能，打开可视化窗口，是我们值得反复思忖的课题。

一、车联网背景下广播可视化发展的基本原则

2023 年 7 月 18 日，工业和信息化部、国家标准化管理委员会联合修订印发《国家车联网产业标准体系建设指南（智能网联汽车）（2023 版）》，完善了我国已有的车联网体系建设，为智能网联汽车的后续发展奠定了政策基础。如今，智能交通系统和智慧城市相关设施建设取得积极进展，车用无线通信网络（LTE - V2X 等）实现区域覆盖，新一代车用无线通信网络（5G - V2X）在部分城市、高速公路逐步开展应用，高精度时空基准服务网络实现全覆盖。而车联网作为一项人车互联功能，通过无线通信技术将车载设备接入网络，对车辆动态信息进行有效利用，这也给广播的转型发展带来了契机。此时交通广播的转型就需要考量作为行动主体的驾驶人、乘客，与作为行动客体的技术之间如何进行持续的互动；以及如何在车联网的助力下，让具备了特定环境感知能力的行动者接受相应的信息服务并采取相关行动。

（一）基础：音频为本的信息服务

要想在生杀予夺的媒介竞争中生存，广播必须找准自身的媒介优势，以广播的原则办广播。与移动传播时代的其他媒体相比，广播生态位相对较窄，但拥有某些特定资源的适应能力。保罗·莱文森（Paul Levinson）曾有一个经典的媒介兴衰案例点明了广播媒体的独到优势。在 20 世纪的美国，无声电影和广播都占据强势地位，但随着媒介环境变化，留存下来的只有广播。莱文森分析其中原因得出结论：媒介倾向于复制“前技术的世界”，媒介进化的普遍原则就是尽可能与前技术环境中真实世界传播模式保持一致，一致程度越高，就越能和自然和谐共生。人类的感官在没有技术干扰的“前技术的世界”中，

用耳朵聆听是人们习以为常的生活体验。[①] 从案例中我们亦能得到启发，对于声场的占据是广播对前技术世界一种人类感官模式的复制，这是广播在媒介竞争中能够存留的原因。而通过听觉唤醒实现用户的回流，也定是广播破局发展的关键。广播媒介通过电波传播信息，即时快捷的时效性与声音的真实性、现场感让信息传播价值得到彰显。广播的生态位特化就是要将这一优势最大程度发挥出来，而且其他媒体在短时间内很难在这一维度上与广播竞争。广播转型就是要从小而专的领域寻找市场契合点，统筹现有资源，注重综合开发，促进广播产业向着机制健全、功能完善、用户青睐的道路上挺进。

（二）机制：公众参与的权力互构

媒介从时间和空间上延伸了沟通能力，代替了面对面的社交活动。安徽交通广播通过整合高速公路、国道、省道、市区重点路段等实时数据资源，跟进突发事件的地理位置，依托广播可视化带来的良好展示性和信息直观度，破除传统地图体系对于视觉的依赖和灵活度欠佳的桎梏。同时，安徽交通广播开辟了一个可供经验分享的领域（realm of shared experience），不仅提供动态的信息服务，而且将用户信息反馈纳入实时路况的绘制系统中，让得以赋权的用户不仅能获取所需服务，还可以对于交通实况这一事物状态（the way things are）进行有效的信息补充，以此构建身份认同和社群意识。而安徽交通广播在此时扮演的不仅是服务公共事业的媒体，还是与用户沟通的重要平台，是与社会成员共同讨论决定公共利益事务的舞台（arena）。传统意义上来讲，无论是地图的图文绘制还是信息的发布，其中都包含权力的关系和信息的垄断。而安徽交通广播这场公众共同参与的“地图绘制”，使公众可以在事故路段发现信息并主动提供素材，实现传受双方的良性互动，及时对话的背后是公众参与的权利互构。

（三）取向：媒介化社会的秩序生产

媒介无孔不入地渗透在社会的各个领域，媒介的影响不仅局限在发送者—

---

① 梁颐，刘华. 媒介技术决定论的生态视角：基于媒介进化小生境理论的思考［J］. 新闻界，2013（7）：9－13.

信息—接收者这个传播序列中，其影响扩及媒介和其他社会文化领域间不断变化的关系之中。在深度媒介化的背景之下，媒介化生存进化成为人们的重要生存方式。智能化的可穿戴设备能对人体生理、物理特征进行数字化的检测与记录，网络交往中“赛博格化”的人以弱关系组织起网络社会，人的物质性存在的意义将日渐被媒介化的“数字孪生”所构建。可以说，媒介既是特定社会和文化领域的基本结构，也扮演着文化和社会制度之间的纽带角色，能够创造社会互动的条件模式（condition pattern）。拥有主流媒体身份的交通广播在进行信息服务的同时创作了公共领域（public sphere），建构着秩序的合法性。基于车联网数据分析所得的路况实时动态，包含着解决出行问题的方案，是规范交通的准则，是抛出的解释社会秩序的阐释框架（interpretive frame）。传统的广播是承载和传动声音的介质，而借助可视化这一窗口，用户的直觉互动进一步扩展，从听觉到视觉的转变能更大程度地塑造可控制、可管理的秩序化空间。

二、车联网背景下安徽交通广播的“变革”与“破界”

随着物联网、人工智能、云计算和数字通信技术的迅猛发展，广播在深刻裂变和重组的格局中积极调整传播方式和产品形态，积极探索广播的融媒化发展方向。信息技术的发展不仅助力了广播的转型，而且加强了“看”与“被看”这一视觉政体，驱动广播破除“只闻其声”的禁锢，逃离“视听二元对立”的误区，打开可视化窗口，召唤视觉的在场。[①] 曾经占据着垄断地位的广播也需更新原有结构，创新话语方式和传播形态，以应对自媒体浪潮的冲击和信息生态的改变。只有敢于变革，敢于破界，顺应车联网的发展契机，取势谋势、搭乘媒介融合的快车道，才能在前所未有之大变局中乘风破浪。

（一）用户需求：圈层打造，聚焦“地缘”与“趣缘”

段义孚在成名作《恋地情结：对环境感知、态度与价值观的研究》中提到，人与所处的物理环境之间存在着爱与依恋，环境为恋地情结提供意象

① 李宝玉．听觉媒介的技术政治：以早期无线电广播技术史为主的考察［J］．国际新闻界，2022，44（5）：158－176.

(images)。[1] 广播的在地性呼唤着本土用户的关注点，让他们能够更加亲近地区的实际问题和现实生活，主人翁意识和社会凝聚力也在这一过程中逐渐形成。基于地缘的内容生产，提升了地方区域与人们生活相交的频率，增强了交流和信息共享的欲望。而在地方治理层面，其也能将主流媒体的声量和受众的不同声音共同纳入解决问题的决策之中，紧跟社会动态，扩大广播节目的外延和内涵，加强和促进地域文化。安徽交通广播在电视剧《觉醒年代》热播期间，关注到陈延年、陈乔年两位青年革命者为党为民宁死不屈的精神品质，并且抓住了位于安徽合肥延乔路这一热点，顺势推出融媒体产品，实现全媒体时代主题主线宣传的切实突破。陈延年、陈乔年的光辉事迹，触发了网友们的共情共鸣，许多当地的民众主动地赶往延乔路，缅怀先烈。安徽交通广播 908 新媒体对此进行了慢直播，这样告慰先烈的方式收获了流量与好评，并推出延乔路“七一”现场短视频，联动陈延年扮演者演员张晚意，用“一封家书”的形式，构建出受众与先烈“隔空对话”的场景，以融媒方式拓展了红色教育的思想阵地。

美国社会学家费舍尔（Claude S. Fischer）提出“社区解放论”（Community Liberated）一说，主张通过广泛而自由的人际关系构建“脱域的共同体”(Disembedded Community)，其中在网络空间中由于对某一事物的共同爱好集聚而成的“兴趣社区”（Community of Interest）就是方式之一。除深耕本土用户的需求之外，交通广播有着车载用户这一较为固定的主力军，有意识地为车载受众打造文化部落，并通过共同兴趣这一精神纽带增进用户和节目之间的互动，这不失为增强用户对于广播的黏性的有效方式。安徽交通广播抓住“趣缘”这一方向，打造融媒体节目《佳妹说车》，聚焦汽车爱好者的兴趣点，着力打造圈层；也开放了用户文化沟通和精神互动的空间，构建出瓦茨（Watts）和史楚盖茨（Strogatz）研究中的“小世界网络”[2]，立足垂类用户实现新媒体时代的广播探索。

---

① 刘苏. 段义孚《恋地情结》理念论思想探析［J］. 人文地理，2017，32（3）：44－52.

② 雷婧妍，任健. 场域理论下微博超话社区的网络趣缘群体关系研究［J］. 新闻爱好者，2022（1）：99－101.

（二）应用场景：技术加持，助力“车内休闲”与“安全驾驶”

汽车的移动性满足了人类生存发展的需求。这种跨越地理距离的实践，离不开的就是在车内这一兼具移动性和私人性的环境。交通广播应用的主要场景即车内这一特殊的移动空间。如何应对智能化车内场景，如何在网络化、数字化的终端体现个性化、互动性的内容服务，要着力关注的是“车内休闲”与“安全驾驶”这两个要点。一方面，车联网的快速落地，能够将空间环境和人类实践实时转化为数据，让存在于汽车这一空间的群体，不仅能够通过广播媒体进行常规的社交平台互动，而且能通过智能化技术进行实时的交互。尤其是在新能源车内，传统广播媒体要加强相对应 App 的研发，积极打造交互智慧传播场景，充分满足受众的个性化需求，丰富受众在车内场景的休闲活动。大数据也能够助力平台形成用户画像，明晰受众的喜好。通过对于内在规律的把握为用户定制相关产品，在音乐、资讯、历史等层面进行个性化服务，有利于扩展广播的盈利创收空间。另一方面，在车联网的加持下，周围车辆、车道状况、交通标志、障碍物等信息能够更加直观地为驾驶者提供安全判断，尤其是在道路能见度不足的情况下，视觉效果的增强，能够更大程度地规避人—车—路系统的风险，有效保障交通安全。然而，广播的可视化意味着对于驾驶人视觉的占据，对于注意力的抢占可能会给用户带来行车过程中的隐患。如何把握好两者之间的平衡，依然是需要关注的现实性问题。

（三）经营创收：全媒宣推，兼顾“社会责任”与“流量爆款”

作为老牌主流媒体，广播积累了大量实践性经验，在受众群中更具权威性和辐射力。起初，广播作为党政的喉舌、人民大众的号角，与主流意识形态直接挂钩。北京广播学院新闻系原系主任、新闻研究所所长康荫曾谈到：广播是“阶级对阶级实行转正的工具，是进行阶级斗争的武器”①，广播解读国家方针政策，把握重大报道机遇，迅速传递有效内容，保障受众的知情权。在当时的媒介生态环境下，广播具有生产周期较短、信息触达率较高、生产成本较低等生态位优势。此时的传统广播属于通才型媒体，有一批广泛而又稳定的受众，

---

① 康荫. 新闻舆论要素和价值指向简议［J］. 新闻知识，1991（6）：4－6.

在信息资源和技术占有上也都立于潮头，在全国以及地方市场上均能获得广告收益，而且几乎占有垄断性优势。

安徽交通广播完成直播间的轻量化改造，形成以微信、抖音、快手、微博等平台为主的广播节目视频化的传播矩阵。其主要围绕产品、平台、玩法、机制方面，勾“点线面”，转型开新局，打造内容融合新生态，顺应互联网规律打造爆款。安徽交通广播的融媒发展以视频化为抓手，以内容主播建设为指引，以声音网红为方向打造主持人形象，充分运用视频化项目的发展成果，对重点垂类节目的内容主播进行打造，2022 年首批推出两个头部账号“佳妹说车”“超级马力交通 SHOW”，并实现稳定的内容输出。2023 年，交通广播视频化项目重点是实行内容主播项目制的试点工作，推出中医节目《健康 908》的内容主播账号，并对旅游节目、维权节目等账号进行孵化，打造交通 908 的新媒体传播矩阵。

三、安徽交通广播可视化探索的实践路径

自 2020 年起，安徽广播以“广播节目视频化，构建广播新生态”为目标，对交通频率运营中心进行直播室可视化技术改造。在认识到车联网技术是汽车本身移动性和中介性的结合的基础之上，让人、技术、环境进行有效的沟通，积极探索广播的可视化之路。

（一）整合路况信息，绘制流动的地图

车联网技术的发展改变了主体对于环境的感知，也让驾驶人在感知环境的同时，能够结合数字平台信息进行思考。安徽交通广播以可视化转型为窗口，通过技术的感知与交换，将实时路况以视频的形式呈现给用户，让节目可听可见。在广播节目中不仅能够看到主持人实时播报的样态，而且能通过广播打开的可视化窗口呈现路况信息。画面的呈现可以帮助解决现场描述的困难，雨雪天气铲雪除冰的作业状态、特殊天气实时同步的画面，都能以最直观的方式呈现在用户眼前。而对于事故现场，安徽交通广播不仅会提供事故本身的现场情况，而且会提供国道、省道最佳的绕行路线。其通过高速交警和路政的联动，提供直观而及时的服务。同时，用户也可以参与这一“绘制动态地图”的实践，参与到地理信息的传播之中。用户可以基于自身经验补充地点的标识，在

完善地理信息中形成新的社交关系。传统导航系统的信息传递更多的是依托社会生产模式和知识传统的社会化组织和传播机制，而安徽广播的可视化转变，是社会化地理信息交互与交往的实践。通过内容的相关展开实现了意义活动的叙事功能。这种数字地图的绘制和共享，打破了原本地图、路况信息发布的权威性。溯源地图的使用，本来就是通过不对称的优势树立统治权威，信息的发布象征着权力的附属关系。但安徽交通广播展开的这场实践将地图信息的编码权利交给用户，而用户也将自身经验对外开放，实际是一场权力的反向实践。

（二）发挥应急功能，以直播黏合受众

主流媒体作为一种承担着社会责任的公共资源和工具，在突发公共事件发生、发展、解决与落幕期间履行着稳定社会秩序的责任。对于突发事件报道正经历着由“动态碎片”到“聚合交互”的转变，已经“给社会生活方式乃至政治运作模式带来革命性的影响”。对于具有突发性、紧迫性及高度不确定性的突发公共危机或自然灾害，广播可提供迅速快捷的信息传输的通道，除发布预警消息外，还向公众提供动员指挥、协调救援、传达政令、收集反馈等服务。在全媒体时代，媒体在突发公共事件中确保应急信息的畅通、准确、高效流转是其社会责任所在，更是完善和促进以公众的需求为基本出发点的服务型政府的重要力量。突发事件的媒体应急，应充分利用大数据与全媒体技术进一步建立健全符合我国国情和实际需要的媒体应急平台，构建“平台＋内容＋终端＋应用”的生态布局，让媒体能在危机发生时准确、快速地做出反应，正确引导社会舆论，使应急广播成为常态化的政府应急管理手段和信息传播工具，使应急广播传播方式从灌输式传播变为服务式传播，提升突发公共事件媒体应急效率。

（三）立足垂类节目，开拓思政前沿阵地

技术的迭代出新和媒介的融合发展催促着广播更新旧有模式，在内容呈现、形式表征与价值输出方面扩展新的路径，以用户易于接受的方式提升信息的触达率和广播的声量，以满足受众新时期多层次的心理需求。安徽交通广播视频化项目的开展，促进了新闻宣传的融媒发展，提升了新闻宣传的影响力，在宣传报道中，以“908 新媒体”为代表的主力军发挥出强大的影响力，展示

出强劲的传播能力和品质效应，官方微博、头条号、抖音号、微信视频号等聚集千万粉丝量的“新媒体矩阵”，关注度、传播度、影响力均不断攀升。“908新媒体”目前已入围2023年长三角广播电视媒体融合优秀案例初选。“安徽交通广播”微信公众号2023年1—5月粉丝量突破189万；2023年1—5月微信视频号单条视频播放量突破1 004.5万，发稿数突破1 443条，千万级播放量视频增长5%。视频化项目还聚焦主题主线，在重大主题宣传中不断发力，并充分发挥融合优势打造了一批内容精良、形式创新、传播有力的精品。安徽交通广播还着力筹划打造了《安徽好好》《你好十年》《合肥请你来》等一批优秀融媒作品，迅速在各地市形成“刷屏式”转发。习近平总书记考察安徽期间，安徽交通广播还精心策划了“请给总书记捎个信”特别融媒报道。该组融媒报道在“学习强国”头条推送，扩充了安徽交通广播的原有声量，也拓展了思政的前沿阵地。

四、结语

在时代发展的大潮中，广播的发展边界得到了前所未有的拓展。安徽交通广播在技术赋能的基础上发挥自身的媒介特性，抓住了车联网发展的契机，深耕相应受众群体，进行有效的信息服务与秩序生产。安徽交通广播可视化带来了良好展示性和信息直观度，同时将用户信息反馈纳入实时路况的绘制系统中，实现权力生产的反向实践。安徽交通广播的可视化突破是互联网时代广播转型升级、与时俱进的有效尝试。相信在未来的发展过程中，广播的转型与突围能为建设全媒体传播体系、塑造主流舆论新格局贡献力量。

参考文献：

［1］习近平致信祝贺中国人民对外广播事业创建80周年强调　加强国际传播能力建设　打造具有强大引领力传播力影响力的国际一流新型主流媒体［EB/OL］．（2021－12－03）［2023－06－30］．http://cpc. people. comcn/n1/2021/1203/c640094－32299177. html.

［2］梁颐，刘华．媒介技术决定论的生态视角：基于媒介进化小生境理论的思考［J］．新闻界，2013（7）：9－13.

［3］李宝玉．听觉媒介的技术政治：以早期无线电广播技术史为主的考

察［J］. 国际新闻界，2022，44（5）：158－176.

［4］刘苏. 段义孚《恋地情结》理念论思想探析［J］. 人文地理，2017，32（3）：44－52.

［5］雷婧妍，任健. 场域理论下微博超话社区的网络趣缘群体关系研究［J］. 新闻爱好者，2022（1）：99－101.

［6］康荫. 新闻舆论要素和价值指向简议［J］. 新闻知识，1991（6）：4－6.

（宋佳辰系暨南大学新闻与传播学院博士研究生）

城市传播视角下交通广播的可沟通性研究

——以山东交通广播为例

成文胜　刘　畅

摘　要： 城市是人类沟通的重要场域和载体，交流沟通是城市以及城市人的活动样态和存在方式。“可沟通”是一个城市的活力所在。然而，随着城市化的发展，现代社会中的人们正面临着生活方式的转变、信息资源的超载、居住空间的隔绝、虚拟空间的扩大等问题，使得现在城市中的人容易陷入“有链接无沟通”的困境。因此，重新重视城市的“可沟通性”，构建现代城市沟通渠道，对完善城市治理、焕发城市活力具有重要意义。

关键词： 山东交通广播；城市传播；可沟通城市；车联网

因信息发布迅速、即时交流方便、车载用户覆盖量大的特点，交通广播一直在地方信息获取和沟通方面具有优势。而当前，汽车智能网联化揭开了“车联网广播”时代的序幕。在新技术的支持下，交通广播的信息服务与沟通体验能够进一步精准化，为交通广播促进城市沟通提供了新的有力工具。

本文在城市传播视角下，通过对山东交通广播可沟通性现状的具体案例分析得出，交通广播在城市传播视角下，在信息公开、公共服务、应急广播、社会情绪四个维度发力，助力“可沟通城市”的构建。同时得出，交通广播在打破时空区隔、引导积极沟通、构建正面形象等方面对城市沟通建设的价值。希望能够在此基础上，为交通广播抓住“车联网”技术进步的机遇，为建构“可沟通城市”提供借鉴。

一、交通广播发展与“可沟通城市”的联系

（一）“Communication”——交通与沟通的天然交集

在1976年出版的《人类传播功能》中，美国学者弗兰克·丹斯罗列了关于“communication”的126种含义。而在日常使用中，“communication”的词义范围也包括“传播”“通信”“交流”“沟通”“交通”等十余种常用释义。随着大众传播的急速发展，人们对“communication”的理解逐渐窄化为文字、影像等方式的信息传递，一定程度上忽略了人际交流以及空间交流的内涵。而交通广播中的“交通”在中文语境下虽然与“communication”所指的“交通”有一定差别，但交通媒介在传播过程中所强调的特点却重新突出了“communication”在人际和空间交流中的可能。交通媒体从单纯一对多的大众传播回归到对人与人之间关系的建构，在连线、活动当中重拾对人际传播、社区关系的兼顾。[①]

（二）可沟通城市是城市化的内在要求

目前，我国城市化发展进程日新月异。城市化的主要表现是城市空间的扩大、人口的增多以及城市经济文化发展水平的提高。然而，在经济发展、生活条件改善的同时，城市化在人际传播的角度也对人与人之间的交流造成了阻隔。这主要体现在三个方面：首先，城市化带来了信息资源的超载，不管是大众传媒还是城市空间为人们带来的海量信息，都大大降低了城市人群之间的信息沟通诉求。其次，城市居住空间隔绝，城市人群很难与看似在空间上非常接近的人进行沟通，而城市化带来的贫富圈层空间区隔更使得人们很难突破阻隔和其他群体沟通。最后，在信息技术和虚拟技术不断发展的大背景下，互联网在城市中已经广泛普及，城市中的人在虚拟的社交媒体上拥有了更具主动性的虚拟角色，长期沉溺于虚拟空间进一步阻碍了现实中的人际交往。为应对城市化对人与人、人与群体、群体与群体之间沟通带来的阻碍，学界意识到需要从

---

① 俞婉泺．中国交通广播与“可沟通城市”的想象建构：以浙江电台交通之声FM93为例［D］．杭州：浙江大学，2013：12.

传播学的视角检视如何能够缓解城市化带来的沟通困境，构建一个“可沟通城市”。

在传播学视角下，城市研究主要分为“媒介化城市”和“可沟通城市”两个方面。[①]“可沟通城市”（Communicative City）概念于*International Communication Gazette* 2008 年 6 月刊首次提出。这一概念将沟通/传播视为人类的生存方式和城市的构成基础，城市中的各类主题通过信息传递、社会交往实现城市的多元融合、时空平衡、虚实互嵌和内外贯通，充分实现多维度的“可沟通性”。[②] 可沟通城市的传播维度与诉求、核心价值见表 1。

表 1　可沟通城市的传播维度与诉求、核心价值

城市传播维度	城市可沟通性诉求	核心价值
信息网络	（1）城市为市民提供了多种虚拟空间进行社会交往 （2）城市公共机构能够及时发布市民所需信息 （3）城市为市民提供了多种参与公共治理的媒介和平台 （4）市民能够自由、方便地使用各种媒介进行交往、参与 （5）市民通过交往、参与能够产生城市认同	多元融合 时空平衡 虚实互嵌 内外贯通
意义网络	（1）城市有适当的场所体现城市的特征与历史 （2）城市有丰富多样的城市文化产品 （3）市民能够自由、便利地使用、接触城市文化产品 （4）市民对于城市有归属感和认同感	

根据复旦大学信息与传播研究中心课题组 2015 年提出的可沟通城市评价体系，[③] 本文选取与广播有关的信息网络和意义网络维度，对山东省交通广播可沟通性建设进行分析。

① 吴予敏. 从“媒介化都市生存”到“可沟通的城市”：关于城市传播研究及其公共性问题的思考［J］. 新闻与传播研究，2014，21（3）：6－19.

② 复旦大学信息与传播研究中心课题组，谢静，潘霁，孙玮. 可沟通城市评价体系［J］. 新闻与传播研究，2015（7）：25－34，126.

③ 复旦大学信息与传播研究中心课题组，谢静，潘霁，孙玮. 可沟通城市评价体系［J］. 新闻与传播研究，2015（7）：25－34，126.

（三）交通广播的覆盖网络和沟通优势

大众传媒自兴起以来，一直在城市传播中扮演着重要角色。各种媒介形态在城市传播中各有所长，但是交通广播在构建城市可沟通性上具有得天独厚的优势。

相比纸媒缺乏互动性、实时沟通能力差的硬伤，以及电视“单向度输出”的空间局限，在谈及“沟通”这一问题时，看似弱势的广播媒介反而重新展现出重要的意义。在媒体实践层面，纸媒难以实现实时沟通，而电视视频直播连线在成本上明显高于广播。对于广播而言，实现与受众的直接沟通是广播最大的特点。由于广播本身依靠音频符号进行传播，因此在电话已经实现普及、通信费用日益低廉的情况下，受众无需多做准备，只需要拨打电话就有可能通过广播进行沟通互动，并通过广播频率实时传播。相比之下，“上广播”远远比“上电视”容易实现，较低的门槛使更多人通过广播实现沟通成为可能。

而如今，由于广播在不断探索媒体融合，“互联网 + 广播”的形式拓宽了沟通的范围，丰富了沟通的模式。例如编导可以直接筛选语音信息并播放，打破了电话热线一次只能接一通的局限，让更多人能够随时互动、随时沟通。2016 年以来，车联网的新探索更是进一步将网络技术与车载广播联系在一起，使得与之息息相关的交通广播有了更多的发展机遇。广播和互联网将进一步在驾驶环境中通过智能互联进行融合，便于受众随时随地参与直播沟通。

根据公安部数据，2022 年全国机动车保有量达到 4. 17 亿辆。据赛立信媒介研究数据显示，在中国汽车保有量持续增长的情况下，汽车仍然是广播收听的主要场景，占到所有场景的 51. 5%；2022 年，中国交通广播中国之声线上点击率超过 27 亿。巨大的汽车保有量使得与之相关的交通广播具有无限的潜能。首先，交通广播最主要的职能是传播交通信息，在人与城市设施之间保持良好的信息沟通；其次，交通广播根据人的需求进行信息的整合和处理，并组织信息反馈，在公共服务上实现了受众与组织的双向交流，架起了沟通的桥梁；最后，在开车这一场景中，人的多种行动受到限制，很容易陷入信息真空状态中，而利用不受影响的听觉补充信息，能够满足城市中的人在信息、情感等多方面的需求。①

---

① 俞婉泺. 中国交通广播与“可沟通城市”的想象建构：以浙江电台交通之声 FM93 为例［D］. 杭州：浙江大学，2013：29.

二、山东交通广播可沟通性建设概况

山东交通广播是山东省唯一的省级交通广播，覆盖全省地市，节目综合收听率和市场占有率稳居全省广播媒体车载收听首位。其是山东省首家采用音频数字化技术播出的广播媒体、首家24小时全天播出的广播媒体、首家全面实行广告代理制的媒体。

（一）信息网络建设

根据可沟通城市的传播维度与价值诉求，本文从五个方面来梳理山东交通广播在信息网络建设维度对可沟通城市的构建。第一，在互联网平台构建了新的社会交往空间。交通广播融合新媒体发展成果，在多个网络平台推出“看直播”“听直播”的服务，服务界面包含实时讨论区，市民可以在此处与其他听众和主播进行实时的沟通和交流。第二，及时发布市民所需信息。山东交通广播充分把握交通广播的使命职责，着力打造全省出行信息发布平台和交通突发事件应急指挥平台。在全省所有媒体中，山东交通广播每天最早播出全省海陆空交通枢纽的即时运营信息。目前，其结合新的智能AI技术，每隔半小时使用AI主播滚动播出全省高速公路、省内重点城市城区主要干道的通行情况，满足市民对日常交通路况及城市紧急状况信息的需求。第三，交通广播设有多个栏目，听众可以借助这一媒介和平台参与公共治理。例如，山东交通广播改版推出的专业汽车节目《汽车天下》，在提供选车买车建议、优惠购车信息的同时，也链接听众，解决汽车维权、质量监督、车险理赔等问题。第四，山东交通广播在结合互联网媒体打造实时互动空间，使得受众沟通更加方便、自由的同时，也推进全媒体一体化运作，实现破圈传播，频道“两微一端”综合影响力在山东广电名列前茅，短视频影响力排名更是位列全国广播与全国交通频率前列。这让受众更便捷地在各个媒介中进行交往与参与。第五，市民通过交通广播参与城市沟通，加强了与其他听众、组织的联系，在参与公共治理的过程中提升了主人翁意识，进一步提升了对城市的认同感。

（二）意义网络建设

除信息网络建设外，山东交通广播也积极融合线上线下资源，生产城市文化产品，提升市民对城市的归属感和认同感。

被称为“齐鲁大地”的山东地大物博，又是儒家文化的发源地，在文化和物产上都具有丰富的资源，2022 年，山东交通广播推出大型沉浸式主题体验活动“好品山东行”，通过“车 + 企 + 物 + 人 + 旅”的立体交融模式，以“好物品鉴官”的视角，挖掘山东各地的“好品”，邀请车友一起体验，塑造“好品山东”的幸福感和成就感。除此之外，山东交通广播还与沂蒙山旅游区合作，打造文化产品沉浸式剧本杀“沂蒙星火，小调情长”，在深入挖掘沂蒙当地红色基因的基础上，结合当下年轻受众喜欢的剧本杀形式，让市民真体验、真互动，在实实在在的沟通互动中传承红色基因，弘扬沂蒙精神。

以上探索充分挖掘了山东省内城市的特色和历史资源，打造出丰富多样且对市民而言具有较高可及性的文化产品。在“广播 + 活动”“线上 + 线下”的双重发力下，市民对地方好品、历史故事的了解和交流大幅提升，有效提升了归属感和认同感。

三、交通广播对城市“可沟通性”的影响形式

作为关注城市交通的媒介形式，城市沟通是交通广播与生俱来的气质，而山东交通广播立足于广播媒体覆盖广、沟通快的特点，积极推进全媒体建设，力图在市民、社会组织、社会空间之间架起沟通的桥梁，打破城市化带来的沟通阻隔，让城市在沟通中重新焕发活力和热情。具体而言，这种影响通过以下四种形式实现：

（一）信息公开

广义而言，信息公开指政府、企业、组织等出于社会公益目的，向人民发布自己所掌握的公共信息的行为和过程。而具体到政府信息公开而言，指政府行政机关依法公开其掌握的公共信息以及运作过程。对公共信息的知情权是法律赋予每一个公民的权利。目前，我国在信息公开上虽然已经取得很大成就，但仍有不足，特别是重大突发事件中。信息的滞后性不仅会侵犯公民的知情权，还会威胁政府的公信力。因此，承担信息公开责任，架起政府机构与公民之间的信息沟通桥梁，大众传媒责无旁贷。

其中，包括山东交通广播在内的中国交通广播，在重大突发事件中信息公

开问题上做出了丰富的探索。

2007 年 7 月 18 日，济南遭受有气象记录以来的最大暴雨侵袭。这次大暴雨造成 30 多人死亡，170 多人受伤，33 万群众受灾，市内交通一度处于瘫痪状态，全市经济损失达到 13.2 亿元。在暴雨中，山东交通广播迅速启动应急预案，中断常规报道，开始直播暴雨中的城市路况。在全市被暴雨围困的状况下，记者、编辑、主持人逆流而上，第一时间冲进暴雨中播报现场路况。同时，连线济南气象台，公开雨情气象信息；连线防汛指挥中心，公开道路、桥涵积水状况，发出应急警告；连线交警，公开城市路面最新损毁情况……在重大突发事件中，交通广播迅速搭建起政府与市民之间可靠的沟通渠道，消除了市民心中的恐惧，使其对城市和政府产生信任感和认同感，增强了城市的凝聚力。

（二）公共服务

公共服务被认为是由政府提供的服务。随着城市化的迅速发展，政府需要提供公共服务的人口数量急剧攀升，服务领域极大扩展，而这势必导致政府负担加重，在大量公共服务领域捉襟见肘。因而，大众传媒充分发挥其沟通优势，作为社会力量参与公共服务体系，不仅有利于降低公共服务的成本，还能够提升公共服务的质量和效率，让市民获得更好的生活体验，增强城市的凝聚力。

办台以来，山东交通广播始终保持服务意识，主动搭建平台，联结社会资源，满足听众需求，助力公共服务。明星节目《应急帮帮团》更是集中体现了这一点。自 2015 年开播以来，《应急帮帮团》在全省范围内组织近万名志愿者，这些素未谋面的人通过节目平台沟通交流，为求助者出谋划策以及出手相助。每年节目组都会发布紧急救援事件几百起，主持人会根据即时信息，在节目中发布救助伤者、紧急避让救援车辆的信息，并协调交警为需要帮助的人开路。而事实上，《应急帮帮团》的服务范围已经远超“出行路上的急事、难事”。2015 年至今，《应急帮帮团》寻找意外走失老人近两百位，每一次寻人信息的发布，都能获得广大听众和志愿者的积极响应。在大家的齐心协力下，迅速寻回了走失老人，避免危险发生的同时也减少了家属的焦急。《应急帮帮团》寻找走失人员、遗失物品，提供法律援助、心理疏导，协同交管、医疗部门解决燃眉之急。交通广播搭建起的这一公共服务通道，让社会成员之间、社会成员与政府机构之间的沟通更加顺畅。这种充满人文关怀的良性沟通，引导了城市精神的积极发展，创造了更加友好的公共空间。

（三）舆论监督

所谓舆论监督，指的是新闻媒介代表公众对社会事务和政治权力的运作进行监督的行为。从这个层面上来说，舆论监督实际上就是媒体监督。良性的媒体监督不仅需要自上而下地“传播”，而且需要自下而上地“沟通”反馈，让市民可以指出问题、反映问题、解决问题，从而促进社会的健康发展。

山东交通广播聚焦交通相关事件，强化自身社会监督功能。在 2023 年整合推出的新节目《汽车天下》中，多次反映汽车质量、车险理赔、汽车维权等问题，建立起投诉者与有关部门的沟通渠道。需要指出的是，《汽车天下》的舆论监督立场并不强硬、严肃，并不以问责的态度反映问题，而是始终坚持“帮忙不添乱”的原则，充分发挥其作为沟通桥梁的能动性，在支持双方充分表达的基础上，促进沟通，避免误会，最终达成共识，解决问题。

（四）社会情绪

社会情绪是大多数社会成员对现实事物的共同心理，它起源于对社会的感知和体验，也来自与他人的交流和互动。城市化的进程为城市人群带来了较大的生活压力，其情绪、心理状态相较以往都更加脆弱，很容易产生抑郁、焦虑等负面情绪。而这些情绪在人际传播中互相感染，会对社会生态造成恶劣影响。因此，作为覆盖率极广、沟通效率极佳的媒介，广播应该充当起“安全阀”的角色，通过设置沟通渠道来促使不同群体之间交流意见，宣扬积极态度，排解不良情绪。

在过去，山东交通广播以《情书时代》为代表，推出过一系列情感互动节目，由主播或心理专家一对一帮忙解决听众情感难题。上文提到的《应急帮帮团》中，节目组经常在帮助家长寻回叛逆期离家出走的少年后，邀请教育专家、心理专家与孩子和家长进行沟通交流，解决他们情绪和心理上的难题。此外，目前山东交通广播的节目单设置以轻松活泼的脱口秀、旅行分享居多，能够对长时间行驶在路上的驾驶员朋友起到舒缓情绪、愉悦心情的作用。

四、交通广播对城市的沟通价值

（一）多元融合：促成市民对话

“可沟通城市”的理想状态是市民之间既能够彼此尊重多样性，又能够打破区隔。行驶在路上，人们本身的地理区隔被打破。这一过程中的沟通与交流，能够帮助市民了解彼此的生活方式，给予不同的审美趣味、价值取向充分的尊重和理解。

以交通广播为中心，许多互帮互助社团的建立无意促成了城市当中不同人群之间的聚合，在线上对节目内容进行讨论、线下合力解决节目组发出的求助事件的过程中，城市中人与人之间更大限度地实现了对话，进而达成理解，增强整个城市的凝聚力。

（二）时空平衡：塑造城市文化

市民对城市的认同铭刻在城市的空间与时间的双重维度当中：既存在于现实生活，也存在于历史底蕴；既依托于基础设施，也离不开文物景观。构建“可沟通城市”，就必须让沟通在时间和空间的维度上双双流动起来。

山东交通广播线下联合红色景区开发剧本杀 IP，同时推出“声动齐鲁”系列节目，讲述沂蒙红色故事。这样双管齐下，结合时间和空间，在市民之间创造了与城市文化沟通的机会。这一沟通跨越空间与时间，编织起广泛而深刻的沟通网络，加强了对城市文化的塑造，在沟通中强化了市民对城市的认同感。

（三）虚实互嵌：相互促进交往

在城市化的过程中，实体空间和虚拟空间彼此融合、相互嵌入。街道、公园等基础设施构建起的城市实体空间与媒介构建起的虚拟空间是对立统一的。虽然在城市化进程中，虚拟空间的发展一定程度上阻碍了现实生活中的人际沟通，为“可沟通城市”的构建带来了挑战，但以交通广播为代表的区域性虚拟空间建设，实际上更有利于市民之间打破圈层区隔，让不同生活背景、不同社会圈层的人能够依托交通广播平台进行沟通。

交通广播本就连接着媒介虚拟空间与实体交通状况。在实时交通状况播报中，交通广播在实现信息共享的同时，接收来自听众的求助、投诉、反馈等问题。其以虚拟媒介为平台，连接医院、交管等实体部门，对实际道路状况和交通生态产生积极的影响，实现有机互联。

（四）内外贯通：多重维度连接

城市本身并非孤立的个体，“可沟通”并不仅限于城市内部之间，也包括城市与社区、乡村以及其他城市的沟通。交通广播因其用户使用场景的特殊性，在实现城市内外贯通、多维度连接上更具优势。

以山东交通广播旅游节目《唱游天下》为例，节目的内容、沟通与线下活动都突破了所在城市本身的局限，联系了周围乡村、社区甚至其他城市。而汽车栏目、应急栏目的信息咨询、舆论监督等沟通实践也不局限于城市之内，从实体的路况到虚拟的媒介沟通，城市的内外连接进一步塑造和明确了“可沟通城市”的轮廓和样貌。

五、思考和结语

沟通，在很大程度上塑造着城市的空间形态与人际关系。在城市化带来诸多问题的背景下，探索如何通过沟通重构城市关系，实现城市与现代化、信息化的融合，具有重要的理论和实践意义。

在构建可沟通城市的过程中，广播因其得天独厚的自身优势，发挥着重要作用。本文以山东交通广播为例，总结了其在城市传播中可沟通性的探索和成果，以及其在促进沟通渠道构建上的价值。但在此需要指出的是，近些年山东交通广播的发展仍有许多问题。其节目原创性、沟通性均有所下降，文中提到的多个曾经的明星品牌栏目都已经停播。目前的节目单中，无需交流的小说播读、音乐分享比重明显提高，但在智能音频软件如喜马拉雅、小宇宙等如日中天的当下，不管是从内容还是资本上，传统媒体想要在无沟通的纯内容音频产品上搏出一席之地困难重重。相比之下，广播只有抓住互动性、沟通性的优势，才能够打造出自己的品牌。同时，在研究过程中，还发现山东交通广播虽然在“两微一端”和短视频平台都取得了不错的成绩，但其在广播产品的互联网转化上还存在明显的滞后。其最新节目单在喜马拉雅和荔枝平台都未及时更新，而山东广播电视台自建的移动 App“51 听”在功能开发上又有诸多不足，造成用户使用不便。在多重因素影响下，山东交通广播结合互联网媒体实现智能网络传播的可能性受到很大的阻碍。

车联网时代，智能网联技术日益成熟，交通广播有机会更深层次地与车辆实体融合。从 2016 年开始，诸多车企在智能网联上做出探索，汽车屏幕交互越来越智能，车载软件 OTA（远程在线升级）日益完善。目前，特斯拉、比亚迪、奔驰等在智能互联方面处于前沿的车企已经在其智能网联汽车中取消了收音机模块，由 5G 芯片支持的车载网络替代。交通广播如何在车联网时代的机遇下，实现技术升级和内容丰富，做好精准的交通服务，需要对车联网时代的互动方式进行进一步的研究。可以想到的是，在无人驾驶技术取代驾驶员之前，交通广播依然是车联网时代最具传播价值的媒介之一。通过探索交通广播对城市沟通的影响，或许可以在新的机遇下更好地融合城市与广播，在构建"可沟通城市"上做出更多探索。

参考文献：

[1] 梁超. 互联网时代交通广播的差异化策略及发展空间：以中国交通广播为例 [J]. 中国广播，2022，345 (3)：88 -92.

[2] 复旦大学信息与传播研究中心课题组，谢静，潘霁，孙玮. 可沟通城市评价体系 [J]. 新闻与传播研究，2015 (7)：25 -34，126.

[3] 邓晓雪. 城市传播视域下成都政务微博可沟通性研究：以"成都发布"为例 [D]. 重庆：西南政法大学，2020.

[4] 俞婉泺. 中国交通广播与"可沟通城市"的想象建构：以浙江电台交通之声 FM93 为例 [D]. 杭州：浙江大学，2013.

[5] 汤伟军. 广播发展与"可沟通城市"构建 [J]. 中国广播，2013 (8)：69 -71.

[6] 杨镇. 山东广播从"+"到融 [J]. 中国广播，2017 (10)：33 -35.

[7] 孔令文，于越，董涛. 广播移动客户端的突破发展之路：以山东广播电视台音频客户端"51 听"为例 [J]. 现代视听，2022 (5)：69 -71.

[8] 刘蒙，李小晏. 同舟共济风雨情："7·18"济南交通广播抗击暴雨纪实 [J]. 青年记者，2007 (16)：83 -84.

（成文胜系中国传媒大学新闻学院教授；刘畅系中国传媒大学新闻学院硕士研究生）

车联网时代交通广播核心价值的锻造与提升

——以广东交通之声为例

郭晓洁　黄　怡

摘　要： 进入5G时代，智能车载终端打破了广播在车体媒介的垄断，对交通广播的最后生存空间造成直接威胁。开播30年的广东交通之声适时调整品牌战略，积极探索、拓展更多元化的业务布局，对交通垂直类广播摸索车联网时代突破困局具有一定借鉴意义。

关键词： 车联网；交通广播；品牌建设；新闻与媒体

5G时代来临，在网络新媒体的冲击下，传统广播市场萎缩，广播版面正面临不可逆转的贬值。根据《2022年全国广播电视行业统计公报》，2022年全国广播广告收入同比下降28.09%，传统广播电视节目销售收入同比下降24.54%。[①] 更严峻的是，依托互联网技术搭建的车载智能终端正悄无声息地接管原本由车载广播垄断的车内注意力。在媒介体系方面，汽车制造商正尝试取消传统AM/FM广播接收功能，转向视屏流媒体。交通广播对信息分发的控制权正在流失。[②] 而在媒介可供性方面，智能网联汽车技术通过延伸人对环境的感知，为驾驶人提供了前所未有的多样化信息与内容。[③] 海量内容以及对驾驶近乎零干扰的调取方式，赋予了驾驶人自定义车内每一刻碎片时间的权力。这导致了面向大众传播、无法针对个体定制的广播内容即使登陆车载平台，也不可能像过去一样独占受众注意力。

---

① 国家广播电视总局. 2022年全国广播电视行业统计公报［EB/OL］.（2023-04-27）[2023-06-30]. http://www.nrta.gov.cn/art/2023/4/27/art_113_64140.html.

② 张媛，胡翼青. 5G时代广播的困局：再论“端口”视角下的传统媒体［J］. 当代传播，2021（6）：25-29，40.

③ 王君玲. 数字感知、地理社交与媒介空间：智能网联汽车的可供性研究［J］. 西北师大学报（社会科学版），2023，60（4）：92-98.

商业版图被鲸吞蚕食，生存空间受挤压，被逼到墙角的交通广播展开了“广播+”融媒路径[①]、主持人 IP 化运营[②]、“云听”技术融合[③]等一系列创新探索，力图在新一轮注意力竞争中重建交通广播的品牌影响力。然而单元作战的内容 IP 虽然打开了新媒体环境的传播声量，却隐去了其背后的母体，受众对交通广播的品牌感知依然若有若无。与此同时，无法否认的是，传统交通广播旗下的内容 IP 始终敌不过选题、调性等各方面都高度自由的自媒体。而当下广播系统的人力、物力大多无法支撑多个小 IP 的同时运营，“遍地开花，以量取胜”的伞形品牌策略也难以施展。如此一来，新用户的接触渠道被隔绝，老用户又随着资讯获取习惯的改变而流失，交通广播还能如何突围?

广东广播电视台交通之声，简称广东交通之声，原称羊城交通台（FM105.2），创办于 1993 年，覆盖以广州为中心的整个珠三角地区，曾创造单个频率广告收入过亿的辉煌成就，素有“华南第一台”之称。作为地方交通广播的探索者，开播 30 年来，其在品牌锻造、创新实践方面一直走在前列。进入 5G 时代，其适时调整品牌战略，打通线上线下渠道，积极探索、拓展更多元化的业务布局，对交通广播摸索突破车联网时代困局的路径具有一定借鉴意义。

一、品牌延伸：开辟用户新端口

经历了大众传媒鼎盛时期以及私家车保有量激增的黄金时代，国内交通广播发展至今大多积累了一定的品牌资产。以广东交通之声为例，30 年苦心经营，频率培养出了文仔、大卫、余泳欣等本地街知巷闻的品牌主持人。播出 20 多年的王牌节目《大吉利车队》更是成为两代广州人的共同回忆。如何发挥已有品牌优势开辟新品类经营，成了其巩固、扩大品牌影响力应思考的第一个问题。

---

① 陈欢，胡晓娟. 安徽交广台“广播+”的创新实践［J］. 媒体融合新观察，2023（1）：83-86.

② 纪大伟. 电台节目的有声内容如何在自媒体语境下实现融合发展：以合肥交通广播《大伟时间》为例［J］. 新媒体研究，2023，9（5）：42-44.

③ 李瑾，张竟博. 媒体融合“云”上开启新视听：河北交通广播旅发大会“云观摩”的启示［J］. 中国广播电视学刊，2023（1）：45-48.

（一）结合新流行文化拓展经营

回顾过去，交通广播的创收经营基本围绕汽车与汽车后市场进行，经营方式停留在硬性广告、节目植入、商城经销等。广东交通之声结合近年流行起来的城市露营、创意集市、音乐会等潮流趋势，以粉丝活动为载体，将经营延伸到露营生活、汽车音乐文化的范畴。2021 年，其依托节目《1052 汽车音响世界》打造了广东首场露天汽车音响新年音乐会。借助现场近距离的信号发射，观众在指定停车区内将车内收音设备调频到特定频率，即可沉浸式地体验“云上”天籁。2022 年，其依托王牌节目《大吉利车队》揭牌成立了广东首个后尾厢集市直播联盟。以汽车后尾厢为抓手，聚合餐饮、文艺、公益、亲子等领域的一众新品类经营个体，将受众拉入经营矩阵并肩作战，开设“用受众经营受众”的全新尝试。

（二）开发交通文旅产品

众所周知，一个地区旅游业的发展离不开交通建设。近几年，旅游与交通的融合培养出了新的市场需求。318 川藏自驾线、杭黄高铁、中秋赏月航班……依托交通线、交通建设开发的旅游产品成为各地兴盛文旅、提振经济的新抓手。而交通广播作为与城市形象传播关系密切的媒介，其掌握的交通宣传资源及影响力，可助力提升城市实体形象，建构良好的虚体形象，提升公众对于城市的观念形象。① 对交通广播自身而言，开发交通文旅产品应通过品牌延伸建立与受众新的接触端口。

1. 长期：打造新地标

在广州，珠江夜游是交通文旅开发的一个典型案例。位列“羊城八景”的珠江夜游，是广州众多城市名片中的一块“老招牌”。根据海事部门数据显示，2023 年“五一”假期前夕，珠江日、夜游 4 月 30 日单日发送航班量达到 166 次，旅客量达到 3. 5 万余人次，创下珠江日、夜游历史单日客运量

---

① 温洪泉. 交通广播传播城市形象的路径探析［J］. 西部广播电视，2019（15）：58 – 59.

新高。[①] 可惜的是，由于缺乏创新驱动，在广州消费水平日益提升的背景下，珠江日、夜游的商业价值不升反降，单人游船的常规定价徘徊在 70 元至 170 元人民币之间。

2023 年 3 月，广东交通之声联合广州公交集团客轮有限公司在“鹅潭印象号”游船推出了珠江首个移动音乐厅——“珠水流金”，并在接下来每月一场的主题音乐会中，通过经典金曲翻唱，情景剧表演，红酒、茶艺品鉴，主持人抽奖互动，两岸定制灯光秀等丰富的亮点活动颠覆市民关于“珠江夜游 = 坐船吃饭”的刻板印象，一举提升了珠江夜游的溢价空间，引发了媒体及行业各界广泛关注。

（1）互动集客。关于媒体与交通文旅的品牌共创，早在数年前纸媒就有过类似的尝试。然而当时媒体的参与方式基本以投资、冠名为主（如信息时报号、广州日报·南海神号），除了船身灯箱文字的硬性露出外，没有实际参与游船的运营和其他互动。这虽然增强了品牌的曝光，但未能因此建立与受众的联系。对比之下，广东交通之声借助每月一场的主题水上音乐会，让艺术与市民的消费生活交响共鸣。其在打造水上文化新地标的同时，利用客轮票务、码头触达全新受众人群，并通过报名咨询、照片分享、抽奖领奖等互动环节实现有效沉淀，为后续运营奠定了良好的基础。

（2）文化赋能。近年来国潮方兴，延续数载的传统文化正以民乐、汉服等“新中式”生活方式走进大众视野。2023 年 4 月，广州市文化馆新馆刚开放预约就因其中式复古建筑和古风艺术表演成为全城“打卡”热点。广东交通之声率先邀请广州市文化馆少儿语言艺术团走进“珠水流金”音乐厅，将大型情景诗剧《走进李白》精选片段搬上粼粼珠江。其结合当月“世界读书日”活动主题，用精湛的语言艺术带观众穿越古今，领略传统文化魅力，感受语言艺术的传承发展。随之而来的 5 月，阔别两年的茶博会回归，“珠水流金”音乐厅随即联合广东省茶叶行业协会、广东省茶叶收藏与鉴赏协会等，于 5 月 21 日“国际茶日”举办茶艺主题音乐会。

---

① 郭军，曹远燎，马已苗．春节假期珠江日夜游持续火爆成“打卡”热门［EB/OL］．（2023 - 01 - 28）［2023 - 06 - 30］．http://www.chinanews.com.cn/life/2023/01 - 28/9942642.shtml.

2．短期：掀起网红打卡潮

2022 年，第 24 届冬季奥林匹克运动会在北京盛大开幕。察觉到全国群众对体育盛事的普遍关注以及广东地区人民对冰雪运动的好奇，广东交通之声与广州巴士集团有限公司、广州公交集团广告传媒有限公司联手打造了广东唯一一台冬奥媒体直播巴士。从 2 月 4 日至 20 日，把公交车厢变成“移动融媒直播室”，邀请嘉宾、听众、粉丝上车讨论冬奥话题，纵论当天赛事。其间吸引大批市民围观、“打卡”，慕名上车参观、互动。与此同时，广东交通之声每日随机抽取 5 个免费乘车名额，邀请市民乘坐直播巴士巡游羊城。根据活动后期反馈，部分年轻市民表示因本次活动才认识广东交通之声，广东交通之声建立的社群因此扩充了大批非广播听众粉丝。通过线下反哺线上，活动达到了从“通过广播认识广东交通之声”到“通过广东交通之声认识广播”的逆转目标。

二、市场拓展：内容跟着经营走

智能车载系统作为一种新型移动终端正在压缩车载广播的生存空间。有朝一日车联网普及，交通广播最后的安全阵地或将失守。洞察及此，广东交通之声率先调整工作重心，采取“去私家车中心化”策略。在新的营销环境下，广播广告创新经营思路是基于媒体资源与注意力资源的有效匹配，成为整合营销传播的参与者与协作者。① 广东交通之声率先跳出交通广播“围着私家车转”的传统框架，下沉泛交通市场，挖掘细分领域经营价值，为日后开拓经营范围建立用户基础。

（一）渗透职业司机人群

长期以来，私家车主都是交通类广播的第一受众。因而无论是节目版面还是经营策略，交通广播大多以私家车主人群为中心。然而正如前文所言，随着汽车智能应用的推广，广播以私家车主为核心的市场结构正在悄然改变。由于车载智能终端在商用车中扩散的速度差，网约车、出租车等职业司机群体在交通广播受众中的占比逐年上升。且就人群特征而言，职业司机对交通电台的品

① 杨雪萍．创新驱动与创意传播：北京人民广播电台广告经营案例研究［J］．服装设计师，2023（6）：23－29.

牌认同程度更高，是黏性较高的受众群体。广东交通之声近年来通过关注司机工作环境与身心健康等主题活动，配合内容传播，进一步深入本土职业司机与跨区域长途司机受众市场。2022 年新冠疫情防控期间，广东交通之声联合一众社会企业，定期在高速公路服务区等司机聚集、停留地点派发“爱心包”，为长期在路上奔波的长途货运、客运司机免费提供防疫物资、个人卫生清洁用品、点心兑换券等用品及福利，成功渗透职业司机群体，通过快速流通的物流网络，将广东交通之声的品牌口碑扩散到整个珠三角地区乃至广东省外部分城镇。

此外，广东交通之声还针对司机群体组织了各类公益活动。其在强化互动、联系的同时，将基层司机从“被关爱方”调整为“关爱方”，提高司机群体对广东交通之声品牌的价值认同。过去 30 年，以社会组织为纽带实现跨区域联动，形成全国范围品牌效应和发展合力，是交通广播发展的一大向度。[①] 2023 年高考期间，广东交通之声响应全国百城百台爱心送考公益大行动，与广州公交集团联合组织 300 台爱心送考车，携手湖南交通广播等一众广播力量发动社会各界参与爱心送考。通过拍摄制作“接力打 Call”视频，打破地区地域限制，进一步扩大广东交通之声公益品牌“大爱有声 · 105.2 爱心送考”的影响力，获得省内外司机及爱心企业的大力支持。

（二）建立两轮市场话语权

近年来，电动自行车在全国各地发展迅猛，成为城市交通出行的重要组成部分。2022 年 12 月 2 日，广东交通之声联合广东省公安厅交通管理局、广东省电动车商会打造了全国首个粤语电动车业态与安全普及新闻专题节目《叮咚未来》。结合广播专题及新媒体短视频，其成功在电动自行车相关领域建立话语权。2023 年 7 月，广州交警对电动自行车非法改装行为展开专项整治。已经累积了一定受众基础的广东交通之声，发布的相关短视频报道在抖音平台获得观看量超过 610 万、网友互动量超 12 万，使其在电动自行车使用群体中建立了一定影响力。

---

① 高永亮. 交通广播近三十年发展的六个向度［J］. 中国广播电视学刊，2020（11）：97－100.

1．设置议题，主导热点

节目播出后，广东交通之声围绕电动自行车质量监管与产品溯源、非机动车道与城市道路规划等多个社会热点设置议题进行深入讨论。就电动自行车催生的一系列安全隐患及社会矛盾进行深度剖析，厘清责任义务，在强化公民教育的同时，消除社会对交警、市场监管局等执法部门的误解，受到电动自行车销售方、使用方、管理方等多方支持。从新冠疫情防控期间对配送行业、电动自行车出行人群的关注，到“3・15”期间对新国标的解读及充电柜、头盔等配件产品质量的聚焦，前期的密集经营让广东交通之声累积了广播原本不可能触达的电动自行车受众群。持续的互动为其在相关领域建立了众多传播阵地，定向培养了“讨论电动自行车就看广东交通之声”的受众习惯。

2．联动企业，绑定头部

新国标实施前，走进头部企业，发起系列活动。《叮咚未来》针对电动自行车产品质量参差的现象，结合行业赋码热点与未来数字化监管趋势，以车间揭秘、探访试验室的形式带听众走进首批响应赋码的电动自行车企业。这在展现行业高质量发展、重振消费信心的同时，在业内建立了良好的口碑与影响力。2023 年，节目主创团队受邀出席电动自行车行业高质量发展大会，与头部企业共同探讨行业发展未来，为后续广东交通之声组织公益“换头盔计划”、“保险计划”、电动自行车产品测评推优等经营尝试奠定了良好的合作基础。

三、结语

5G 时代的冲击下，缺乏品牌导向的内容很容易让传统广播陷入“让新媒体牵着鼻子走”的被动困局。从广东交通之声的探索经验可以得出：交通广播要逆转、破局，除了融媒创新，还需要强化品牌运营意识，调整布局，跳出围绕汽车转的思维定式，下沉泛交通市场，针对不同的细分人群进行精细化运营。借助融媒手段打通线上线下，结合自身资源优势进行品牌延伸，通过开辟新品类赛道出奇制胜，或可突破车联网时代新技术体系的重重包围。

参考文献：

［1］国家广播电视总局. 2022 年全国广播电视行业统计公报［EB/OL］. (2023 - 04 - 27)［2023 - 06 - 30］. http://www.nrta.gov.cn/art/2023/4/27/art_113_64140.html.

［2］张媛，胡翼青. 5G 时代广播的困局：再论“端口”视角下的传统媒体［J］. 当代传播，2021（6）：25 - 29，40.

［3］王君玲. 数字感知、地埋社交与媒介空间：智能网联汽车的可供性研究［J］. 西北师大学报（社会科学版），2023，60（4）：92 - 98.

［4］温洪泉. 交通广播传播城市形象的路径探析［J］. 西部广播电视，2019（15）：58 - 59.

［5］高永亮. 交通广播近三十年发展的六个向度［J］. 中国广播电视学刊，2020（11）：97 - 100.

（郭晓洁、黄怡系广东广播电视台交通之声/城市之声编辑）

让可视化直播成为广播融入新媒体传播通道的有效路径

——以绍兴柯桥经典汽车广播为例

张 怡 鲁 意

摘　要：随着广播融媒发展的推进，广播可视化直播间的建设渐成“标配”。本文以 FM106.8 绍兴柯桥经典汽车广播可视化直播实践为考察对象，试就广播可视化直播的“为什么”“怎么样”“又如何”等一系列问题展开讨论。广播可视化直播的发展是时代巨变下的生存机制使然，广播可视化直播的发展趋向要不断创新体验场景，强化用户思维，加强互动设计，使其真正成为广播成功融入新媒体传播赛道的有效路径。

关键词：绍兴柯桥经典汽车广播；可视化直播；新媒体

随着媒体融合不断深化，广播可视化直播成为市县级融媒体中心广播频率播出的“标配”。流风所及，各地市县广播电台纷纷上马广播可视化直播，但对于广播为什么要实施可视化直播的基本逻辑却思考甚少。部分广播可视化直播间的建设，就好像有些融媒体指挥调度中心大屏一样，最后沦为一种摆设。本文将以 FM106.8 绍兴柯桥经典汽车广播可视化直播实践为考察对象，试就广播可视化直播的“为什么”“怎么样”“又如何”等一系列问题展开讨论。

一、FM106.8 绍兴柯桥经典汽车广播可视化直播的运用现状

（一）重塑节目形态，同步视频直播

抖音、快手等各类短视频平台的热度居高不下，短视频、直播等才是如今大众所青睐的传媒形态。广播为跟上传播的时代发展步伐，迎合受众不断更新

的接收方式，应时而动，纷纷创新变革，从单一的“听”向“看”进军，以更多样化的选择挖掘受众市场。FM106.8 绍兴柯桥经典汽车广播经历了当地无人不知、司机出行必听的鼎盛时期，如今却面临着听众削减、分流的困境。两年前，FM106.8 迈出了可视化直播的步伐，改变传播方式，努力应对媒介市场的变化。其选择有较高影响力的行风对话栏目《亚红热线》，在广播直播间架起摄像机，受众在收听广播节目的同时，可以通过电台的官方网站看到直播间主持人和嘉宾对话的实时画面，让受众更有参与感。栏目邀请公安、水电、燃气等贴近百姓的相关部门工作人员参与直播，吸引了广泛的受众参与。同时，为满足受众的好奇心理，让广大受众“看”到广播直播时的真实状况，其让原来只闻其声的主持人出现在听众面前。

（二）深化媒体融合，激活社交传播

为进一步拓展可视化发展途径，引流更多的用户，使受众有更多的渠道接触到广播，使其从瞬时传播向长久留存、随时可看的方向发展，2020 年 4 月，FM106.8 绍兴柯桥经典汽车广播瞄准了日趋普及化、大众化的微信平台，注册运行 FM106.8 柯桥经典汽车广播微信公众号。除日常发布推文外，其还开设在线收听、行风广播对话、亚红热线、投诉报名、服务互动等专栏，并开通视频号发布部分视频节目内容。通过微信公众号的运行，其拓展了广播传播渠道，扩大了传播声量。在微信推文中发布节目预告、互动信息、电台活动动态以及直播节目的二次制作和推广内容，为听众提供回放、细看、查阅服务。通过平台运行，建立完善的沟通交流通道，以评论、留言、弹幕等方式，替代热线电话和短信，使主持人与受众的交流互动更为多元。同时，通过微信视频号，向直播、视频和图文等丰富的可视化形态转变，不断积累用户，使原本被分流的受众开始回流。2022 年年底，柯桥区融媒体中心推出笛扬新闻微信公众号和视频号，FM106.8 微信平台整体迁移至笛扬新闻，设立 FM106.8 专栏，并保留原有栏目，走上了更大的新媒体平台。

（三）关注民生实事，打造服务平台

FM106.8 绍兴柯桥经典汽车广播一向以解决民生问题为己任，形成了强服务性的显著特征。而《亚红热线》作为一档经典的民生服务栏目，随着视频

直播推出，面向的受众群体层次更加丰富，投诉、咨询渠道也从单一的热线电话转向微信留言、App 栏目留言、直播评论等。节目组通过受众留言、投诉内容等，邀请与群众日常生活关系密切的政府部门、企事业单位负责人进入行风对话直播间。节目在解决问题的同时，还通过嘉宾谈话发布便民资讯，吸引受众关注。自节目转变播出形态以来，进入直播间对话的单位负责人所谈及的内容更加贴近于群众关注的热点领域生活问题，实时听看率和二次点击率明显上升。同时，节目播出时间设定上也根据受众需求，安排在早间上班时间，便于上班驾车人群和早起的老年人收听。通过相关部门、单位负责人现场解答，有效解决群众难办、遇阻、办理不畅的事项，通过牵线搭桥，转至线下服务，以实实在在的为民办事成效聚集用户。

（四）构建粉丝社群，精准辐射受众

为弥补广播的局限性，FM106. 8 绍兴柯桥经典汽车广播注重节目粉丝社群建设，提升广播直播到达效果。节目组通过微信平台建立专业化小群，实行社群化管理，搭建听众间交流桥梁，消除听友隔阂，助力同好沟通交流，开辟纺织群、车友群、水果群、交友群等垂直化、精细化的粉丝社群，做好粉丝群维护，提升粉丝活跃度。此外，也通过朋友圈信息发布等，助力信息收集与交流传播。比如在新冠疫情防控期间，广播节目组专门建立热心市民群，提供爱心帮助，及时为医护人员、封控区居民提供物资帮助，彰显媒体社会责任。在了解到当地医护人员防护衣、护目镜等抗疫物资短缺的情况后，工作人员立即在社群内发布消息，组织群友开展“爱心援医”活动。通过社会公益活动，聚拢粉丝群体，达到引流效果。

二、广播可视化直播的发展原因：时代巨变下的生存机制

（一）建立联系：挖掘受众喜好，增强受众黏性

媒介的产生，与受众建立了更直接、更深度的联系。麦克卢汉认为，媒介更多的是通过它们的形式而非它们所传递的内容来塑造社会。而广播作为大众媒介，通过转换可视化媒介形态，在竞争激烈的环境下争夺了更多受众，也为广播创造了更多维度的传播空间。

新媒体时代，受众接受信息的习惯逐渐被视觉化垄断，但广播长期以来以声音特质吸引受众，以叙说方式营造氛围。而如今这样的倾听氛围已经被各式各样的视觉传播形态打破，广播很难继续单纯地以声音吸引到大量受众。因此，广播应勇于突破以往的传输形态，以可视化直播的新形态与其他媒体争夺受众。广播的可视化直播发展经历了多个阶段，从最开始在户外搭建直播间到如今利用手机等移动设备进行直播，最本质的改变还是和受众建立了更多的联系，以此开拓受众市场。

从感官体验层面来看，相比以往线性传递的“冷媒介”广播，视频直播是调动了接受者多种感官的“热媒介”，让眼、耳双重感官同时在线，刺激的感官越多，越能捕获受众的注意力。从信息接收层面来看，广播只靠声波传输，受众只能通过声音接受，短时间内就需要去理解信息。因此在重大政策解读、紧急突发事件报道中，有时可能受到编辑者“主观性”的影响，其加入情感解读而无法做到客观的事实陈述，从而带来受众理解的偏差。① 而广播可视化直播是直接将画面呈现在观众面前，嘉宾的反应一目了然，保证了事件传输的真实性。从上网需求的层面来看，如今愿意观看可视化直播的受众绝大部分是年轻人，直播依然是一种新鲜的传递形式，这些年轻人在接收到新信息和新话题时会更加愿意留言评论。如果在直播平台开启交流互动，和年轻受众建立连接，他们更愿意去分享观点、碰撞想法、传递思想。② 这样的新鲜交流，不仅可以增强受众自身对于节目以及平台的黏性，而且能够形成社交氛围，吸引更多的受众加入其中，从而挖掘更多的同类型兴趣的受众。

（二）增加价值：从线性到网状，提升产品内涵

相对于其他媒介，如电视拥有声画交融的优势，新媒体拥有多层次、多类别的全维度兼容能力，广播作为一种区别于“富媒体”的简约化媒体，③ 虽然

---

① 庄媛，周星呈．广播可视化的创新与思考：以中国之声为例［J］．新闻世界，2016（6）：48－50.

② 季文龙．媒介融合下广播电台节目的推广与发展［J］．新闻前哨，2018（4）：36－37.

③ 周婷．看得见的声音：广播节目可视化策略之浅析［J］．东南传播，2015（10）：119－120.

可以给受众营造更多的想象空间，给予更丰富的思考线索，但毕竟广播听众的低度卷入状态是他们欣赏广播节目时的常态。而广播的可视化进阶恰好弥补了这一缺陷。广播节目的可视化，本质上是对传统广播信息的延伸和拓展，以衍生多项增值服务的方式优化传播效果和提升整体品牌知名度，扩大节目“线上、线下”的收听率。① 广播以可视化呈现为创新支点，节目的内容可以变为视听结合的立体式接触，原本的广播节目产品也可以二次创作为短视频。这些短视频再通过微信、微博等社交平台进行网络传播，产品的内涵不再是稍纵即逝的声音中的“一瞬”，而是可以被反复观看、理解、解读的“精华”。

FM106.8 绍兴柯桥经典汽车广播一直因极强的服务性受到当地受众欢迎，比如《亚红热线》节目会邀请公安等重要部门负责人来到直播间解读政策、答疑解困。这类节目贴近百姓民生，为受众解读最新政策或者传达实时信息，传播的信息量大。为了保证信息传达的完整度及传播效果，仅仅进行声音的传播显然不够，可视化产品的有效产出可以让受众更好地解读内涵。从线性传播到网状传播的转变输出，也能提升媒介产品的信息容量，有效传递关键内容。

（三）适应趋势：贴合时代脉搏，重新定义内容

不可否认，当前是短视频迅速繁衍占领各个传播赛道的时代。一方面，各式各样的传播产品都想尽办法刺激公众的感官，声画交融、色彩夸张、信息繁杂，希望以此捕获受众的注意力；另一方面，公众被快节奏卷入学习、生活与工作，确实很难有大段的时间放松地沉浸于单一感官，紧绷的、紧凑的生活状态使得精神非常容易抽离于媒介之外。而广播进行可视化直播的举措，在某种程度上也是贴合时代脉搏振动，声音变成视频，更易于受众在社交平台上浏览。各类场景下，即便受众没有戴上耳机，也可以通过画面获得想要的信息。

传统媒体在当今时代一直以“内容质量”立足，在此基础上再去拓宽传播渠道。但是当今时代的“内容为王”又是由谁来下的定义？是内容生产者还是内容接受者呢？从越来越看重标题的撰写、注重平台的投放来看，“内容为王”的天平慢慢倾斜到了内容接受者，而受众更希望看到的是轻松的、活

---

① 周婷．看得见的声音：广播节目可视化策略之浅析［J］．东南传播，2015（10）：119－120.

泼的、诙谐的表达形式。原有的声音形式很难第一时间传递“幽默感”，而广播可视化无疑带来了更充分的内容输出，主持人的表情、话语、和嘉宾的互动方式都可以被观看，为原有的节目增加了细节，满足了受众的好奇心，也给予了他们二次创作的空间。观看量和点赞量等数据的增加或许就说明了当今时代需要重新定义“内容为王”的表达，调整创作方向，进而拓展数字化时代下广播的生存空间。

三、广播可视化直播，如何成为广播成功融入新媒体传播赛道的渠道？

（一）创新体验场景，展现多重功能

广播可视化的创新从听觉扩展到更多感官的互动体验，原有的以声音为介质的单向传输场景变成立体化的、可观看的传播场景。彭兰曾经指出，“与 PC 时代的互联网传播相比，移动时代场景的意义大大强化……场景成为继内容、形式、社交之后媒体的另一种核心要素”。广播主持人也从受众的想象中走到了台前，整个节目不再是传统的“我播你听”，而变成了一场“微型真人秀”，更符合新媒体传播需要的视觉化展示。

在广播直播发展之初，可视化转变就初露端倪，一些广播电台应用透明的直播间或者采取纯粹户外直播的方式（如人口密集的公园或商场）进行直播，这可以称为最初始的“广播可视化”。新媒体时代，只不过是将这样的直播间从现实中搬到了互联网上，容纳更多的受众进行观看。在直播间中，空间完全可以通过全景摄像头、专业摄像机等摄录设备进行展示；广播主持人也会从幕后现身，实时与屏幕前的受众热烈互动，创造出一个虚拟的全新传播场景。FM106.8 一直以服务性获得受众喜爱，为听众朋友解决实际困难，而新场景的出现可以增强受众的参与度，更好地服务受众。受众在获取新闻信息的同时，还能和主持人进行隔空互动，获得更丰富的情绪价值。直播间外，广播电台的线下大型活动、户外推介活动等，可独立于广播直播系统，完成可视化播出与互动；直播间与户外直播进行连麦互动，多个场景切换，可以立体化地呈现广播电台和活动现场的交流实景。

（二）强化用户思维，分发融媒产品

用户思维是互联网思维的核心，指的是传播链条中的各个节点都是“以用户为中心”去思考和设置的。强化用户思维可以帮助广播可视化真正做到“传播有效、经营有道”。据2023年6月国家广电总局发展研究中心发布的《2023中国视听新媒体发展报告》，截至2022年年底我国短视频用户规模达10.12亿。广播和广播主持人也纷纷在各类短视频平台开设官方和个人账号，这些账号与广播节目相互关联又独立运作，依靠广播主持人的影响力吸引粉丝，又将粉丝引流到广播节目中，两者互相推荐、相辅相成。

广播主持人社交账号的创建、融媒产品的分发，正是用户思维的运用。用户不用通过特定的App或者公众号才能进行内容收听，便利用户的同时，也能通过长久经营为广播电台带来经济变现。例如甘肃交通广播在抖音短视频平台的官方账号注册为“尕兰州”。2018年下半年以来，抖音账号“尕兰州”发布短视频数百条，视频以音频为基础，配以文字字幕，视频时长虽短，但整体意思浅显易懂又充满乐趣。因为具有强大的群众基础，加上抖音平台的流量，“尕兰州”短期内就聚集了15万粉丝，最高视频点赞量超过10万。目前，其已经可以通过商业内容的植入，实现粉丝经济的变现。①

利用广播可视化直播素材加工短视频是广播节目的二次创作，可以使节目精华得以重复播放，以此引流，从而形成网状的传播结构。广播确认可视化发展路径之后，二次创作的素材不只有声音，还有丰富全面的画面素材，换之不同的音乐，能创作出各类更适合不同平台的短视频，吸引不同兴趣受众的关注，这也是广播融媒转型的方式。打造新时代“融媒体＋广播”改革的新体系，通过成熟的广播可视化平台，让大众更能找到与广播的转轨融合点。

（三）增加互动形式，刷新创意展示

近些年来，互联网技术深度发展与融合，广播可视化的发展呈现网络化、多元化形态，不仅互动形式更加丰富，而且画面的呈现以及技术的展示都变得

① 王成梧，李佳，郭骊．融媒体时代广播的可视化发展路径探析［J］．传媒，2019（11）：40－42.

愈加成熟自如。广播电台主持人和听众互动是一种重要的节目构建形式，早前就有书信、热线电话、短信等多种互动方式。在互联网时代，互动形式已经转变为微博、微信等平台的留言、弹幕等，有些平台还具备了集评论、投票、打赏、福袋、定制红包、互动礼物等为一体的多元互动功能，不仅集聚了受众和流量，而且全面提升了广播媒体的商业创收潜能。受众可以通过多种方式与主持人互动，兼具参与性与娱乐性，比如FM106.8绍兴柯桥经典汽车广播还建立了微信的粉丝群，服务听众的同时，创造了互动和接受信息的新方式。

除此之外，新媒体注重创意展示，给受众以新鲜感，以此争夺注意力资源。广播的可视化展示也应刷新创意画面，技术的有效运用才是提高自身竞争力的不二秘籍。比如新华社推出的《全息全景！身临其境看报告》采用了360°全景交互和全息投影等手法，让人耳目一新，点击量上亿。广播可视化不仅可以以视频直播的形式呈现，还可以用上各类新颖的技术，比如AI主播、VR技术等。“媒介即人的延伸”，这些新兴技术可以在形式上延伸视觉感官，塑造新型传播环境。新兴技术与广播可视化的进一步契合，值得更多关注和期待。

总而言之，广播可视化作为广播发展历程中的必经一步，形态和内容都发生了改变。但可视化的目的依然是为了建立联系、增加价值、适应时代。我们必须意识到，广播虽然以声音为主要传播介质，但其创新发展之路本就不能依靠单种媒介形态。特别是在日新月异的媒介融合时代，可视化的演变只会越来越快。当然，广播可视化并不是完全放弃音频做视频，而是在充分发挥广播伴随性优势的同时，积极贴合时代脉搏，利用新兴技术，创造广播可听、可看、可用、可玩的更多可能性。有了视觉元素的加持，广播的融合创新之路一定会走得更加稳。

参考文献：

[1] 庄媛，周星呈．广播可视化的创新与思考：以中国之声为例［J］．新闻世界，2016（6）：48－50.

[2] 季文龙．媒介融合下广播电台节目的推广与发展［J］．新闻前哨，2018（4）：36－37.

[3] 周婷. 看得见的声音：广播节目可视化策略之浅析 [J]. 东南传播，2015 (10)：119 - 120.

[4] 王成梧，李佳，郭骊. 融媒体时代广播的可视化发展路径探析 [J]. 传媒，2019 (11)：40 - 42.

（张怡、鲁意系浙江传媒学院新闻与传播学院硕士研究生）

车联网时代广东交通之声的品牌延伸研究

罗方芳

摘　要：品牌延伸是企业品牌战略管理的重要方面，也是成熟品牌进一步发展的有效策略。作为一个颇有建树的交通广播品牌，广东交通之声应车联网时代的到来和媒体深度融合的要求，一边夯实基础，一边进一步做品牌延伸，在扩大母品牌影响力的同时，提升了频率的盈利能力，助推了媒体融合发展。

关键词：品牌延伸；交通广播；车联网时代

车联网正成为当下人们使用车载媒介的新的技术支撑。车联网基于射频识别、传感网络、卫星定位、无线通信和大数据分析等关键技术，除了能够实时提供路况信息以外，还可以满足车主个性化的在线音频、实时资讯等其他需求。对于广播媒体来说，车联网作为工具能在一定程度上替代交通广播，这是危机；车联网作为技术能为交通广播未来发展提供强有力支撑，这是机遇。在过去，交通广播频率的直播内容主要由交通信息播报、娱乐节目和广告组成。在这个越发便利、多元的时代，传统交通广播面临以下挑战。第一，交通广播多采用定时播报交通信息的形式，以间隔 15 分钟居多，不够及时。第二，传统的交通信息采集渠道和效率受限，不够充分。第三，节目内容创新性不足，节目形式单一，不够有趣。第四，交通广播的广告相对较多，可能引起听众不耐烦。每个城市的广播（包括交通广播）都在区域内经营多年，有一定的品牌价值，到了互联网时代，面对车联网的冲击，广播如何保持品牌价值，甚至进一步做强品牌？对于有一点市场认知度的品牌，品牌主常常通过品牌延伸策略实现新产品的快速推广。广东交通之声的相关做法给业界带来了一些参考和启示。

一、车联网时代的广播发展态势

在各类互联网音频平台的崛起下，广播媒体受众被分流，用户量略呈下滑趋势。但随着广播音频近年来在移动互联网平台发力，2022 年智能终端用户的规模突破 4 亿（见图 1）。车载收听一直都是广播音频的重要收听场景，目前依然锁定了不少听众。

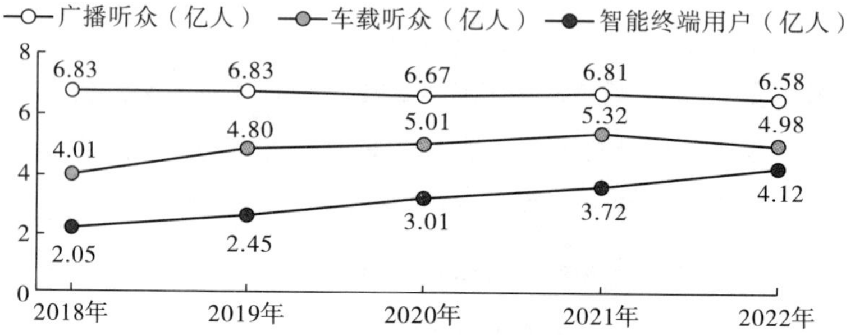

图 1　广播媒体及各终端的用户规模①

近年来，广播电台为了实现直播音频从单向的内容信息输送到双向的信息互动的转化，致力于媒体融合探索。2022 年，各省级电台进一步加大了融媒体平台的宣传力度，其云端的点击量均有所上升（见图 2）。

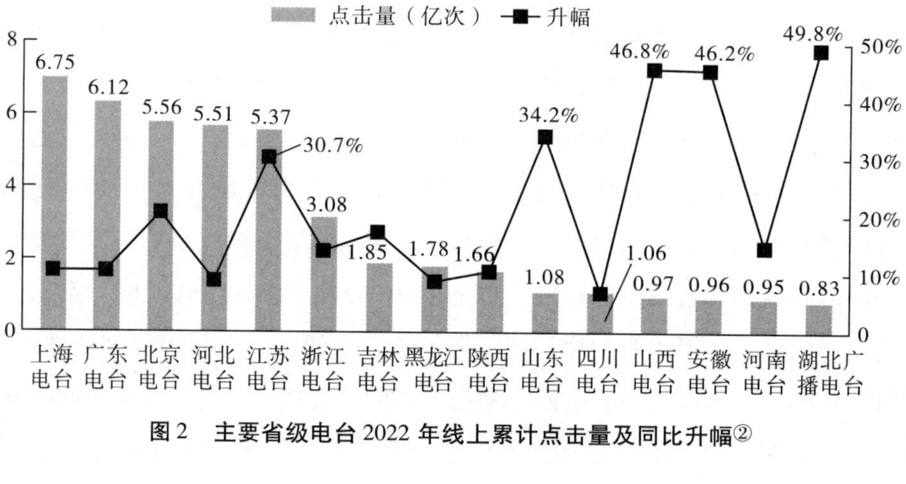

图 2　主要省级电台 2022 年线上累计点击量及同比升幅②

---

① 赛立信媒介研究. 深耕存量市场　深挖智能转型：2022 年中国广播市场分析 [EB/OL]. (2023-04-11)[2023-07-11]. https://roll.sohu.com/a/665523406_121124374.

② 赛立信媒介研究. 深耕存量市场　深挖智能转型：2022 年中国广播市场分析 [EB/OL]. (2023-04-11)[2023-07-11]. https://roll.sohu.com/a/665523406_121124374.

随着生活节奏的加快，媒体内容消费呈碎片化，但数据显示听众收听广播的频次有所提升，每天都听的听众占比 32.9%，一周听 4—6 次的听众占比 38.3%（见图 3）。由此可见，广播媒体用户黏性较强。

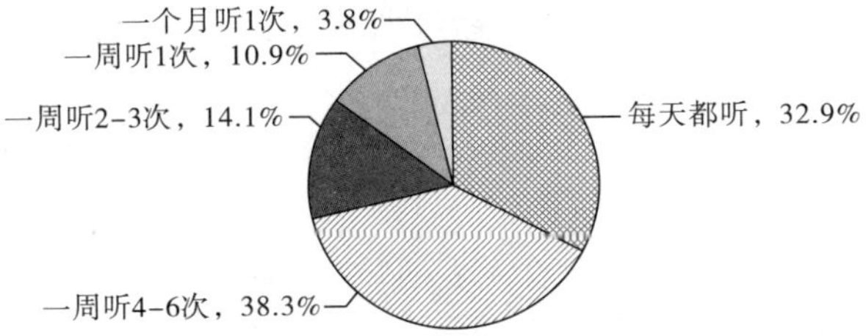

图 3　听众收听广播的频次①

此外，随着新技术的应用，媒体间的传播渠道边界被打破，为广播媒体带来了更丰富的伴随性收听场景。首先，听众主要在交通过程中及居家期间收听广播。其次，部分听众在户外休闲娱乐时也有收听广播的需求（见图 4）。

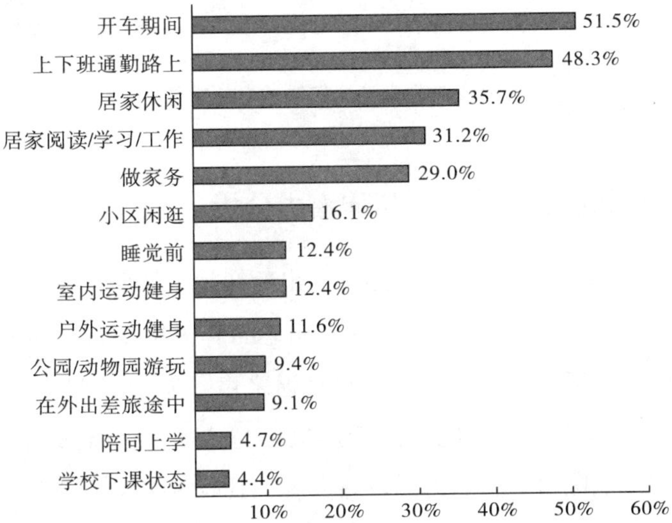

图 4　听众收听广播的场景②

① 赛立信媒介研究. 深耕存量市场　深挖智能转型：2022 年中国广播市场分析[EB/OL].（2023 - 04 - 11）[2023 - 07 - 11]. https://roll.sohu.com/a/665523406_121124374.

② 赛立信媒介研究. 深耕存量市场　深挖智能转型：2022 年中国广播市场分析[EB/OL].（2023 - 04 - 11）[2023 - 07 - 11]. https://roll.sohu.com/a/665523406_121124374.

随着智能车机使用率的上升，广播节目不再是车载听众的唯一选择。数据显示，智能车机自带的在线音乐等功能越来越受欢迎，各类导航系统也有取代传统交通广播交通信息播报功能的趋势。图 5 中的数据为广播媒体借助大数据分析为受众提供个性化服务提供了参考依据，比如听众倾向于音乐、音频读物、相声、小品等内容（见图 5）。

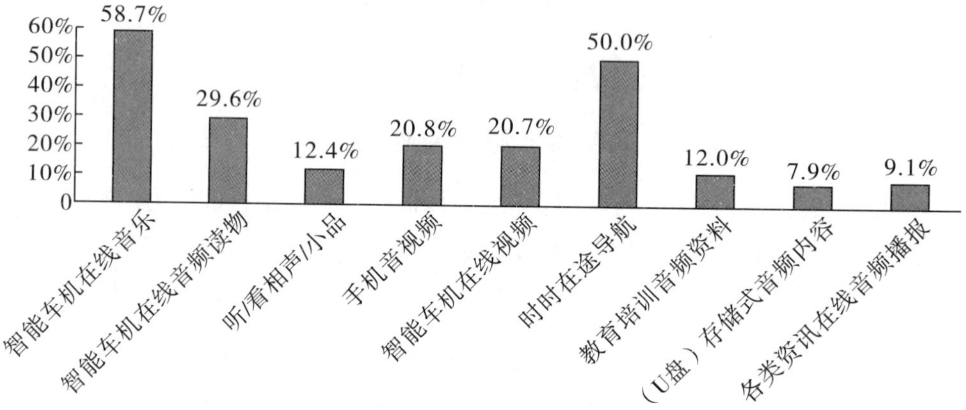

图 5　车载人群会接触的车机功能①

二、广东交通之声的品牌延伸潜力分析

品牌延伸是利用一个已建立的品牌推出新产品，从而扩大市场覆盖率，为品牌带来新客户。② 相比推出新品牌，利用老品牌来推出新产品的策略，能够大大加快用户接受新产品的速度。广东交通之声开播于 1993 年，前身是羊城交通台，2020 年首次以省级电台的新形象参与“中国广播收听市场风云榜”的评选，是广东地区很有影响力的广播品牌，其收听率和市场占有率长期占据广东地区第一位。较高的本土认知度为广东交通之声开展品牌延伸奠定了良好基础。除了一定的认知度，品牌扩展性也是影响品牌延伸能力的重要因素之

① 赛立信媒介研究. 深耕存量市场　深挖智能转型：2022 年中国广播市场分析［EB/OL］.（2023 - 04 - 11）［2023 - 07 - 11］. https://roll. sohu. com/a/665523406_121124374.

② 凯勒，斯瓦米纳坦. 战略品牌管理：创建、评估和管理品牌资产［M］. 何云，吴水龙，译. 北京：中国人民大学出版社，2020：365.

一。品牌扩展性是指品牌的内涵及外延对其他类别商品的兼容和适宜的特性。[①] 品牌扩展性一定程度上由品牌联想决定。一个品牌可以向哪些产品或服务延伸，能延伸多远，往往受限于品牌给予人们的既有印象和联想——新推出的产品不能完全脱离这些既有的印象和联想。本文结合品牌定位、品牌愿景来分析广东交通之声品牌的可延伸边界，探讨其品牌延伸的潜力。

（一）广东交通之声的品牌定位

品牌定位是品牌主寻找自己产品特征的过程，使产品能在一系列同类产品中凸显出来，从而让消费者对品牌形象有一个清晰的印象。广东交通之声立足专业交通融媒体，其定位可以拆解为“专业”“交通”“融媒体”这三个关键词。“专业”意味着信息来源可靠、信息传递及时；“交通”意味着以服务交通、疏通交通为己任，体现内容和产品特色；“融媒体”体现了当前媒体的发展趋势，其具体举措是将传统广播与互联网技术相结合，建立融媒传播矩阵，推出一系列融合产品和融合服务。当消费者从品牌定位中辨别出这一品牌的产品符合自己的需求，就可能对品牌产生依恋。品牌要实现其价值就必须将品牌定位贯穿于企业的整合营销活动中，通过尽可能多的“接触点”传达品牌定位。

（二）广东交通之声的品牌愿景

品牌愿景是一个品牌给自己确立的长期目标。对经营者来说，先有理想，再考虑目前能做什么，即品牌愿景先于品牌定位。广东交通之声以“打造以车联网为新传播渠道的交通消息、汽车垂类专业权威、公共资讯融媒服务平台”为愿景。当中的“以车联网为新传播渠道”“交通消息”“专业权威”等关键词与品牌定位相呼应，从中可以看出品牌愿景对品牌发展的导向性。品牌延伸的开展应当充分考虑既有的品牌定位和品牌愿景。

（三）广东交通之声品牌的可延伸边界

本文主要从品牌名称和产品属性这两个方面的品牌联想来分析广东交通之声品牌的延伸潜力。

---

① 薛可．品牌扩张：延伸与创新［M］．北京：北京大学出版社，2004：178－179.

首先，基于品牌名称联想的延伸可能性。从“广东交通之声”这一品牌名称来看，“广东”对地区进行了限定，即面向广东的受众，传递广东的资讯。“交通”包括“道路”“人”“障碍物”以及“车辆”等要素。“声”体现了媒介类型和内容特点，包含“物体有振动时所产生的能引起听觉的波”“消息、音讯”“音乐、歌曲”等多重含义。相比过去的“广播”，“之声”的广泛语义使广东交通之声延伸的新产品形态更多样化，也给品牌新 IP 形象拟人化提供了空间。广东交通之声开展品牌延伸，不应脱离上述品牌名称所引发的联想。

其次，基于既有产品属性联想的延伸可能性。广东交通之声既有的产品主要是广播信息服务，其播报方式以“粤语播报”为特点，其内容主打的是“交通信息服务”，同时推出一些“新颖的广播栏目”。整个频率呈现了浓厚的岭南文化特色。广东交通之声开展品牌延伸，不应脱离上述既有产品所引发的联想。

如果广东交通之声推出的新产品，与品牌名称给人的联想，以及相关产品属性给人的联想具有较高的关联性，那么用户就能爱屋及乌，其品牌延伸就相对容易成功,[①] 这些联想元素构成了广东交通之声品牌延伸的边界。

结合广东交通之声的品牌定位和品牌愿景可以看出，该品牌推出的一系列产品均遵循了品牌定位和品牌愿景的指引。因此，广东交通之声通过频道口号等方式对自身品牌定位和品牌愿景的长期宣传，也为其品牌延伸提供了良好的支撑。

三、广东交通之声品牌延伸的具体举措

近年来，广东交通之声与汽车俱乐部、交警大队、汽车制造企业、4S 经销商、二手车交易市场及汽车保险公司等多方建立了良好的合作关系，推出了一系列新产品和服务。广东交通之声的品牌延伸之所以取得较好的效果，正是因为其新产品并未脱离“车”这一核心联想。

---

① 王丰国，王海静，刘辉. 影响品牌延伸决策的主要因素分析 [J]. 特区经济，2005，212 (7)：271 - 272.

（一）既有内容产品线延伸：直播节目的创新和广东特色广播音频品牌产品创作

产品线延伸所做的事情实际上是细分市场，包括在内容和形式上创新，为听众提供更多选择。内容上，广东交通之声主动了解听众喜好，不断调整直播节目，使其年轻有活力，具有创新性和新鲜感。2022 年 8 月 1 日，广东交通之声正式推出《一点倾情》《一早上车》《GO！潮生活》《陪你好轻松》等 8 档全新改版节目。形式上，广东交通之声将自身包括语言在内的文化特色和市场需求相结合，打造包括粤语在内的广东特色广播音频品牌，推出了以“人工 + 智能”的方式进行的 24 小时全天候人际互动节目。不仅如此，随着越来越多年轻人选择通过架起后备箱摆摊来社交，广东交通之声成立了“大吉利车队广东后备箱集市直播联盟”，倡导文明出行、文明经营新风尚。这不仅是年轻人的喜好与文明交通理念的结合，而且是广东交通之声打通线上、线下路径的全新探索。

（二）高关联性品类延伸：融媒体产品《晓洁跑交通》和《广州路况测评报告》系列节目的打造

品类延伸与产品线延伸不同，改版的新节目和广东特色音频品牌等都仍在声音这一对一的感官赛道上，属于广播产品线上的音频类产品。品类延伸是指向除音频以外的其他类型的产品、服务等延伸，包括跨品类的高关联性产品延伸和品牌联合延伸。广东交通之声全力打造了交通垂类融媒体产品《晓洁跑交通》，不仅在微博、公众号等各个社交平台上发布图文稿件，而且定期邀请消防部门工作人员、政协委员、电动车商会工作人员、时事评论员等上线直播，阅读量和观看量都很可观。此外，通过与公共频道联动，《广州路况测评报告》系列节目上线，公开展示了由网络征集来的曝光“老大难”路段的图文、音视频，在广东交通之声的新媒体矩阵播出，反响热烈。融媒体产品《晓洁跑交通》和《广州路况测评报告》系列节目都属于可视化产品，跳出了音频的区域，着重于展现和宣传品牌的专业性，扩大影响力。

（三）品牌联合延伸：联合承办大型活动

品牌联合延伸是品类延伸的一种，不仅跳出了音频的区域，而且跳出了产品的区域，分为与其他品牌联合和与时事联合两层逻辑。比如广东交通之声于2021年策划并首次联袂广州国际车展组委会、广东各大餐饮行业协会、传媒业界举办的“驾驭未来城——广州车展暨首届美食文化节”，这既是与汽车等其他品牌的联合，也是与汽车文化、美食文化的联合。不论是节目还是活动，虽然跳出了广播，但是仍与“车”相关，保持了一贯的品牌联想，所以完全不存在品牌延伸的障碍。品牌延伸是商业低成本变现一种方式，而大型活动的举办不仅能够起到品牌营销的作用，对广东交通之声而言还是一个大型广告招商现场。这样的延伸能盘活品牌，更能将人与交通联动起来。

四、新产品的品牌化和母品牌的强化

品牌延伸的结果是新产品的接受、新产品的品牌化，而新产品的品牌化与母品牌的强化是相辅相成的。在这个过程中，广东交通之声做了一系列的努力。

（一）通过打造新IP形象强化母品牌可塑性

品牌IP是通过具体可感的品牌形象或标识让品牌人格化，目前的研究趋向于将IP认定为品牌的进阶。2021年，羊城交通台启用新名称“广东交通之声”，并正式发布了新的视觉标识，以新IP形象打造品牌影响力。新视觉标识中的多色彩元素、向上传播的信号波、象征城市立交圆环的“30”分别表达了年轻化的趋势、全方位融媒覆盖服务交通社区的决心和可持续发展循环的理念，从而打造年轻的、具有时代感的、富有新鲜感的品牌形象。广东交通之声以新形象在变化中积极求变，拥抱更多的可能性。

（二）通过搭建传播智能网络加强品牌硬实力

交通广播是为传递交通信息而诞生的，交通信息的采集能力和传播能力是交通广播核心竞争力。广东交通之声打造广东媒体首个交通信息集成中心，建立信息集约化、市场化运作，以“5G＋VR”赋能，全力搭建准运营级广东交通传播智能网络。这一交通信息集成中心的搭建使广东交通之声能紧紧围绕其专业交通融媒体的定位，大力发展车载互联，集成各方资源，加强品牌硬实力，也为新产品的推出打下了良好的基础。

（三）通过举办线下活动扩大母品牌影响力

车联网是以线上的网络作为连接渠道的，而交通则是以线下的道路作为连接渠道，信息网络建设等实力的增强最终是为了服务于交通。广东交通之声打造了线下的“车展月”系列活动，包括创建广州车展“云平台”，设立直播体验区，举办全国交通主播广州车展线上线下大联播、广州车展美食文化节，组织各界举办“羊城车企圆桌峰会”。新产品和新服务也可以通过线下活动来推出，是听众了解和体验的渠道之一。通过一系列新产品、新服务和活动的推出，母品牌的曝光度和影响力也得到了提高。

（四）通过打造融媒矩阵营销建立品牌联想

融媒矩阵是互联网时代的任何品牌都不可缺少的部分，它是人们接受信息的重要渠道。若信息无法成功有效地传递给听众，建立品牌联想便是空谈。广东交通之声联合社会技术及内容团队，研发了市场化的“羊城 e 导航”交通信息服务平台。这为听众提供了一个较为权威可信的服务资讯渠道，同时使听众建立了“广东交通之声很专业”的品牌联想。通过互联网技术、广电媒体矩阵及商业平台营销可以丰富和强化“广东交通之声”品牌联想，通过强调新产品的品牌特色有利于建立品牌的一致性，使广东交通之声能够实现广播外大交通新产业的拓展，增加创收。

五、结语

广东交通之声的品牌实践是成功的，对我国其他交通广播品牌的运营有一定借鉴意义，具体来说有以下三点：第一，提升交通信息技术水平，提高交通信息服务能力。这是母品牌的核心竞争力和核心品牌联想，是开展品牌延伸的基础。第二，挖掘自身特点，结合市场进行合理联想，为听众提供更多选择。第三，紧紧围绕“车”“交通”与“人”的需求进行品牌延伸，提高互动性和听众的参与度。总而言之，有效的品牌延伸需要经营者把握品牌自身的核心竞争力，增强技术实力，在发散的可能性中找到有限的可延伸边界。

参考文献：

[1] 赛立信媒介研究. 深耕存量市场　深挖智能转型：2022 年中国广播市场分析 [EB/OL]. (2023－04－11)[2023－07－11]. https://roll.sohu.com/a/665523406_121124374.

[2] 凯勒，斯瓦米纳坦. 战略品牌管理：创建、评估和管理品牌资产 [M]. 何云，吴水龙，译. 北京：中国人民大学出版社，2020.

[3] 薛可. 品牌扩张：延伸与创新 [M]. 北京：北京大学出版社，2004.

[4] 王丰国，王海静，刘辉. 影响品牌延伸决策的主要因素分析 [J]. 特区经济，2005，212 (7)：271－272.

（罗方芳系广西师范大学文学院/新闻与传播学院硕士研究生）

内外多重困境下，城市交通广播的突围策略探讨

——以金华交通广播为例

张瀚弛　王亦可

摘　要：智慧交通体系的建设与发展改变了城市交通广播的生态环境，城市交通广播的生存发展面临新的挑战。金华交通广播主动地融入当地智慧交通体系建设中，将简单的“路况播报”变为可感知的“智慧交通服务”；深度强化汽车服务，从“必听性”向“必用性”方向发展；抢占本地文化、旅游等多种资源的有声阅读版权开发；以可视化直播和多种语音转换技术相结合，增强广播融入新媒体传播赛道的能力；促进考核机制转型、内部激励广播内容转型生产，具有借鉴意义和示范价值。

关键词：金华交通广播；智慧交通体系；可视化广播

随着各地智慧交通体系的建设与发展，城市交通广播的“必听性”正在逐渐丧失；而随着汽车智能化的发展，特别是电动汽车的日益增加，以汽车智能数字平台为代表的车载娱乐系统逐渐替换原来的 FM 收音机模块，喜马拉雅等各大音频平台的音频产品也在成为车载收听市场的重要可选项。与此同时，随着各地级市新闻传媒中心挂牌和融媒传播体制的转换，在视频日渐占据互联网传播主要流量的情况下，调频广播依旧维持着车载收听的主战场，一时还较难融入新媒体传播的新渠道。金华市地处浙江省中部，在 2022 年浙江省 11 个地市的 GDP 排行榜中位列第七。金华交通广播的发展历史与现状，在全国具有一定的典型性。在内外多重困境之下，本文试以金华市的交通广播为例，就城市交通广播的突围策略作出探讨。

一、FM94.2 金华交通广播现状特点考察分析

金华交通广播自 2004 年 9 月 9 日开播，作为开办近二十年的老牌广播，金华交通广播一直秉承着“立足于交通人和事，服务于金华广大的有车一族的朋友们”的精神，致力于为在路上听广播的司机朋友们带去文化娱乐信息、交通资讯等内容。

基于赛立信媒介研究有限公司的数据统计，金华交通广播的平均收听率、市场占有率、日到达率以及日人均收听市场均位居金华地区主要频率中第一。在金华地区能够收听到的主要电台竞争中，金华交通广播的平均收听率为 0.88%，到达率为 28.4%，市场占有率则为 17.1%。而在广播创收方面，2023 年度广播事业部总创收额目标为 1 200 万；截至 2023 年 5 月，金华交通广播已实现 223.5 万元的创收额，完成了年度经营创收额目标的 27.94%。虽距离完成年度创收额目标还相差较多，但通过与金华新闻传媒中心的其他频率进行横向对比，金华交通广播仍处于领先地位。

可以说，在经营创收方面，金华新闻传媒中心广播事业部的下属所有频率都处于相对下滑的态势。因此调查交通广播之现状、总结交通广播之困境、寻找交通广播之突围策略成为金华交通广播的破局之策。通过调研考察其现状，可以概括为以下几个特点。

（一）深耕交通、文旅等本地资源，交通广播尽力维系金华市域基本收听率

正如金华交通广播的口号“在金华，就听金华交通广播”所言，金华交通广播之所以能够持续维系金华市全市第一的收听率，最为核心的战略就是本土化，通过深耕本地交通、文旅等资源维系本地听众黏性。作为交通广播的核心竞争力，金华交通广播对于路况信息的播报做到了细致化与即时化，针对金华市的拥堵、交通事故等问题做到实时播报，并对于道路的车流量、预计几时几分恢复通行等具体细节给出详细的播报；同时在文旅资源方面，金华交通广播也能做到针对性的宣发，例如在炎炎夏日，金华交通广播通过对金华周边旅游景点进行统筹评估，为听众推荐双龙洞等避暑纳凉的周边游玩景点。金华交通广播正是通过这种本土化、贴地飞行的策略，维系金华市域的基本收听率。

（二）广播事业部以调频播出为主，音频产品一时还难以融入新媒体平台渠道

到2023年6月底，除杭州、宁波两个副省级城市保持报业和广电传媒集团分设之外，浙江省十一个地市中的九个地级市已完成新闻传媒中心挂牌，实现了融媒体体制的转换。金华市新闻传媒中心（金华市传媒集团）正式挂牌成立于2023年2月下旬。

一方面，浙江各地市新闻传媒中心以挂牌成立为起点，怀抱“强强融合变更强”的倍增效应愿景，积极挺进融媒改革主战场。但另一方面，广播部门仍以调频直播为主，一时还难以融入以视频、图文产品为主的新媒体平台渠道。以金华市新闻传媒中心为例，广播事业部主要负责新闻综合、交通、对农广播三个频率的节目制播，但在与新媒体进行融合方面，广播事业部与金华市传媒集团线上融媒体App“金彩云”的运维部门仍处于相对孤立的状态，广播事业部更多地将重心放在广播节目的制作方面。无论是电台的主持人抑或是交通广播的分管主任，都对“金彩云”App了解甚少。在“金彩云”App上，在“服务”栏入口进入的“听广播”模块，无论是节目时长还是节目名称在此都没有显示。就这点而言，金华交通广播融入新媒体赛道仍有很长的路要走。

（三）人员配置基本以直播节目主持人为主，难以腾出人力运作融媒体生产与发展

根据金华市新闻传媒中心广播事业部副主任范波介绍，目前金华交通广播的人员数量是18人。但人员配置仍以节目主持人为主，记者与新媒体运营人员相对欠缺，微信公众号、视频号等融媒体平台的运营人员由节目导播兼任。由于缺乏专业的运营人员，导致融媒体平台的创作缺乏原创性，通常以转发其他媒体已经编辑好的内容为主。受制于人力的匮乏，金华交通广播难以跟上头部广播的媒体融合进度，进而导致金华交通广播陷入“缺乏融媒体运营人员—融媒体内容质量不足—广播创收额下降”的恶性循环。

（四）创收考核压力之下，可视化广播等创新探索主要服务于广告经营

可视化广播是金华交通广播于2020年5月全新打造的一种广播模式，力图通过“看得见的广播”实现新媒体风口转型，迎合市场需求，吸引更多的新媒体平台用户群体。但是，囿于体制压力与技术限制，目前的可视化直播主要服务于广告。一方面，受新冠疫情以及新媒体平台的冲击，传统调频广播的广告创收受到重创，创收额由2017年的1 800万下降到2020年的1 400万，交通广播迫切需要在新赛道上进行创收，吸引更多广告投资；另一方面，可视化广播本身呈现相对单薄，直播间仍然只有主持人的画面，无论是与传统的电视媒体抑或是与网络直播等新媒体相比，其可看性、娱乐性仍旧不足。与电视等传统视频媒体相比，无论是光影还是编辑画面切换都不够专业，可视化仍旧是形式主义；与网络直播相比，可视化广播没有弹幕，主播也难以与观（听）众进行实时互动。综上所述，可视化广播的未来发展之路仍处于摇摆不定的位置，如何找准可视化广播的定位，探索可视化广播的更多路径，需要金华交通广播更多的尝试与努力。

二、城市交通广播所面临的内外多重困境分析

金华交通广播的发展历史与现状，在全国非省会城市的交通广播中具有一定的典型性。

（一）城市交通广播的“必听性”正在逐渐被消解

在当下多媒体时代，司机对于通过交通广播获得路况信息的“路径依赖症”逐步被多元化的路况信息获取渠道所消解。一方面，高德地图、腾讯地图等第三方平台App已经占据路况信息获取的高地，同时网约车市场对出租车市场进行蚕食，而网约车司机不再通过交通广播获取基础的路况信息，取而代之的是通过同网约车平台进行合作的高德地图等平台知晓路况。另一方面，在当下车联网时代，车载中控系统的智能化，如华为公司的华为智选车载智慧屏、苹果公司研发的Apple Carplay等智能车联网系统不仅可以基于LBS技术实现汽车的精准定位，获取精确的路况信息；而且能实现同车驾人员智能设备

的交互，提供交通广播所无法提供的交互体验与娱乐体验。因此，城市交通广播不再是司机出行了解路况信息的必需品，城市交通广播的“必听性”被日渐消解。

（二）全媒体传播环境下，新闻资讯与文旅资源难以维系交通广播的收听率

随着当下全媒体传播矩阵的构筑，交通广播中基于新闻资讯的新闻类节目，以及基于文旅资源的娱乐类节目，都在融媒体渠道中有了替代品。交通广播的收听者可以分为固定的收听者，以及处于户外移动过程（如驾车）中的收听者。全媒体传播环境使得很多广播的固定受众通过线上日报、短视频等新媒体渠道就能够获得新闻资讯或者实现自身娱乐需求，那些居家的广播收听者有了更多的选择。不仅如此，金华市作为地级市，本身新闻和文旅资源的有限性也是制约交通广播提高收听率、得到进一步发展的重要原因。金华市的新闻资源绝大多数集中于严肃的时政新闻，难以满足当下以年轻人为主的车驾群体的娱乐性需求。可以说，金华交通广播的收听率主要依靠金华新闻综合广播和《行风热线》等基于政府资源的老牌节目支撑。

（三）“车载收听”正快速向“车载娱乐”方向迭代发展

基于当下车载交互系统和车联网系统的大力发展，音乐和有声阅读资源在交互屏的开发之下，使得车载用户有了更多的选项。当下的车驾用户不再满足于传统交通广播所固定提供的音频内容，更希望打破交通广播对于音乐、节目线性化的时序编排，能够自由选择自己想要收听的音乐和娱乐节目。车驾用户可以通过车载交互屏登录互联网音乐、音频甚至是视频平台，例如理想 ONE 车系对于副驾位置提供的车载娱乐屏可以让乘客使用抖音平台刷短视频，也可以登录“爱优腾”（爱奇艺、优酷、腾讯）等长视频平台观看综艺节目或电视剧。可以说车载娱乐屏这个新物种的诞生，使得声音传播不再是车载娱乐的唯一选择。车驾用户在行车时不仅可以突破广播调频的限制选择互联网音频、音乐平台进行收听，而且可以突破声音的限制选择视频化的娱乐内容。

（四）市级融媒传播体制转换，调频广播一时较难融入新媒体传播赛道

当下浙江省全面实行融媒体转型，金华市广播电视台与金华各大报社融合

转型为金华市新闻传媒中心，使得近年来本身关注度较低、人员较少的广播部门雪上加霜。随着金华市传媒集团线上融媒体 App“金彩云”上线，集团内部大多数资源逐步向新媒体端倾斜，传统调频广播受制于技术以及人员配置的局限性，仅仅在“金彩云”App 上开放了收听广播的渠道，但对于该渠道并没有专业人员进行运营和维护，导致在“金彩云”App 中，广播节目时长、名称都没有进行标注。调频广播的内容生产模式是以主持人直播为主的“闭门”生产方式。作为能够独立制作节目的部门，一方面，广播节目的制播并不通过金华市新闻传媒中心的“中央厨房”，而是通过广播部门直接内部审核并播出，因此广播部门与新闻传媒中心的其他部门联系较少，一时显得难以融入；另一方面，“中央厨房”的记者完成新闻采编剪辑后也很少针对广播媒体的播出进行专项的内容调整，可以说广播部门是一个相对孤立的部门，故而一时难以实现新媒体的转型，让广播频率逐渐成为单一音频传播的“孤岛”。

三、城市交通广播的突围策略探讨

（一）更加主动地融入当地智慧交通体系建设中，将简单的“路况播报”变为可感知的“智慧交通服务”

随着金华市智慧交通体系的建设，金华交通广播不能仅仅局限于单一的路况信息播报，而是要打造集路况信息预测、路况实时播报以及车驾方案提供为一体的智慧交通体系。一方面，要加强与本地职能部门的合作，通过与金华市交管部门、高速公路管理部门进行合作，提前获取可能影响出行的交通信息，做好路况预警方面的工作；另一方面，要通过技术层面的革新，服务于当地的智慧交通体系构筑，通过与大数据相关企业进行合作，致力于加强大数据的采集、处理能力，并最终落实到提高交通信息预测的精确度层面上。构筑智慧交通体系不仅仅要面向路况，也要面向车驾用户，通过车载智慧屏、车载智能语音系统等设备提高交通广播的交互性，依托人工智能加强用户体验。

（二）深度强化汽车服务，从“必听性”向“必用性”方向发展

打破金华交通广播一贯的“播放—收听”体系，通过构建汽车服务体系，面向车驾用户提供相关服务。一是面向有车一族提供车驾方面的服务，通过与

“交管 12123” 等 App 进行合作，帮助用户通过“金彩云”融媒平台实现一站式违章查询、相关车证办理等业务；同时邀请金华市车辆保养、维修等汽修店入驻“金彩云”的商家入驻端口，实现车驾配套服务的一键触达。二是面向车主日常生活的生活服务，包括对农广播中相关农产品的销售渠道开放等。三是车驾伴驾娱乐服务，通过与金华市市区及其下属县级市的旅游景点、酒店进行合作，一站式实现相关信息获取、票券购买以及服务评价。通过对车驾服务、生活服务以及娱乐服务三方面进行开发与强化，实现金华交通广播从“必听性”向“必用性”的转变。

（三）抢占本地文化、旅游等多种资源的有声阅读版权开发

有声阅读作为当下互联网音频平台的一项重要内容，也是金华交通广播进行突围的一项重要策略。自 2022 年起，金华交通广播就已上线一档有声阅读节目《婺语倾城之朗读者》，通过朗读一些具有金华特色的现代诗词实现对金华重大时刻、特色文化的宣传，例如在省运会前夕发布的《奋楫争先　省运争华》、宣传金华茶文化的《茶诗之会》等。通过有声阅读产品的开发，可实现对金华本地文化、旅游资源的开发与宣传。

（四）以可视化直播和多种语音转换技术相结合，增强广播融入新媒体传播赛道的能力

可视化直播极大地为金华交通广播融入新媒体传播赛道提供了便利，实现了广播与微信视频号、抖音等新媒体平台的无缝嫁接，基于可视化直播过程中的即时“碎片化”生产，以及直播结束之后轻量化短视频的批量生产，帮助金华交通广播在新媒体视频平台站稳脚跟。基于新媒体平台的内容生产，使得金华交通广播能够在越来越多新款私家车取消广播调频设施转而配备车载中控娱乐屏的当下，重新吸引新媒体平台端的用户，进而缓解“车载收听”转变为“车载娱乐”所带来的压力。同时，可视化直播也是金华交通广播拓展盈利渠道的重要手段，一方面能够吸引更多的广告商进行合作，通过直播期间的品牌广告露出进行广告宣传；另一方面也为直播带货提供了技术支撑，如对于金华本地温泉资源进行宣传，通过直播泡温泉的形式为金华本地旅游产品进行了成功的营销。因此，基于可视化直播，金华交通广播成功对接了当下时兴的

新媒体平台，较大程度上融入了新媒体赛道。

（五）考核机制转型，内部激励广播内容转型生产

基于广播突破市级融媒体制转换桎梏、适应新媒体传播赛道的需求，金华交通广播必须突破固有的考核机制，转变为考核标准多元化，由原本基于节目时长进行考核赋分的单一类型赋分机制转换为对节目质量、融媒平台生产等多方面的综合性考核赋分机制。赋分作为与广播从业者收入直接挂钩的考核内容，通过赋分机制去激励优质的、适合新媒体传播赛道的内容生产，能最大限度地激励广播从业者的工作生产积极性，促使金华交通广播实现新媒体平台的内容转型生产，突破外部大环境所带来的困境。

（张瀚弛、王亦可系浙江传媒学院新闻与传播学院硕士研究生）

新观察　新视野

“出版 + 播客”：知识传播新样态探索

——以中信出版集团为例

郑佩尧

摘　要：近年来，在国家政策引导和市场压力之下，出版业积极拓展新的业务领域，而播客作为一种新兴媒介为出版业注入了新的活力。中信出版集团作为出版行业的龙头企业，积极试水播客领域并取得了不错的成绩。本文围绕中信出版集团旗下的播客节目进行分析，从用户消费心理理性化趋势、视觉到听觉传播方式的迭代和行业间的价值共赢分析“出版 + 播客”模式的必要性；并对出版类播客知识传播新样态进行分析，得出出版类播客所带来的知识传播新样态包括显性知识和隐性知识共构传播内容、多领域生产者共造知识图谱、播客平台营造知识传播新场景和长音频形式打造深度学习氛围的结论。

关键词：出版；播客；知识传播

各种知识付费平台的崛起，给产业链上游的出版行业带来冲击。2022 年中共中央宣传部发布了《关于推动出版深度融合发展的实施意见》，从加强出版融合发展内容建设的角度，提出了创新内容呈现方式的要求。[①] 出版机构开始逐步探索，利用先进技术丰富内容表现方式来延伸业务，进一步增强出版业的文化影响力。中信出版从 2020 年开始探索播客领域，制作了中文世界第一档文学播客《跳岛 FM》，其定位是可以听的文学杂志，旨在向听众介绍年轻化、国际化的文学内容，并入选“苹果播客 2020 年度编辑推荐”，在苹果播客、Spotify、小宇宙、喜马拉雅等多平台上线，截至 2023 年 7 月在喜马拉雅上获得 46.6 万的播放量，在小宇宙上获得 22 万的订阅量。随后，其又推出了

---

① 樊丽，林莘宜. “耳朵经济”背景下播客内容新样态探索［J］. 中国出版，2021（24）：31 – 35.

《知本论》《晨读时间》和《汉水的身世》等多档播客节目，形成自己的播客节目矩阵。出版机构试水播客领域，旨在通过两者的优势协同发展，推动文化产业链上下游全面贯通，实现社会效益与经济效益最大化目标。

一、“出版 + 播客”模式的必要性

（一）从短缺到过剩：用户消费心理趋于理性

随着互联网的发展，用户接触信息数量经历了从短缺到过剩的状态。在这种情况下，看似用户可以自由获取更多的信息，但实际上增加了用户获取有用信息的难度。此外，随着社会变革以及知识迭代的速度不断加快，终身学习成为我们在社会中的一种生存方式，用户消费心理逐渐趋于理性，不再仅仅满足于泛娱乐化的信息，开始对知识性信息产生需求。艾瑞咨询数据显示，2020 年新冠疫情暴发后，科普纪实、新闻事实等严肃向内容平均增幅高达 16.7%，生活向内容平均增幅也实现 21.0% 的增长，而娱乐向内容出现 3.2% 的下滑。[①] 出版机构具有天然的内容优势，可以对内容进行综合开发和利用，以及对多种要素进行有机组合，实现从内容生产孵化到内容分发变现的过程。相较于图文的单一枯燥、视频的浅层化和娱乐化，播客作为一种声音媒介，可以通过嘉宾较长时间绘声绘色的讲解、风趣或正式的交流将信息传递给用户，所以两者结合可以有效传递知识性内容。

（二）从视觉到听觉：听觉文化的回归

声音作为一种媒介一直都伴随在大众左右，但以视频和图像为代表的视觉媒介长期处于强势地位，因此大众忽视了声音媒介。但当下视觉信息超载、眼睛被过度消费，声音媒介作为一种补偿性媒介，得到了重新开发。人们的生活节奏加快，工作压力增大，多任务处理成为人们生活的常态。声音媒介产品为人们建构了一种陪伴式的感官氛围，不需要人们全神贯注地收听，也不需要动用除耳朵以外的其他感官，能够实现多场景的叠加。让用户在收听声音产品的

---

① 艾瑞咨询. 2020 年中国移动互联网内容生态洞察报告［R/OL］.（2020 - 06 - 18）［2023 - 06 - 30］. http://report. iresearch. cn/report_ pdf. adpx?id = 3593.

同时，可以使用其他感官进行多任务处理。城市化进程的加快让人们的通勤时间变长，在拥挤的车厢里随处可见佩戴蓝牙耳机的人。这种听觉技术不仅解放了听众的耳朵和双手，还减少了行程的枯燥。“中信出版·大方”在制作播客时也考虑到了这一点，《跳岛 FM》的项目负责人张舒语在接受采访时说：“播客触及更多的高知人群，他们可能独居，通勤时间长，40—50 分钟的节目时长适合这样的收听场景。”

（三）从单打独斗到并肩作战：行业间的价值共赢

以互联网发展为基础，眼球经济应运而生，各大媒体平台开始抢夺人们的眼球，这无疑对出版业产生巨大挑战，出版融合发展迫在眉睫。播客是一个消费耳朵的媒介，出版机构抓住了这个机会，转变赛道去挖掘声音的潜力。相比于短视频、直播等呈现形式，播客作为一种信息密度高、内容更优质的呈现形态，更加契合出版业的文化属性。根据《PodFest China 2020 中文播客听众与消费调研》报告显示，68.2% 的受访者生活在一线城市与新一线城市，88.5% 的听众年龄在 35 岁以下，86.4% 的受访者拥有大学本科及以上学位，[①] 该受众群体和图书消费者群体具有高度重合性。所以，打造出版类播客有利于出版业拓宽产业链，加快融合发展。反之，播客作为一种信息密度高、内容更优质的呈现形态，需要优质的内容和人才做支撑。出版业作为内容产业链的上游，在内容资源和人才方面都具有天然的优势。

二、出版类播客知识传播新样态分析

出版机构纷纷开始积极转型，利用自身的优势制作具有优质内容的播客。出版类播客不仅拓展了出版业的业务，还给知识传播带来了从内容到形式的新样态。

（一）知识融合：显性知识和隐性知识共构传播内容

信息的快速膨胀和社会的加速迭代使知识焦虑的氛围弥漫整个社会，出版

---

① 互联网数据中心. PodFest China 2020 中文播客听众与消费调研［EB/OL］.［2023－06－30］. https://mp.weixin.qq.com/s/wIJ7nQJ5AewMFK2_Tj3Yg.

类播客的知识信息密度高的特征在一定程度上缓解了听众的知识焦虑。英国哲学家、物理学家迈克尔·波兰尼在《个人知识》（*Personal Knowledge*）中提出了显性知识（explicit knowledge）和隐性知识（tacit knowledge）。显性知识是指编码方便，一般能从传统的书本或其他媒介载体直接看到和学习到的知识；而隐性知识则是深深扎根于个人行为和经验，具有默会的成分，需要通过特定的语境去获得，很难进行大众传播的知识。[①]

传统的图书音频节目主要模式有 AI 文字转语音、真人诵读和广播剧，[②]其内容还是对图书内容的重现，即对显性知识的传播。而《跳岛 FM》虽然定位是可以听的文学杂志，但实现了从围绕图书到跳出图书，其每期节目的核心并不是围绕特定的书籍，而是围绕一个文学相关的主题进行圆桌讨论。《跳岛 FM》的项目负责人张舒语介绍，除了选题策划之外，运营团队并不会做“书籍选品”，播客中提到的图书都是嘉宾根据话题自发推荐的作品。因此，在出版类播客节目中不仅包含传统意义上的显性知识来满足受众的知识需求，而且包括和嘉宾阅读感受、个人从业经历等相关的隐性知识，嘉宾通过象征性语言和将听众带入情景中使其显性化。

在播客节目中，因隐性知识是从嘉宾个人经历中获得的，这种自我揭露可以拉近嘉宾和听众的距离。同时，由于隐性知识具有行业壁垒性的特征，所以其价值往往会高于显性知识。如在《跳岛 FM》第 149 期节目《和毛尖吐槽杜拉斯：烦透了“情人”，却总反复爱上她》中，毛尖老师在播客中生动地讲述了自己青春期时对杜拉斯的迷恋，由此谈到青春美学、新小说等话题。毛尖老师观点的深度性和酣畅淋漓的表达让听众们对毛尖老师产生深深的崇拜感。在中信出版旗下的另一档播客节目《知本论》中，隐性知识的含量和价值则更加明显，如在第 17 期节目《六一特辑丨对话财富教育专家：聪明的父母如何跟孩子谈钱?》中，邀请到嘉宾 CWMA 国际认证财富管理师苏小妹，她有着丰富的儿童财富教育经验，同时也是一位“三孩妈妈”。节目中，她结合自身经历讲述了养育孩子过程中和财富有关的那些事儿。

---

① 申传斌. 基于知识管理的隐性知识显性化研究［J］. 科技管理研究，2005（11）：232－235.

② 艾瑞咨询. 2020 年中国移动互联网内容生态洞察报告［R/OL］.（2020－06－18）［2023－06－30］. http://report.iresearch.cn/report_ pdf.adpx?id＝3593.

（二）知识流动：多领域从业者共造知识图谱

在播客节目中，嘉宾的身份更加多元化，很多出版行业幕后的工作者走向台前，形成传播主体矩阵，极大丰富了传播内容。播客节目作为一种强社交属性的媒介形态，将读者、作者、编辑这些出版内容产业链上下游的多种角色进行整合，实现跨界交流和业态融合。[①]《跳岛 FM》每期的嘉宾不少于两位，他们从事不同的行业，有着不同的身份，其中有资深媒体人、作家、大学教授、译者、编辑等。《跳岛 FM》节目策划人何润泽表示，与文章的条分缕析不同，对谈更具有随机性，嘉宾通常会就交流“碰撞”出的火花谈开去。[②] 他们往往会从不同的身份和文化背景去阐释自己对于某个作品的理解，也会去介绍一些幕后故事和背景知识等，从而共同搭建知识图谱。

作为知识的生产者，播客可以让作者走出独立封闭的写作空间，将作者的个人经历、人物专访，以及社会热点话题等进行整合策划，让书中的内容和社会生活、作者经历等产生连接。在中信出版的播客节目《汉水的身世》第一集《记忆——北漂的人，北漂的水》中，图书《汉水的身世》作者袁凌以切身经历带领听众认识中国的“第三条母亲河”，其中有谈及作者年轻时对汉江的敬畏、第一次在汉江里游泳的感受等。这些内容能让听众感受到作者对于汉江的独特情感，从而认识到这本书的图书价值。

编辑和译者都作为作者和读者之间的中介。编辑不仅要对图书出版进行把关，而且要了解读者的阅读喜好；而译者一方面需要揣摩作者想要传达的意思，另一方面又需要考虑如何将作者意图准确传达给读者。所以，他们在连接作者和听众方面具有较大价值。因此，在《跳岛 FM》的节目中，图书编辑和译者也都是“常客”。除此之外，近两年高校教授在各大社交平台纷纷出圈，由于高校教授具有大量的知识储备以及长时间进行知识输出的能力和经验，播客也成了高校教授们的“常驻地”。中信出版的播客节目中邀请的高校教授有上海交通大学上海高级金融学院教授胡捷、复旦大学中文系副教授张怡微、华东师范大学教授毛尖等。

---

① 徐锐. 书业播客：编辑共同体的内容生产与运营模式［J］. 中国编辑，2022（7）：62－67.

② 尹琨. 播客为出版业带来更多可能［N］. 中国新闻出版广电报，2023－05－17（001）.

（三）场景脱域：平台营造知识传播新场景

出版类播客大多是以对谈的形式进行呈现，在制作播客节目时听众并不在场，并且传播主体们可能分散在五湖四海，通过声音进行连线交流，这种模式依托于技术的发展实现了知识传播的场景“脱域”。吉登斯在《现代性与自我认同》一书中指出，脱域就是社会关系从彼此互动的地域性关联中脱离出来。在传统的时空意识中，事件的发生时间一定要有一种空间的场域与之相对应；但在现代社会，在物理层面上彼此分开的许多人类行动可被精确地协调。[①] 因此，不同于传统的知识传播场景局限在学校等特定的物理空间，出版类播客让知识传播过程中的主客体从共同的场域中脱离出来，主客体都可以根据自己的意愿，随时进行知识的传播和接收。

不仅如此，由于声音具有一定的亲近性，凸显了轻松化的知识传播场景。播客作为一个知识传播平台，汇聚了不同身份的主播和嘉宾，基于播客平台的调性，双方以交流互动的方式进行对谈，通过口语化的表达将听众拉入交流场景中，不同于以往严肃板正的教学场景。如在《跳岛 FM》的节目《“年轻人社恐是件好事”：从被规训的痛感中看见自我》中，因为《荒原狼》这本书比较有深度，华东政法大学文伯书院教授杜素娟一直安慰听众不要害怕阅读这本书，并对照弗洛伊德的本我、自我和超我三个阶段为听众梳理了黑塞的《荒原狼》的脉络。声音的陪伴性也让听众感觉自己和嘉宾们坐在一起。

此外，各大音频客户端都设置了评论和时间戳的功能。听众可以标记时间节点并写下自己的感受和想法，形成专属于听众间的知识传播新场景。《跳岛 FM》的官方账号“跳君”偶尔也会在评论区发放赠书福利，引导大家就某一问题进行讨论，如《跳岛 FM》第 147 期节目《黑塞笔下的并蒂水仙花：I 人和 E 人可以成为灵魂伴侣吗?》解读了长篇小说《纳尔齐斯与歌尔德蒙》，“跳君”就当下很火的 MBTI 人格测试，让听众猜测纳尔齐斯和歌尔德蒙分别是哪种人格。

---

① 马媛媛. 现代性影响下自我认同的构建：基于吉登斯《现代性与自我认同》[J]. 中小企业管理与科技，2018（18）：107－108.

（四）沉浸空间：长音频形式打造深度学习氛围

不少出版机构也使用过短视频和直播的形式进行转型，却无法营造深度学习氛围，原因在于和网络上所充斥的娱乐化短视频相比，知识类的长视频很难持续性吸引用户的注意力。而以流量为导向的直播为了吸引用户，导致直播间商业化和娱乐化的气息浓重，消解了图书的严肃性。但是随着城市化进程的加快，用户处于随时游走的状态，现代社会从传统的熟人社会转变成陌生人社会，① 现实联系被剥削，场景价值凸显，这种情况下声音的价值得到显现。

音频内容具有陪伴价值，开车、健身等日常生活场景都成为音频内容的主要消费场景，所以播客的节目时长普遍偏长。以中信出版的播客产品为例，其中《跳岛 FM》的节目时长在 60—90 分钟左右，《知本论》的节目时长在 60 分钟左右，《晨读时间》的节目时长也在 30—60 分钟之间。

我国自近代以来，听觉媒介呈现出由大到小、由离身到具身、由公共到私人的变迁倾向，听觉媒介从以前的农村高音喇叭到收音机、随身听，再转变为如今的蓝牙耳机。② 由于蓝牙耳机的便携性和移动性，使得人们在任何场景下都可以召回声音，和外界隔绝，进入属于自己的精神世界。这种听觉技术赋予了声音沉浸性和私密性的特点，为长音频的知识性内容传播提供了良好的传播环境。

长音频需要进行长时间的内容输出，这就意味着讨论的内容选题既要是用户感兴趣的，又要具有一定的深度和广度。如《跳岛 FM》最受欢迎的一期节目是第 114 期《“年轻人社恐是件好事”：从被规训的痛感中看见自我》，这期节目收获了超过 11.9 万的收听量。在现代社会，“社恐”仿佛成为每一个年轻人身上的标签，所以这个主题可以让很多年轻听众产生共鸣。在节目中，复旦大学人文学者梁永安和华东政法大学教授杜素娟借黑塞的作品《荒原狼》这本一代人的精神指南，聊“社恐”时代下自我和世界的辩证关系，来给一边闭塞自己一边渴望被承认的年轻人一些精神力量。其中既有对黑塞作品的深

---

① 许加彪，张宇然. 耳朵的苏醒：场景时代下的声音景观与听觉文化 [J]. 编辑之友，2021 (8)：12 – 17，23.

② 孙晗，王一淳. 流动的噪声：城市声音环境下的“电子寂静”与秩序重塑 [J]. 东南传播，2022 (7)：54 – 57.

度解读，又不乏对年轻人的爱情、友情以及社会制度的探讨，实现了内容深度和广度的平衡。

三、结语

出版类播客作为用户消费心理、媒介移动便携化和行业竞争共同作用下的产物，其不仅对出版业发展转型具有推动作用，而且对知识传播样态具有重要意义。但在打造出版类播客时，要避免主题定位同质化、制作团队不专业等问题。未来出版类播客的知识传播样态将会越来越丰富，满足不同群体的需求，带动“耳朵经济”的发展新契机。

参考文献：

[1] 樊丽，林莘宜. “耳朵经济”背景下播客内容新样态探索［J］. 中国出版，2021（24）：31－35.

[2] 艾瑞咨询. 2020年中国移动互联网内容生态洞察报告［R/OL］.（2020－06－18）［2023－06－30］. http://report.iresearch.cn/report_pdf.adpx?id=3593.

[3] 申传斌. 基于知识管理的隐性知识显性化研究［J］. 科技管理研究，2005（11）：232－235.

[4] 徐锐. 书业播客：编辑共同体的内容生产与运营模式［J］. 中国编辑，2022（7）：62－67.

[5] 马媛媛. 现代性影响下自我认同的构建：基于吉登斯《现代性与自我认同》［J］. 中小企业管理与科技，2018（18）：107－108.

[6] 许加彪，张宇然. 耳朵的苏醒：场景时代下的声音景观与听觉文化［J］. 编辑之友，2021（8）：12－17，23.

[7] 孙晗，王一淳. 流动的噪声：城市声音环境下的“电子寂静”与秩序重塑［J］. 东南传播，2022（7）：54－57.

（郑佩尧系重庆师范大学新闻与传媒学院硕士研究生）

移动音频平台上的交通广播传播研究

——以“蜻蜓 FM”“喜马拉雅”为例

周 健 张 怡

摘 要：自 1991 年中国第一个交通广播频率——上海交通信息台诞生，三十多年来，交通电台蓬勃发展，让“开车就听交通广播”成了驾车一族的必选项。但随着车联网和新能源汽车及其前装智慧化车机中控屏的发展，交通广播面临着从车载调频传输到数字化车载信息娱乐系统终端转换的危机。交通广播如何在移动音频平台上，发挥独特优势，创新传播方式，展开交互传播？本文将考察、研究在“蜻蜓 FM”和“喜马拉雅”这两个具有代表性的移动音频平台上，交通广播如何传播并留存用户的实际情况；并就移动音频平台中交通广播如何发挥独特优势，展开交互传播试作探讨。

关键词：移动音频平台；交通广播；交互传播

自从“车轮子和干电池拯救了广播”，广播和汽车就结下深厚的缘分。特别是 1991 年 9 月，上海交通信息台的成立宣告中国第一个交通广播频率诞生，三十多年来，交通电台蓬勃发展，让“开车就听交通广播”成了驾车一族的必选项。但是随着汽车行业的新能源化和智能化发展，许多电动汽车以内置车载信息娱乐系统的车机中控屏替代 AM/FM 车载收音机，使交通广播面临车内传输终端转换的危机。交通广播必须关注与研究通过移动音频平台实现有效传播的路径，守住车载收听市场。本文将考察、研究在“蜻蜓 FM”和“喜马拉雅”这两个具有代表性的移动音频平台上，交通广播如何传播并留存用户的实际情况；并就移动音频平台中交通广播如何发挥独特优势，展开交互传播试作探讨。

一、移动音频平台上交通广播的独特优势

尽管移动音频平台以有声阅读产品为主，更多地呈现出陈列录音制作产品以供用户点播收听的形态，但广播电台同样以类型化的频率分类，以及众多的可选择数量，形成了直播类音频产品的规模。其中交通广播更是以路面交通疏导、车驾伴随等独特优势，形成了在移动音频平台上的传播优势。

（一）PGC 主播直播，让交通广播更具伴驾优势

在移动音频平台上，交通广播通过 PGC（专业生产内容）模式发挥独特优势。专业化的主持人直播，在内容生产过程中充分发挥主播人才的作用，以高质量、有深度、强服务的内容，在交通信息传递和用户互动方面处于广播频率领先地位。三十多年来，交通广播形成了完备的“主持伴驾 + 即时路况 + 话题交互”的直播节目形态，以实时交互伴随见长，在新闻资讯与路况信息的即时服务中，主播与听众谈笑风生。特别是对于单独驾车人群，具有很好的声音陪伴作用，就像好友陪伴在侧，交谈自如。在播音主持专业的广播谈话训练中，有着“类交流”的概念，就是在广播谈话过程中，模拟日常谈话的形式。广播节目直播时，说、听双方并不在同一场合，空间距离使双方无法进行即时的直接交流，而只能由主说一方创造类似双方交流、交谈的语言环境，其中的交流感，亦即“类交流”的状态。因此，专业的交通广播直播主持人，即使没有及时得到听众的反馈，也能把握听众的收听状态，把直播谈话流畅地进行下去。移动音频平台具有即时的交互渠道，更让直播状态的交通广播主播能即时获取听众反馈，让节目推进更具伴随感。

（二）OGC 交通疏导，让交通广播彰显交管权威

OGC（职业生产内容）交通疏导模式使交通广播具备了交管专业服务的优势。交通广播自诞生之日起，就以服务交通出行为己任。以全国首家交通广播频率为例，上海人民广播电台交通信息台的开办是上海市政府 1991 年所办“十件实事”之一，得到了上海市公安局交通处的鼎力相助。广播直播间与市公安局交通处交通指挥控制中心直接对接，形成大城市地面道路交通管理与空中无线电播发交通信息相结合的循环诱导系统，有效提高了城市交通管理水平

和控制力。又如，北京人民广播电台交通台自1993年12月18日诞生之日起，就是北京市公安交通管理局和电台媒体相结合的产物，兼具广播和交管双方的基因。北京市公安交管局直接派出警官担任交通台台长助理并兼任新闻部主任，负责给交通台发布的交管信息把关，并协调交管局与交通台双方关系。因此，与北京人民广播电台交通台连线的，都是交通管理的专业人才，包括交通专家、交通警察、道路管理人员等，这些专业人员对交通信息有着深入的了解和研究。通过他们的专业知识和经验，广播电台能够准确、及时地传递道路交通情况、路况变化、交通事件等信息，让听众能够及时掌握最新的交通动态，从而更好地规划出行路线，避免拥堵和事故。同时，PGC + OGC 模式使交通广播能够深入挖掘交通信息，提供有深度的内容。广播电台通过专业调查、采访等手段，获取交通新闻资讯，并对其进行深入分析和报道。这种深度的内容不仅能够满足听众对交通信息的基本需求，而且能够提供更多有价值的信息，如交通安全知识、驾驶技巧等，帮助听众增强驾驶技能和交通安全意识。此外，PGC + OGC 模式使得用户能建立起对交通广播的信任和依赖。广播电台在内容生产过程中，对交通信息进行严格筛选和核实，确保内容的准确性和可信度。用户对广播电台所传递的交通信息产生信任，愿意依赖广播电台提供的信息，从而形成用户对平台的忠诚度。这种信任和依赖感，让广播电台在交通信息传递领域具备竞争优势。

（三）每日固定节目单，实现忠实用户留存

在“蜻蜓 FM”和“喜马拉雅”等移动音频平台上，交通广播通过每日固定节目单实现用户留存。其通过规律性的内容安排，让用户形成收听习惯，并保持收听的忠诚度，每日固定节目单给予用户稳定的内容来源。在当今信息爆炸的时代，用户面临着众多的信息源和节目选择，面对信息过载往往会感觉无所适从。而每日固定节目单让用户在特定的时间点获取固定主题的内容，不需要费心去寻找其他节目，让用户收听体验更加便捷和稳定。同时，每日固定节目单能激发用户的期待与参与。由于节目内容是规律的，用户在每天的特定时间都会期待收听自己喜欢的节目。这种期待能够增强用户的积极性与主动性，让他们更加主动地收听、评论以及点赞、分享。用户与电台之间的频繁互动，让播—听双方形成更具情感性的联系。此外，每日固定节目单还有助于建立用

户对平台的信任和忠诚度。用户对交通广播所提供交通信息有着强烈需求，特别是在驾车过程中，随时插播的交通资讯让他们觉得更安心。

图 1　FM93 浙江交通之声的固定节目单

二、移动音频平台上交通广播的传播方式

传输技术的转变，让交通广播拥有了数字媒体的特性。交通广播通过移动音频平台传播，声波与车载中控屏形成声屏复合的传播业态，使交通广播有更多的发展可能。

（一）场景传播：移动终端适配车载场景

伴随着使用移动互联网成为人们的生活方式和行为习惯，场景传播的价值和意义得以凸显。彭兰认为，移动互联网时代场景已经成为必不可少的传播要素。因此，场景成了在内容、形式以及社交之后媒体的另一个核心要素。在移动终端蓬勃发展的今天，移动音频平台如“蜻蜓 FM”“喜马拉雅”等积极适配车载场景，实现了场景化传播。随着汽车工业的快速发展，汽车保有量不断攀升，车载场景成为拥有巨大潜力的传播平台。“喜马拉雅”在2015年推出车载接收端产品“随车听”，并在2017年正式推出“喜马拉雅”车载版，从接收端和内容产品端两路进军车载收听市场，逐步介入车载智能硬件等全应用场景。2018年2月，“喜马拉雅”接入苹果Carplay，推出Carplay车载版本，正式推出“喜马拉雅”车载业务；10月，推出“晓雅”车载版智能语音助手，将自身海量正版节目内容接入其中，并开发了语音点播、蓝牙电话、4G网络等功能。通过将移动终端与车载场景相结合，“喜马拉雅”等移动音频平台成功实现了更加便捷和舒适的内容接收，丰富了人们的驾车收听体验。首先，移动终端适配车载场景为用户提供了丰富多样的内容选择。随着汽车配备多媒体系统的普及，车主可以在驾车过程中通过移动终端随时收听音频内容。移动音频平台充分利用这一优势，为用户提供丰富多样的音频节目，涵盖新闻资讯、娱乐节目、知识分享等多个领域。用户可以根据自己的喜好和需求，在车载场景中随心所欲地选择收听内容，使驾车过程更加愉悦和有趣。其次，场景传播将音频内容与车辆导航和交通信息相结合，为用户提供全方位的驾车服务。移动终端适配车载场景使音频平台得以整合车辆导航和交通信息，实现实时的路况播报和导航指引。当用户在驾车过程中遇到交通拥堵或需要导航引导时，音频平台能够及时提供相关信息，帮助用户规避拥堵路段，选择最佳路线。这种个性化和实时性的服务，让用户在驾车过程中感受到更多的关怀和便利，增强用户对平台的依赖，提高用户忠诚度。

（二）社群传播：“蜻蜓排行榜”锁定用户群体

社群传播在移动音频平台中发挥着重要的作用。“蜻蜓排行榜”作为“蜻蜓FM”开发的精准推荐功能，就成功锁定了用户群体，实现了社群传播的目标。“蜻蜓排行榜”有专门的交通电台排行榜，“喜马拉雅”上也有类似的推荐功能。排行榜根据播放量等数据形成榜单，推荐热门节目，引导社群组成。通过排行榜推荐，用户可以及时发现热门节目内容。社群传播也能够让用户形成共同喜好群体，增强用户之间的互动。同时，排行榜还促进了用户对平台的信任和依赖。通过推荐热门节目，平台向用户展示了它对内容的专业把握，让用户产生信任。用户愿意接受平台的推荐，相信平台会提供优质的内容，从而增加了用户留存的可能性，也提高了用户的忠诚度，为平台赢得了稳定的用户群体。

图 2　“蜻蜓排行榜”中的交通电台排行榜

（三）圈层传播：集结“趣缘”群体

数字时代，推荐算法在移动音频平台中扮演着越来越重要的角色。借助算法技术，“蜻蜓 FM”推出了“听了本电台的人也在听”功能，通过个性化推荐实现圈层传播，为用户带来更加精准匹配自己兴趣爱好的节目内容。同时，“听了本电台的人也在听”这一功能，还利用用户的共同兴趣与喜好，将他们聚集在一起，形成趣味相投的圈层，即“趣缘”群体。当用户收听某一电台，“蜻蜓 FM”会根据该电台的特点和内容，推荐其他与之相似或相关的电台和节目。

圈层传播不仅对用户个人，而且对平台和内容创作者也会产生积极影响。通过圈层传播，用户之间产生社交联系，他们会在社交媒体渠道分享收听节目，将平台和节目推荐给更多的潜在用户。

三、移动音频平台上交通广播的互动机制

（一）移动端功能延伸感官，实现人机互动

移动端功能的快速发展使得音频平台在移动设备上实现了麦克卢汉所说的“媒介即人的延伸”。麦克卢汉是最早探究技术与人的关系的学者，他在《理解媒介：论人的延伸》一书中提出了“媒介即人的延伸”的观点。他认为，媒介帮助我们拓展了自身的感官。相较于以往技术对人类感官的分割，智能时代下的技术更多的是一种综合感官的延伸，通过多样化的功能，移动端为用户提供了丰富、便捷和个性化的收听体验，不仅延伸了人的感官，而且实现了人机互动。移动音频平台通过引入音频节目的分类、标签、推荐等功能，让用户根据兴趣和需求，自由选择和切换不同类型节目。不仅如此，在“蜻蜓 FM”与“喜马拉雅”的广播电台中，用户可以自由选择倍速、前进后退、定时关闭、暂停等功能。区别于传统广播电台仅仅调用听众的听觉，移动音频平台还调动了用户的视觉和触觉，拓展了感官接触，丰富了接收体验。同时，移动音频平台引入云端存储和在线播放功能，用户可以随时随地收听自己喜欢的节目，无需受到时间和空间的限制。移动音频平台还实现了更深层次的用户互动。传统广播电台只能提供单向传播的内容，用户无法与节目主持人进行互动和交流；而移动端通过引入弹幕、评论、点赞等功能，让用户可以实时与节目主持人和其他用户进行互动和交流。用户可以通过弹幕表达自己的想法和情感，通过评论和点赞与其他用户分享共鸣和喜爱的节目。这种实时互动的体验增加了用户的参与感和归属感，让用户不再是被动的听众，而是活跃的内容共创者。除此之外，相较于传统广播，“蜻蜓 FM”“喜马拉雅”等音频平台的用户互动形式还增加了一项直播的环节，可以增强听众与主播之间的情感联系。

（二）分享机制实现用户拉新

在移动音频平台中，互动机制是实现用户拉新和留存的重要手段。其中，分享作为一种重要的互动方式，在网络人际传播与大众传播相结合的模式下，发挥着关键作用。“蜻蜓 FM”“喜马拉雅”能让用户把喜欢的电台与节目分享到自己的朋友圈、微信和微博，这种分享机制为音频平台带来了多方面的积极

影响。首先，分享机制促进了内容的传播与传承。当用户在平台上发现优质内容时，可以通过分享将这些内容传播到自己的社交圈中，从而将音频平台的精彩节目推荐给更多人。这种“口碑传播”不仅扩大了平台的用户群体，而且能够增加平台的知名度和影响力。这些分享还能够为其他用户提供有价值的内容，从而实现内容的传承和延续。其次，分享机制加强了用户之间的互动与交流。通过将喜欢的电台与节目分享到社交媒体上，用户之间可以展开关于音频内容的讨论和交流。这种互动不仅能让用户感受到平台的社群氛围，而且会激发用户对平台内容的共鸣和情感认同。分享机制成为用户之间交流的媒介，打破了传统广播的单向传播模式，让用户成为内容的共创者，进一步增加了用户的忠诚度和留存率。再次，分享机制促进了平台与社交媒体的融合。随着社交媒体的普及和发展，用户在日常生活中越来越多地依赖社交媒体来获取信息和进行交流。音频平台通过将分享功能与社交媒体相结合，实现了平台与用户生活的无缝连接。用户可以通过简单的点击，将心仪的节目分享到朋友圈、微信和微博上，让更多的人参与到音频内容的欣赏和交流中。这种融合为音频平台带来了更广泛的传播渠道，也提高了平台的曝光率和用户黏性。最后，移动音频平台还可以进一步与用户的通讯录关联，打造“熟人社交圈层 + 算法结合”的内容推荐机制，充分提高平台的社会化程度。

（三）声屏复合打造用户社群

从热线电话到短信平台，再到微信、微博和官方客户端等新媒体作为交互的通道，广播媒体一直追求着与最新通信技术融合发展的路径。“两微一端”新媒体的出现，让广播看到了转型为“声屏复合”媒体的可能。但通过无线电调频频率传输的直播节目声音流，与新媒体传播所依赖的手持终端，终究难以真正实现在同一屏幕之上的“声屏复合”。内置数字化信息娱乐系统的车载中控屏以及移动音频平台，让人们看到了“声屏复合”于同一屏幕之上的可能。通过与语音唤醒技术、语音交互技术的结合，交通电台可以在移动音频平台建立以地域同城或以兴趣爱好划分的各类社群。主播除了在节目直播时开展即时交互之外，也可以在移动音频平台建立粉丝社群，通过用户社群的打造，为直播节目引流，并推荐拥有独家版权的有声阅读产品，实现直播节目流和平台化音频产品的双通道传播。

从区域性的无线电调频覆盖，转变为全网数字化的车载信息娱乐系统传输通道，交通广播通过自建或所属传媒集团客户端进入车载中控屏实现用户触达，除中央广播电视总台“云听”、上海东方传媒集团“阿基米德”等已具有平台性质的广播音频 App，其他的交通广播要在数字化的全网之中出圈，还有很长的道路要走。因此，通过移动音频平台，做好符合本地驾车人群收听需求的节目内容，是当前交通广播兼顾使用调频接收和车载信息娱乐系统收听两方面的听众较为可行的路子。从长远来看，适应平台化传播的发展趋势，交通广播亟须加强直播节目流与移动音频平台融媒生产的机制建设，提升交通出行服务的智能化和数字化程度，拓展用户互动和参与方式，创新运营模式，为用户提供更便捷、更具个性化的信息与娱乐服务。

（周健、张怡系浙江传媒学院新闻与传播学院硕士研究生）

民国时期的广播从业者

王文利

摘　要：广播作为一种现代化的电子传播媒介被引进到国内后，围绕它立即形成了若干新型的从业群体，如国民党广播电台播音员、中共广播电台播音员、民营广播电台播音员、播音艺人、广播记者、广播收音员等。这些职业群体是中国社会前所未有的，他们的出现本身就是中国社会转型的标志。这些群体虽然没有其他行业的从业群体庞大，但因广播巨大的影响力，他们的执业活动对社会产生了巨大的影响。

关键词：民国时期；广播从业者；播音员；广播记者

民国时期是中国广播的发轫时期。作为一种从国外引进的现代化电子传播媒介，其在国人中引起了极大的震撼。伴随着广播业的逐渐发展，广播从业群体也经历了一个产生、发展和影响日益扩大的历程。

一、广播从业群体的出现和发展

我国广播的发展大致经历了三个时期。1923 年至 1932 年为外商广播占主导地位时期，1932 年至 1937 年抗战全面爆发为民营广播鼎盛时期，1937 年抗战全面爆发至 1949 年中华人民共和国成立为曲折发展时期。与这三个时期相对应，广播从业者也经历了三个发展阶段。1923 年至 1932 年为广播从业群体初步形成阶段，1932 年至 1937 年抗战全面爆发为快速发展阶段，1937 年抗战全面爆发至 1949 年中华人民共和国成立为畸形发展阶段。

1923 年至 1932 年外商广播电台占主导地位。此时，尽管国人创办的电台已经出现，但外商电台在数量上、社会影响上均占优势。由于这个时期广播在技术上仍存在一些有待克服的问题，从整体上看，全国电台数量并不多，在 1929 年的上海，甚至有一个短暂的时期连一家播音的电台也没有。由于电台数量少，电台规模也不大，因此，播音员、工程师等广播从业者尽管已经出现，但数量不多。

1932 年至 1937 年抗战全面爆发是民营广播电台大发展的时期。1932 年，高压整流管的输入和推挽式[①]广播机的普及，有效地解决了技术上的难题，为广播电台的普遍设立奠定了技术基础。加上当年“一·二八”事变中，亚美电台的新闻报道极大地提升了广播的影响力，成为促进民营广播电台发展的又一推动力。此后，广播电台如雨后春笋般在上海出现。此前，上海的广播电台不过 10 座左右，1932 年年底增加到 40 多座。[②] 随着广播业的繁荣发展，除了广播记者之外的广播从业群体都已经出现。

1937 年抗战全面爆发后，广播业进入了一个曲折发展的时期。这个时期，广播业总体上大大衰落，但在某些方面或某些地域又呈现畸形繁荣的特点。比如，广播业因受战争影响，电台数量、发射功率大大减少，但在“孤岛”时期的上海却呈现畸形繁荣局面。1945 年抗战结束，国民党广播事业畸形发展，民营广播电台因受国民党当局的压制、通货膨胀和战争影响而处境艰难。与此相对应，广播从业群体也出现了在某些方面或某些地域畸形发展的格局。抗战时期的国统区，由于国民党当局禁止开办民营广播电台，民营广播电台从业者几乎消失。而“孤岛”时期的上海，由于人口激增，经济繁荣，广播业畸形繁荣，广播从业者数量大大增加。抗战结束后，国民党广播事业一家独大，民营广播业受到压制，因此，国民党广播电台的从业者人数急剧增加，民营广播电台从业者规模缩小。

二、广播从业群体的构成

民国时期广播从业群体横跨社会上层、社会中层、社会下层三个不同的维

① 推挽式是一种以偶数的电子管相对连接的线路形式。采用推挽式线路的广播机具有功效高、失真小的优点。

② 郭镇之. 论旧上海民营广播电台的兴衰［M］//郭镇之. 传播论稿. 北京：北京广播学院出版社，1997：16.

度。这个群体中，按照社会影响、与听众的关系，或者关键性等标准进行审视，大概可分为广播播音员、广播记者、广播收音员、广播工程技术人员、广播研究者、广播管理者、广播编辑等类型。

（一）广播播音员

民国时期的播音员群体并非铁板一块，但长期以来学术界将其混为一谈。同样是播音员，由于其从业的电台类型不同，职业生态、内部构成、社会形象等有天壤之别。

1. 国民党广播电台播音员

民国时期国民党广播电台尽管在数量上不占多数，但在发射功率、社会影响力、拥有的频道数量等方面占优势，因此长期在广播业中处于主导地位。在国民党广播事业中，由于播音员直接面向受众，自然成为一个影响力较大的群体。

国民党将广播电台视作宣传教育的工具，因此对播音员的素质要求比较高。这一点从国民党广播电台招考播音员所设定的条件上可以看出来。1933年、1935年和1936年国民党中央广播电台和中央广播事业管理处先后三次面向社会招考播音员。1933年，国民党中央广播电台在北平招考播音员，考场设在西长安街电信局，考生有两三千名。考试设笔试、口试两个环节。招考标准包含五个方面：第一，重视播音员的政治素质，必须是本党党员。第二，国语水平要高。第三，声音条件好且具备播音发声的基本功。第四，具备一定的语言表达技巧。第五，具有较宽的知识面和较深厚的文化知识素养。

播音工作是国民党广播电台播音员的主要工作，此外，还要承担编写稿件、演播广播剧的工作。有的地方台播音员除了播音外，还要承担特别节目和娱乐节目的接洽、歌咏练习、音乐演奏等工作。

民国时期国民党广播电台的播音员，学历普遍较高，各方面素养较好，招考时百里挑一，待遇较优厚。作为国民党当局公职人员，工作又与广播这一当时的“新媒体”紧密相连，因此，要求其具有良好的社会形象。特别是一些女播音员，常被人们誉为“新的明星”。

2. 民营广播电台播音员

从目前掌握的资料来看，民营广播电台播音员的家庭背景、教育背景普遍较好，与播音艺人相比，专业素质和综合素质也相对较高。这主要得益于民营广播电台的商业机制。民营广播电台以盈利为目的，只有收听率上去了，才能赢得更多的广告收入。而专职播音员直接与听众接触，是电台的招牌和台柱子，因此电台选拔招考时必然慎之又慎、精挑细选。

民营广播电台播音员中女性占绝大多数。原因大概有三点：一是正在向现代化转型的民国时期，女性走出家庭参与社会工作，本身就是一种新奇的事物，因此，女性播音员更能吸引大量的听众；二是女性播音员的工资比男性低一些，对电台老板而言，可降低成本；三是女性性情温和、更有耐心，适合从事播音工作。

由于电台性质不一样，与国民党广播电台相比，民营广播电台更注重经济效益，更注意降低成本。因此，民营广播电台人员从整体上更加精干，工作负担也较大，电台的设备投入也较低。民营广播电台播音员的工作主要有播音、放唱片、接听点播电话或热线电话、编辑稿件、主持节目、回复听众来信、实况转播的现场介绍等。民营广播电台通常设备落后，演播室狭小，播音工作环境较差。另外，为了节省成本，民营广播电台雇佣的专职播音员的人数非常少，加上节目播音多为直播方式，因此，总体上看民营广播电台专职播音员的工作条件差，工作辛苦。

民国时期民营广播电台专职播音员的收入，尽管在不同城市、不同时期有所差别，但总体上看要略高于当时的平均工资。民营广播电台专职播音员是电台固定雇佣人员，由电台发薪水，因此与播音艺人相比，收入比较稳定。

与播音艺人、国民党广播电台播音员相比，民营广播电台播音员的社会形象要好得多。他们是听众心目中真正的“新的明星”。民营广播电台大多以盈利为办台宗旨，竭力迎合听众需求，节目极受听众欢迎。因此，民营广播电台播音员必然成为听众关注的焦点人物。从上海、天津等地听众票选“播音皇帝”“播音皇后”的结果来看，与国民党广播电台播音员相比，听众更喜欢民营广播电台播音员。

3. 播音艺人

民国时期的播音艺人是随着广播电台的兴起和发展而出现的一种新型职业群体。该群体一部分由原来的传统艺人转型而来，一部分则随着新的广播娱乐节目的诞生而出现。播音艺人按照不同的标准可划分为不同的类型。播音艺人到电台演播节目，有以个人身份进行的，也有以团体身份进行的。

民国时期很少游艺艺人接受过系统正规的学校教育，很多人从小拜师学习某种民间艺术，长大后跟随所在的演出班子在戏院、茶楼、堂会或庙会等场所演出谋生。大多出身于光怪陆离的流氓帮会等腐恶势力荟萃的旧上海游乐场，一般文化水平不高，演出充斥着庸俗的趣味。因此，从总体上看，与电台中的专职播音员相比，播音艺人的素质要差一些。由于播音艺人素质差，加上没接受过播音技术的培训，以赚钱为目的一味迎合听众低级趣味，因此，他们的播音势必存在诸多问题。

上海播音艺人的工作内容可视为全国播音艺人的代表。播音艺人的工作内容主要有以下六项：演播各种娱乐节目，送审演播稿件，拉广告，找电台、买钟点，播广告，创作节目。

播音艺人的收入在1937年前较高，全面抗战时期有所下降，抗战结束后短期有所提升，但随着通货膨胀、物价飞涨，收入又开始下降。就播音艺人个人而言，少数有名的播音艺人收入非常高，但大多数普通的播音艺人收入低、工作艰辛，所得只能勉强糊口。

当时人们对播音艺人的看法整体上是负面的。许多对广播电台的批评其实就是针对播音艺人演播的娱乐节目而言的。

4. 中共广播电台播音员

中共广播电台播音员主要通过组织调派、旧电台留用、面向社会招考三种方式产生。选拔标准与国民党广播电台类似。

中共广播事业中占主导地位的延安新华广播电台和后来的陕北新华广播电台，在一个相当长的时期内实行的是一种编播分离的管理体制。所谓编播分离，指编辑部与播音室分离、编辑人员与播音人员的职能分离。在这种体制下，编辑部的编辑人员，专门负责广播稿的采访、编辑、撰写与修改工作；播音室的播音人员专门负责播音，不负责稿件的选择、编辑、撰写、修改等工作。

中共广播电台播音员形成了独特的播音风格。这种风格的内涵是：爱憎分明、充满感情、准确通俗、沉稳有力。这种播音风格的成因有以下几个方面。

首先，中共广播电台是在阶级斗争激烈的战争年代中，出于打破敌对势力的新闻封锁、宣传封锁的目的创办的，这种电台的播音风格必然与其他电台的播音风格不同。其次，中共在战争年代形成的党报理论成为这种独特播音风格的理论依据。再次，技术上的原因也是中共独特播音风格的成因之一。延安台播音员萧岩曾回忆，她们当时的播音速度是一小时大约七八千字，[①] 平均每分钟一百三十多字。这种播音速度比现在慢多了。究其原因，除了当时的评论文章较多，评论比消息速度要慢一些；受众语言文化基础较差，播音速度太快难以接受等原因外，还有技术上的原因。“当时技术条件差，电能不稳，要放慢速度，拉长一点声，像是在对远处的人说话。讲得清楚一些。”[②] 另外，技术上早期广播因设备落后、条件差，难以播出文艺节目，因此节目以新闻、评论、社论、文件、通告等为主，而这些节目的播出也适合采用爱憎分明、充满感情、准确通俗、沉稳有力的播音风格。最后，新华社在抗战时期和解放战争时期的作用的变化也是促使中共独特播音风格形成的重要原因。

（二）广播记者

所谓的专职广播记者是相对于兼职广播记者而言的，必须具备两个条件：一是得到主管机构或广播电台管理者的认可，二是在较长的时期内稳定地从事广播新闻采访、报道活动。20 世纪 40 年代我国广播记者才登上广播传播活动的舞台。

据现有资料，民国时期有姓名可考的第一位专职广播记者为陆铿。陆铿1919 年出生于云南保山，1938 年赴重庆就读中央政治学校新闻事业专修班，1940 年毕业后进入中国国际广播电台工作。当时的国际台在宣传上划归国民党中央宣传部管辖，但在技术上、行政上仍隶属于中央广播事业管理处。“当时中国广播事业，只有播音员，没有记者，在全国范围皆是如此。他向彭乐善要求做记者，直接采访新闻。彭乐善是一个接受了西方教育的人，他答应有机会向董显光先生报告，后来他说董显光同意了，但在行政系统上须尊重‘国际台’台长冯简，最好写个报告请冯简批一下。”[③] 冯简同意了陆铿的申请，

---

① 萧岩. 延安播音生活回忆［M］//中国广播电视学会史学研究委员会，北京广播学院新闻传播学院新闻系. 延安（陕北）新华广播电台回忆录新编. 北京：中国广播电视出版社，2000：113.

② 2003 年 5 月 17 日姚喜双就延安时期的语速问题同林如研讨的谈话记录，转引自姚喜双. 中国解放区新闻播音语言规范［M］. 北京：语文出版社，2007：137.

③ 张小航. 抗战八年广播纪［M］. 重庆：重庆出版社，2015：193.

在报告上批下“准予试作访员”几个字。陆铿申请当记者这件事发生在1942年，即他在国际台工作两年后。1942年，宋美龄、宋庆龄、宋霭龄在重庆范庄举行晚会，欢迎曾任美国共和党总统候选人的威尔基访问重庆。陆铿赶到晚会现场进行了实况广播，在当时引起较大反响。1945年陆铿在伦敦采访期间，BBC邀请他担任远东节目特约评论员，向听众讲述当年7月他随艾森豪威尔将军进军柏林的经过。BBC向听众介绍陆铿时称他为“中国第一个广播记者”。

尽管1942年诞生了中国第一位专职广播记者陆铿，但广播记者这一岗位并没有在国民党中央台、国际台等广播系统内得以制度化、普遍化设置，并且当时国际台台长冯简在陆铿的申请书上的批示是“准予试作访员”，试验、试行的意味非常明显，其不是常设岗位。这个时期，国民党广播电台没有建立独立的记者队伍。广播新闻节目主要依靠通讯社，其他节目主要依靠报纸、杂志。

自1946年起，部分国民党广播电台和中共广播电台开始设立专职广播记者岗位。1948年，专职广播记者岗位的设立得到广播事业主管部门的正式认可，标志着专职广播记者的设立已经制度化。国民党主管广播事业的机构——中央广播事业管理处，于1948年2月16日下发的《中央广播事业管理处通知》明确要求下属广播电台设立专职广播记者岗位。中共主管广播事业的机构——新华总社，1948年9月29日也在相关文件中要求下属各台设立专职广播记者岗位。

我国广播记者的诞生有两个特点：一是全面抗战时期是广播记者产生的关键节点，二是与美国相比我国广播记者诞生较晚。诞生晚的原因主要有：第一，民国时期我国广播电台与报纸之间的关系始终较为和睦，广播电台在新闻来源上长期依赖报纸，甘当报纸新闻的二传手，因此，势必导致专职广播记者出现较晚。第二，作为技术性较强的现代化电子传播媒介，中西早期广播都经历了一个“技术立台”时期。第三，国民党对新闻控制较严，广播电台担心在新闻报道上出差错。第四，新闻节目的收听率比不上娱乐节目，加上重大突发新闻事件发生时民营广播电台的报道不准确，使得民营广播电台长期不重视建立记者队伍来独立采集新闻。第五，人们对广播的新闻属性的认识有一个过程。

（三）广播工程技术人员

广播是一种技术性非常强的电子传播媒介，工程技术人员在广播传播活动中的作用非常重要。由于种种原因，不同类型的广播事业中，工程技术人员的地位、角色、功能与作用存在较大差异。

抗战全面爆发前，国民党除了南京的中央广播电台外，还在全国一些城市建立了地方性广播电台。这些地方台属于中广处、交通部以及各省市地方政府和国民党地方党部管辖。国民党广播系统非常重视工程技术人员，工程技术人员不仅数量多，而且作用大、待遇高。在不同的历史时期，工程技术人员均占多数。

国民党广播机构给予工程技术人员的待遇是比较优厚的。比如，国民党中央广播电台给予总工程师冯简月薪四百元，据说高出中央委员月薪的三分之一。二十世纪三十年代国民党中央广播事业管理处招考录用的技术人员均有三个月的试用期，试用期内每月薪资六十元，正式任用后加至七十或八十元。考虑到二十世纪二三十年代的物价指数和各行业的薪资水平，对于刚入职的年轻人而言，这种薪资收入不算低。

国民党广播系统的工程技术人员一般分为工程师、助理工程师、工务员、助理工务员、机务员等几个职级。1936 年 7 月 30 日公布的《交通部广播无线电台组织通则》规定，交通部设置广播电台“悉依本通则之规定组织之”。该通则规定广播电台设工程师一人，综理一切事务。工程师工作内容最多、最广泛。就现有的史料记载来看，当时的工程师曾承担过以下一些工作：选择新闻稿件；主持播音员的招考工作；兼任台长及传音、业务、会计等部门的主管工作；主持广播电台的筹建工作；承担电台机件的监造工作；负责机器设备的维修工作；参与广播收音员培训工作。

在民国时期国民党广播系统中，工程技术人员是起支配作用的主角。从国民党中央广播事业指导委员会、中央广播事业管理处到国民党中央台、地方台，不仅行政主管多由工程技术人员担任，而且很多核心业务岗位也由技术人员把持。如广播工程技术专家吴保丰先后担任过国民党中央广播事业指导委员会副主任、中央广播事业管理处处长；技术专家吴道一先后担任过中央广播事业管理处副处长、处长以及中央广播电台台长；工程师冯简担任过国际台台长；工程师范本中担任过国民党中央台传音科（相当于编辑部）科长以及甘肃等地的地方台台长；工程师王中权 1933 年兼任中央广播无线电台管理处传音科科长，后又任河北台台长；工程师姚善辉先后担任过贵州台、台湾台台长。1946 年，长春广播电台业务科由工程师丁明星任代科长，会计室由助理工程师宿工任代主任；广州广播电台传音股由助理工程师姚集祺任代主任。

（四）其他广播从业者

民国时期的广播研究者大多具有海外留学或考察游历的背景，凭借不同的资本进入广播学术研究场域，采用多种多样的方法开展广播研究。他们的研究活动改进、提高了广播传播效果。

广播编辑是指广播电台中从事组织、取舍、加工节目文字稿件和音响素材以及编制节目等工作的专业人员。在国民党广播电台、民营广播电台和中共广播电台中，最为重视广播编辑工作的是中共广播电台。换言之，广播编辑地位最高的是中共广播电台。

广播收音员是民国时期非常特殊的一个广播从业群体。他们的身份虽然没有播音员、播音艺人、广播记者、广播工程技术人员那么引人注目，但他们所起的作用非常大。

此外，由于围绕广播形成了规模庞大的广播设备销售业和制造业，在这些行业中也形成了一批数量不可忽视的从业群体，

三、广播从业群体的影响

广播从业群体作为一种新型的职业群体，给民国社会带来了极大的影响。

首先是对经济的影响。广播是新的媒介技术，被引进到国内后，导致广播业的兴起，并催生了一批与广播有关的销售业和制造业，提供了大量与广播有关的就业岗位，催生了广播销售从业群体、广播制造从业群体，促进了当时经济的发展。

围绕收音机及其零件形成了一个巨大的新型的销售行业。外国洋行最早从事收音机销售业，后来，中国人开设的商场、公司、电器行等也加入收音机销售行业，收音机等无线电产品的销售很快成为一个新兴的商业门类。当时在上海从事收音机销售的外国洋行和公司主要有新孚洋行、开洛电话材料公司、惠勒公司、飞歌公司、美国无线电公司等。华商公司主要有新新百货公司、明远亮记电料行、港粤沪华美电料行、大声无线电唱机行、国华电器行、友联电气公司、胜利无线电公司、大美无线电材料行、富星电料行等。

与此同时，我国收音机制造业也逐渐发展起来。1924 年创办的亚美无线

电公司是我国最早自制收音机的厂家。此后，国人收音机制造业迅速发展，至1949年，上海的华商收音机制造业已成规模，全市能生产收音机及其零件的工厂达三十多家。[①]

其次是对文化的影响。广播播音员、广播收音员、广播记者等不仅是重要的听觉文化生产者、传播者，而且很多人员本身就成了流行文化的标志。特别是广播播音员，对文化的影响尤其明显。国民党广播电台播音员不仅要承担播音工作，还要从事稿件的编写工作。活跃于各个民营广播电台的播音艺人，不仅要进行作品的演播，还要负责作品的创作。他们中的佼佼者，与民营广播电台播音员一起，被誉为民国文化舞台上“新的明星”，成为时尚流行文化的标志和大众竞相模仿的榜样。但是，这些新兴的广播从业者也给传统的文化从业者带来了冲击。比如，在苏州，光裕社的著名评弹响档纷纷在电台演唱，导致当地书场受电台“空中书场”的影响而营业清淡。天津一些电台大量播放长篇评书节目，严重影响了民间说书艺人的收入。1936年8月，天津说书盲人联合起来向当局请愿，抗议电台评书节目影响了生计，最后在天津社会局的协调下各台不得不减少这类节目的播出。[②] 有了广播，去歌舞厅、戏院的人逐渐减少，导致中国传统戏曲的衰落，[③] 恶化了传统戏曲艺人的生存处境。

四、结语

广播作为民国时期的新媒体，是人们关注的焦点。围绕这个新媒体形成的从业群体，自然就成为万众瞩目的“新的明星”。广播作为效力强大的现代化的大众传播媒体，是国共两党竭力掌控的宣传工具。置身于这个宣传工具中的从业群体，自然就是为两党利益大声疾呼的喉舌。广播作为生产和传播流行文化的娱乐媒介，是各种商业团体借以达到商业目的的利器。在这个娱乐媒介中从业的群体，不免散发着为追逐利润不惜迎合低级趣味的腐臭气。

---

① 姜红，宋钻友. 从小众奢侈品到大众传媒：近代上海收音机市场研究［J］. 史林，2012（2）：25.

② 赵玉明，艾红红，刘书峰. 新修地方志早期广播史料汇编：上［M］. 北京：中国广播影视出版社，2016：63.

③ 李聪. 民国北平广播电台研究［D］. 银川：宁夏大学，2014：31.

参考文献：

[1] 王灿，申启武. 中国早期广播“技术立台”的缘起和演进 [J]. 湖南师范大学社会科学学报，2022，51（6）：133－140.

[2] 姜红，宋钻友. 从小众奢侈品到大众传媒：近代上海收音机市场研究 [J]. 史林，2012（2）：25.

[3] 龙伟. 新的“明星”：民国广播播音员的职业生态与社会生活 [J]. 新闻与传播研究，2013，20（4）：78－89.

[4] 王文利. 民国时期广播记者产生溯源与反思 [J]. 编辑之友，2020（8）：91－96.

（王文利系湖南师范大学新闻与传播学院教授）

AIGC时代数字音频的传播价值及其发展趋势

童　云　李若镁

摘　要： 视听传播场域的听觉回归凸显数字音频的传播价值，在政策、技术、市场、用户需求等多种因素的共同作用下形成音频传播新态势。我国数字音频形成了独特的产业链，在新技术赋能下呈现蓬勃发展态势。当前，数字音频的传播价值主要体现在音频主播创造直播经济价值、有声读物凸显文化传播价值、智慧车联网提升移动音频价值、跨媒介IP生产爆款音频等。AIGC时代，数字音频行业的未来充斥机遇与挑战。如何应对AIGC技术驱动下的数字音频媒介生态与产业变革，是下一步必须思考的问题。

关键词： 数字音频；AIGC；声音；传播价值

党的十八大以来，我国高度重视发展数字经济，积极推进数字中国建设。数字音频产业的蓬勃发展得益于一系列政策的保驾护航：2017年，原文化部印发《关于推动数字文化产业创新发展的指导意见》，支持数字文化产业发展；2019年，国家互联网信息办公室、文化和旅游部、国家广播电视总局联合印发《网络音视频信息服务管理规定》，进一步规范网络音频产业环境；2021年，《广播电视和网络视听“十四五”发展规划》出台，为数字音频产业高质量发展指明任务与方向；2023年，中共中央、国务院印发《数字中国建设整体布局规划》，要求大力发展网络文化，加强优质网络文化产品供给。国家广电总局、文旅部陆续出台规范性文件，打击数字音频盗版，保护知识产权，规范行业秩序，营造良好竞争环境，加强网络平台监管力度，维护受众权益。伴随数字经济的发展，数字音频产业生态逐渐形成，促进“耳朵经济”良性循环。

数字音频平台以听觉方式将不同空间的个体连接起来，实现个体之间的

“泛连接”，相同兴趣爱好的听友也形成圈层“强连接”。另外，数字音频具有极强的伴随性、个性化与沉浸性，既适合家庭等私密场所收听，也适合移动空间收听。即使在热闹嘈杂的地铁、车站等公共场所，听友戴上耳机便能即刻营造一个相对独立的收听空间。视听传播场域的听觉回归打破了视觉符号的霸权，实现了由“眼球”到“耳朵”、由“视觉”向“听觉”的迁移，凸显出数字音频的传播价值。在政策、技术、市场、用户需求等多种因素的共同作用下，数字音频媒体形态更加多元，产业模式不断拓展，形成多条赛道并举发展、多种场景灵活应用、媒体深度融合的音频传播新态势。

一、我国数字音频产业格局

近年来，数字音频平台增多，市场规模扩大，“耳朵经济”成为数字音频市场消费新风口。据赛立信统计，2022 年我国在线音频用户规模达到 6.92 亿人，月活跃用户超过 3 亿。AIGC 时代到来，使得数字音频生产传播进入智能化新阶段。随着媒体融合战略的全面推进，各级广播电台以移动为先，积极搭建智能数字音频平台，拓展音频传播体系，形成以云听、阿基米德、大蓝鲸等为代表的大规模广播音频平台，探索采用虚拟数字人、智能语言认知模型等新技术，开辟数字音频新赛道。

首先，数字音频形成独特的产业链。数字音频内容产业具有智能化、场景化、交互化、服务化、多元化特征。数字音乐、有声读物、语音交友、AI 语音互动等数字音频产品推陈出新，逐步形成成熟的产业链。数字音频产业链分为上游、中游、下游，上游指向创意生产与内容创作，提供内容生产的原始资料，如版权资源等；中游指向传播发行渠道，如喜马拉雅、QQ 音乐等在线音频平台；下游指向用户与终端，例如手机、电脑、智能穿戴设备、智能家居等。“耳朵经济”以其独特的伴随性、在场性有效地填充受众日常生活中的碎片化时间，拓展数字音频在收听之外的附加价值——连接与陪伴。

其次，数字音频平台开发经济与社会双重传播价值。一方面，数字音频传播具有公共性、公益性，平台积极传播主流价值观，传播社会正能量，开展各类公益活动，提升了平台的社会价值和文化价值。例如，一些音乐网络平台围绕音乐关爱、音乐教育、文化传承等主题开展多项公益活动，为盲童录制有声书等。另一方面，伴随用户版权意识的觉醒与知识付费意愿的提升，数字音频逐渐开启流量变现的通路。音频流量变现的方式包括用户付费、广告、社群经济、IP 经济等，数字音频产品服务的形态多样，涵盖了“音频 + 影视”“音频 + 直播”“音频 + 出版社”“音频 + 智能设备”等创新领域，全媒体、全方位开发数字音频的经济价值。

二、AIGC 赋能数字音频传播价值

数字音乐，即以数字方式录音、制作、传输和播放的音乐，拥有音乐知识产权。我国音乐产业的数字化转型降低了音乐制作的准入门槛与制作成本，呈现出生产智能化、产品服务化、市场下沉化的特征。AIGC 即生成式人工智能（Artificial Intelligence Generated Content），是一种在人工智能技术加持下通过算法生成内容的技术。2022 年被业界称为“AIGC 元年”，以 ChatGPT 为代表的语言认知大模型工具落地，AIGC 以多模态、超媒介的内容生产方式为数字音频传播带来颠覆性变革。其中，数字音乐成为 AIGC 创作的典型领域之一。2023 年 5 月，能够克隆人声的 MyVocal. AI 走红网络，引发全网创作热潮。除歌曲演唱以外，AI 在作曲、编曲、混音等数字音乐制作阶段都有不俗的发挥。Amper Music、Soundful、OpenAI-MuseNet 等 AI 音乐制作软件也受到全球用户的关注。

数字音乐领域的 AIGC 其实并非近两年来的新兴产物。2007 年，日本雅马哈公司开发了一款电子音乐制作语音合成软件 VOCALOID，通过输入音调和歌词，就可以合成类似人声的歌声；2012 年 7 月，我国首个自主创作的虚拟歌手洛天依正式推出声库，逐渐活跃于大众视野；2019 年，中央电视台《经典咏流传》第二季推出一款能够读诗成曲的在线互动工具。由于这些音乐制作工具的制作成本和准入门槛较高，制作出的内容也较为小众，在当时并没有得到广泛应用。随着 AI 数字音乐制作技术不断进步，越来越多的创作者开始用 AI 辅助音乐制作，完成自己的创意生产。丰富的音源库、自然的模拟效果与便捷易懂的操作技术推动数字音乐生产智能化发展。

对于在线音频平台而言，如何在保证音频质量的前提下优化平台服务，提升用户占有量与用户黏性，是平台取得良好收益的关键。音乐作品是凝聚着创作者心境、思想、审美等主观价值的艺术结晶，引发听众的情感共鸣。平台通过设置评论区、一起听、私信、关注、点赞、转发等功能，让听友得以“高

山流水遇知音”。艾媒咨询数据显示，超过七成用户愿意通过在线音频认识有相同爱好的朋友，社交属性强的在线音频社区受到听友欢迎。除提供社交服务之外，许多平台还热衷于策划特色活动，例如“测测你的音乐气质”“我的年度听歌报告”“我的年度音乐人”等，通过分析用户数据精准推送音频内容，大大提升平台使用的趣味性和舒适性。而短视频媒体的普及则推动了音乐市场的下沉。相关数据显示，快手在三线及三线以下城市的消费者占比达到54.4%，抖音占比达到46%。作为一种视听媒介，短视频需要在制作过程中选择合适的配乐以增强传播效果。短视频平台的兴起很大程度上影响了我国数字音乐的评价指标，旋律是否足够好听、是否足够动感、是否能引起共鸣，成为人们在创作过程中所要考虑的重要因素。抖音、快手逐渐成为网红热歌的孕育地，一批网络歌手凭借短视频媒体脱颖而出，为市场注入新活力。下沉市场广阔的发展前景吸引各大音乐平台与唱片公司纷纷加码，从争夺头部音乐人转向关注爆款的草根音乐人。下沉市场的繁荣正在无形之中重塑数字音乐的市场格局，去中心化的行业态势为音乐人打开上升渠道，使听众拥有更多的音乐选择，促进数字音乐市场的繁荣发展。

（一）音频主播创造直播经济价值

数字音频平台整合网络经济资源，实现流量变现和商品推销，催生出一大批内容生产者——音频主播。相较于视频直播带货的火爆，语音直播具有一定的个性化、情感化传播特性，更加适配专业性、私人定制类内容，这也决定其要走小众化、垂直化发展路线。目前，音频主播的内容生产呈现垂直细分的态势，包括新闻播报、陪玩陪聊、有声阅读、评书故事、线上 PIA 戏、K 歌直播等。各大音频平台也据此划分一系列内容专区，根据自身定位打造头部内容，分析受众偏好进行推送，例如网易云音乐会在歌曲的评论区根据听众偏好推荐音频直播间。此外，为了符合受众的媒介使用习惯，许多数字音频企业开发运营内容较为集中的专门类音频 App，例如主打线上 PIA 戏的戏鲸、主打语音陪玩陪聊的 TT 语音、主打播客的小宇宙等。垂类音频主播能够更好地发挥音频平台社交属性的优势，促进平台深耕细分市场，探索“语音 +”经济的无限可能。

另外，AI 技术迭代与元宇宙热潮加速我国虚拟数字人产业的进一步升级。据艾媒咨询统计，2022 年中国虚拟数字人带动产业市场规模和核心市场规模分别为 1 866.1 亿元和 120.8 亿元，预计 2025 年分别达到 6 402.7 亿元和 480.6 亿元。当前市场常见的虚拟数字人包括虚拟员工、虚拟主播、虚拟偶像等。以内容生产领域为划分标准，数字虚拟主播可分为媒体型虚拟主播、社交型（娱乐型）虚拟主播与电商型虚拟主播。媒体型虚拟主播面向新闻媒体，能够替代真人主播进行新闻播报，具有全天候播报、全场景播报、全语言播报的核心优势，并能够随着技术进步继续强化自主学习能力与沟通能力。2022 年冬奥会期间，中央电视台推出虚拟数字人“东东”、AI 手语主播与气象主播“冯小殊”，借由科技力量向世界传播中国声音。社交型（娱乐型）虚拟主播主要从事娱乐活动，能够凭借精致的外形与即时交互的能力增强用户的使用体验。电商型虚拟主播则可以全天候与客户无障碍沟通，节省人力成本。

（二）有声读物凸显文化传播价值

有声读物是以有声语言为主要传播符号，以音乐、音频、影像、图文等为辅创作形成，具有一定知识信息含量的媒体产品与服务。人工智能语音技术实现有声读物文本与语音转换，提高有声读物生产效率。有声读物市场规模不断扩大，长尾效应受到重视。据中国音像与数字出版协会统计，2020 年至 2022 年我国数字阅读产业总体规模分别达到 351.60 亿元、415.70 亿元、463.52 亿元。目前，我国有声读物市场以平台经济为主，分为综合型阅读平台与垂直类阅读平台。有声读物市场的火热促使各媒体、企业纷纷入局，市场主体的激烈竞争进一步推动有声读物产业的高质量发展。

移动媒体是有声读物传播的主要渠道。有声读物具有知识传播、在线娱乐、情感陪伴等功能，能够满足受众获取知识信息的需求。中国音数协调查结果显示，2022 年 45.8% 的有声读物用户喜欢在居家休闲时收听有声读物；45.1% 的用户倾向于在公共交通上收听有声读物；超过 40% 的用户会选择在开车途中收听有声读物；接近 40% 的用户选择在运动、健身过程中收听有声读物。收听终端的便捷性决定了用户收听有声读物时的自由度较高。有声读物可以“碎片化”收听，不管是早起唤醒、通勤途中，还是闲暇时刻、睡前助眠，皆能无障碍收听有声读物。有声读物主要依赖于声音信号传播，耳朵接收后直接作用于人的大脑感知。优秀的有声读物不仅传递知识，还传达情感力量，具有较强的感染力。

有声读物的知识价值也受到重视，新闻资讯、文学经典、历史故事、医疗健康等类型的有声读物受到听众偏爱。赛立信《2022年我国“耳朵经济”用户行为与需求洞察》指出，知识、职场类内容更能引起用户的消费兴趣，用户付费意愿高。2021CCdata全国音频用户专项调查数据显示，喜爱历史、文学类有声读物的用户分别占据总数的40%、38.1%，有59.92%的有声读物用户收听音频直播的目的是学习知识。

（三）智慧车联网提升移动音频价值

随着5G技术全面应用与新能源汽车市场份额扩大，智能网联汽车时代已经来临。据艾媒咨询统计，2022年中国车载音乐市场规模达169.8亿元，预计2025年有望突破350亿元，车载终端音频应用持续增加，智能网联汽车推动车载音频传播的变革。智能网联汽车（Intelligent Connected Vehicle，ICV）是指搭载先进的车载传感器、控制器、执行器等装置，融合现代通信与网络技术，具备复杂环境感知、智能决策、协同控制等功能，实现车、路、行人、云端等信息交互共享，以及车辆安全、高效、舒适、节能行驶，最终替代人来操作的新一代汽车。车联网借助新一代信息通信技术，实现车内网、车际网和车载移动互联网的三网合一，为驾驶员提供实时语音互联、语音识别、路况分析、视听娱乐等信息服务。智能网联汽车从单一的交通工具转变为新型的数字媒介终端。智能网联汽车的人机关系更加紧密、一体化，注重人车之间的协同操作，通过实时数据管理，形成人机协同的智能决策。智能网联汽车为人、车、环境搭建一个新的媒介环境，构成一种媒介化的生活空间。智慧车联网是新型广播融合发展的主赛道之一。

在5G、人工智能等技术环境中，智慧车联网可以实现超高网速、超大链接和超低时的信息服务，能够通过智能抓取、智能编排、智能播报、智能监控，以及云端分发，一键生成新闻、资讯、路况、天气、音乐等电台节目。广播在音频传播领域具有得天独厚的优势。在内容生产方面，广播培养了一大批专业音频工作者，拥有丰富的优质音频内容资源。在AIGC时代，新型广播急需抓住机遇，培育智能车联网音频产业，开辟广播转型的新航道。中央广播电视总台推出移动音频平台“云听”，与国内车企合作，将总台所有广播频率的内容资源接入智慧车联网系统。安徽广播电视台发挥本土产业优势，推出车载移动端“八方电台”，已与江淮汽车、奇瑞汽车等车企达成合作，音频移动传播开启新的航程。

（四）跨媒介 IP 生产爆款音频

IP（Intellectual Property）原意为“知识产权”，在互联网内容产业中指具有核心创意、拥有广泛受众的文化产业著作权载体。我国 IP 产业逐渐发展出影视类、音频类、游戏类、动漫类、主题公园等 IP 文娱产品。各大音频平台围绕 IP 展开竞争与合作。美国麻省理工学院教授亨利·詹金斯提出跨媒介叙事（Transmedia Storytelling）理论，面对当下传播碎片化环境，跨媒介叙事即将叙事内容拆解并通过多元媒介发布出去，每个媒介都在发布信息中起到独一无二的作用。基于这个概念，音频传播以“OSMU”（One Source Multi Use）模式打造 IP 爆款内容，即“一元多用”，以一个超级 IP 为核心，实现音频、影视、动漫、游戏等融合开发，通过延长产业链来拓宽 IP 的广度，实现 IP 价值的最大化，在多方共同开发过程中不断探索 IP 发展的新方向、新路径，最终构成跨平台、跨次元的超级 IP 内容矩阵。通过跨媒介叙事打造泛娱乐产业链的典型案例是美国知名传媒娱乐企业华特迪士尼公司。迪士尼充分发挥多产业协同开发的优势，不仅制作了许多高质量影视节目，而且创作了一批影响力巨大的 IP 音乐，例如，其为电影《冰雪奇缘》创作的插曲《Let It Go》在全球范围内热播。我国各大数字媒体也逐渐重视跨媒介叙事，通过音频创作来延展自身热门 IP 的附加价值。又如，米哈游旗下的《原神》《崩坏：星穹铁道》推出的《神女劈观·唤情》《水龙吟》等曲目引爆全网，大大增加了游戏知名度与吸引力。共青团中央等新媒体也尝试通过主题歌曲的方式宣传主流价值，倡导社会正能量。

三、AIGC 时代数字音频发展趋势

伴随数字技术飞速发展，AIGC 在音频创作、传播与人机协同等方面展现巨大潜力，声音将成为人与人、人与机器之间数字连接的重要桥梁。展望数字音频的未来，一些问题也值得思考。例如，AIGC 高效化、标准化的生产会对数字音频的情感价值造成什么样的影响，仍有待探讨；AIGC 是否会挤压数字音频行业生产者的生存空间，使人的主体地位受到挑战；独属于人的创造力、

感知力是否会在一次又一次的数据处理中被模糊化，等等。目前，AIGC 处于起步阶段，一些利用 AIGC 所产生的侵权行为诸如“AI 换脸”“AI 拟声”等仍无法得到有效规范，AIGC 治理有待从法规、科技和伦理等方面进一步合力完善。AIGC 是人类的智慧结晶，也是数字音频发展的重要驱动力量，将为社会各行业带来重大变革。数字音频产业必然经历大浪淘沙的过程，让优质音频内容和服务日渐沉淀，为人们带来福音。

参考文献：

[1] 崔胜民. 一本书读懂智能网联汽车［M］. 北京：化学工业出版社，2019.

[2] 申启武，李颖彦. 2021 年中国网络语音直播发展概况［M］//颜春龙，申启武. 传媒蓝皮书：中国音频传媒发展研究报告（2022）. 北京：社会科学文献出版社，2022.

[3] 童云，周荣庭. 有声读物传播形态与模式研究［J］. 出版发行研究，2018（7）：5－7，18.

[4] 童云，李若镁. 2021 年中国有声读物市场盈利模式研究［M］//颜春龙，申启武. 传媒蓝皮书：中国音频传媒发展研究报告（2022）. 北京：社会科学文献出版社，2022.

[5] 赖黎捷，方龙，邱鑫. 2021 年中国有声书市场的用户画像及触媒分析［M］//颜春龙，申启武. 传媒蓝皮书：中国音频传媒发展研究报告（2022）. 北京：社会科学文献出版社，2022.

[6] 刘琛. IP 热背景下版权价值全媒体开发策略［J］. 中国出版，2015（18）：55－58.

[7] 王文杰，高铭. 音频平台的泛娱乐生态 IP 建构模式分析［J］. 新闻战线，2019（24）：23－27.

[8] 赛立信媒介研究. 2023 中国在线音频市场发展研究报告［EB/OL］.（2023－03－29）［2023－08－06］. https://weibo.com/ttarticle/p/show?id=2309404884573275422920.

[9] 艾媒咨询. 2021 年中国耳朵经济发展专题研究报告［EB/OL］.（2022－01－13）［2023－08－06］. https://roport.iimedia.cn/repo13－0/43058.html.

[10] 36 氪研究院. 抖音快手：走向下沉市场最深处［EB/OL］.（2021 - 02 - 23）[2023 - 08 - 06]. https://36kr.com/p/2143801358286593.

[11] 艾媒咨询. 2023 年中国虚拟人产业发展与商业趋势研究报告［R/OL］.（2023 - 03 - 31）[2023 - 08 - 06]. https://report.iimedia.cn/repo3 - 0/43337.html.

[12] 艾媒咨询. 2022 - 2023 年中国车载音频行业发展年度研究报告［R/OL］.（2023 - 01 - 13）[2023 - 08 - 06]. https://www.iimedia.cn/c400/91492.html.

[13] 王君玲. 数字感知、地理社交与媒介空间：智能网联汽车的可供性研究［J］. 西北师大学报（社会科学版），2023，60（4）：92 - 98.

[14] 吴申伦. 适应平台经济：我国有声书产业现状与发展研究［J］. 编辑之友，2022（1）：17 - 24.

[15] 陈新梅. ACG 时代的韩国动漫产业［J］. 东岳论丛，2011，32（10）：113 - 117.

（童云系安徽大学新闻传播学院副教授；李若镁系安徽大学新闻传播学院研究生）

音乐广播与移动互联平台的融合创新策略

王成梧

摘　要：智能时代的音乐平台以其方便、自主性强、智能、海量资源、音质好等诸多优势，迅速吸纳了大量用户。而传统广播在智能技术飞速发展的现实中，必须以互联网思维找准“新广播”定位、重塑生产流程、再造传播策略，扬长避短，精准发力，实现与移动互联网平台的融合发展，找到适合自身发展的创新之路。

关键词：智能时代；音乐广播；移动互联平台；融合创新

随着移动互联网的普及，人们听音乐的方式发生了巨大变化。智能手机、智能音箱、智能穿戴设备、智能家电、车载终端等移动终端的音乐平台以其方便、自主性强、智能、海量资源、音质好等诸多优势，迅速吸纳了大量用户。而传统广播在智能技术飞速发展的现实中，必须以互联网思维找准“新广播”定位、重塑生产流程、再造传播策略，扬长避短，精准发力，实现与移动互联网平台的融合发展，找到适合自身发展的创新之路。

一、移动互联网时代传统音乐广播的现状和困境

移动互联网催生在线流媒体平台不断增加，传统音乐广播面临着激烈的竞争。这些在线流媒体平台通常提供更多的音乐选择、更个性化的推荐，以及更便捷的收听方式。这些优势使得越来越多的音乐听众转向在线流媒体平台，进一步压缩了传统音乐广播的生存空间。

一是音乐广播收听人群被大量分流到移动音乐平台。QQ 音乐、网易云音乐、酷狗音乐等平台利用人工智能技术，针对听众的年龄结构、喜爱的音乐风格、行为习惯、收听场景、职业等为用户画像，给用户推荐歌曲、歌单等，为

听歌人群带来了极佳的体验，对传统音乐广播造成了巨大冲击。即便是传统观念中广播“一统天下”的车载场景，随着车联网的普及，上车通过语音唤醒听歌平台也逐渐成为人们的一种生活习惯。中国互联网络信息中心 2023 年 3 月发布的第 51 次《中国互联网络发展状况统计报告》显示：截至 2022 年 12 月，中国网络音乐用户规模达 6. 84 亿，占网民整体的 64. 1%。

2023 年年初，网易云音乐披露 2022 年全年业绩公告。财报显示，网易云音乐 2022 年全年净收入为 90 亿元，较 2021 年同比增长 28. 5%，主要由于会员订阅销售收入强劲增长及社交娱乐收入稳步增长。该公告数据显示，2022 年网易云音乐日活跃用户数/月活跃用户数比率稳定维持在 30% 以上，平台用户黏性较高。在线音乐服务月付费用户数达 3 827 万，同比增长 32. 2%。在线音乐服务付费率由 2021 年的 15. 8% 进一步提升至 20. 2%。

与移动音乐产业的高歌猛进相比，传统广播的传播力和影响力却在持续下滑。根据《中国音频传媒发展研究报告（2023）》课题组的音频专项调查数据显示，传统广播的用户规模进一步萎缩，由上年度的 5. 3 亿下降了 4. 34%，险守 5 亿用户大关。随着媒体融合的进一步深化，以及主力军全面转型主战场，广播听众向移动互联网、智能终端转移的势头已经非常明显。

二是传统广播整体式微，影响力大不如前。2023 年开年，北京广播电视台发布公告：自 2023 年 1 月 1 日零时，旗下的故事广播、外语广播和青年广播停止播出，拉开了 2023 年广播电视频率频道关闭的序幕。2020 年，国家广播电视总局印发《国家广播电视总局关于推动新时代广播电视播出机构做强做优的意见》和《关于进一步加强专业电视频道建设管理的意见》，要求深化结构性调整，推动精简精办频率频道。在此政策的推动下，全国广电系统积极推进广播电视资源整合和精简精办。2023 年 5 月 23 日，国家广电总局官网发布工作动态显示：近两年，国家广播电视总局已先后批准撤销 130 多个频率频道，其中 2023 年已撤销频率频道 20 多个。2022 年 5 月，人力资源社会保障部、国家发展改革委、财政部、税务总局四部门联合发布《关于扩大阶段性缓缴社会保险费政策实施范围等问题的通知》，明确将“广播、电视、电影和录音制作业”列入特困行业。2023 年 4 月，国家广电总局发布《2022 年全国广播电视行业统计公报》显示：2022 年全国广播广告收入 73. 72 亿元，同比下降 28. 09%。种种“迹象”表明，传统广播的“日子”不好过，转型、改革的任务艰巨。

三是体制机制落后，创新动力不足。在体制机制的灵活性和适配度上，诞生和成长在市场当中的移动音乐产业具有先天性优势。传统媒体因体制机制不适应而转型受到诸多因素的干扰，有些地方的媒体转型步伐缓慢，难以跟上行业的发展变化，导致效益下滑、影响力减弱、人才流失、创新动力不足。

受体制机制限制，传统广播给予主持人和业务骨干的灵活性不足，体现在收入分配方面就是干多干少差距不大，难以激发员工的积极性和创造性。另外，从成本角度考虑，传统广播比较看重员工的综合素质，要求“一专多能”，往往一档栏目的策划、采访、写稿、编辑、播出都是由一个人完成，加上现在融合新媒体的要求，主持人还需要具备制作短视频、运营微信公众号等生产能力，从而淡化了专业能力的要求。如音乐节目的主持人需要具备一定的音乐专业素养，才能更好地驾驭和创作节目内容；媒体融合时代急需一些新媒体技术人才，而这类专门人才往往倾向于新媒体公司就业。这些客观情况都限制了音乐广播的创新能力。

四是智能时代技术成为最大短板。移动音乐产业是在创新技术的推动下迅速发展起来的，网络音乐流媒体持续的技术进步和应用不断提升用户体验，推动音乐产业向数字化升级。我们不断看到这样的消息：抖音集团旗下 VR 设备厂商打造元宇宙演唱会，用户通过佩戴 VR 设备可以感受全新的观演方式；“网易天音”AI 音乐创作平台，依托人工智能技术进行音乐创作；“百度元宇宙歌会”中真人歌手和虚拟人共同演唱人工智能作词、编曲的作品；腾讯音乐发布虚拟人，利用 AI 技术赋能，输入歌词后即可自动识别、歌唱。而在车载场景中，QQ 音乐、喜马拉雅、网易云音乐等移动音乐平台已率先布局车载互联网，利用算法推荐、智能主播等先进技术和 AI 音乐分类，为用户提供个性化推荐，还推出了网络音乐电台个性化定制。无论从用户操作到感官体验，抑或是资源数量和收听品质，移动音乐平台都比传统音乐广播更具吸引力。

相较之下，传统广播在 5G、大数据、云计算、区块链、人工智能、元宇宙等新兴技术袭来的时候，一时不知所措，暴露出传统广播在智能时代最大的“尴尬”和短板。尽管广播人在努力拥抱互联网，5G 智慧电台、大数据应用、云平台、AI 主播等新样态也不断出现，但毕竟是在形势的倒逼下“后发”之举，与原生的移动互联网平台同台竞争力有限。

五是人才流失严重。随着阵地的缩减和效益的下滑，传统广播的大量优秀人才涌向了互联网行业。新媒体公司开价数倍甚至数十倍年薪，外加宽松的工作环境和灵活的自主权，对广播人的诱惑巨大，骨干和精英们纷纷离开体制，有些成为互联网大厂的高管，有些成为移动音乐平台的签约主播或自媒体达人。人才的流失加上传统广播先天缺失的网络技术人才，让传统广播的“造血功能”每况愈下。

2022 年 12 月国家广电总局印发的《全国广播电视和网络视听“十四五”人才发展规划》中提出：当前，新一代科技革命和产业变革深入演进，5G、4K/8K、大数据、云计算、区块链、人工智能、元宇宙等技术不断发展，超高清、沉浸式、互动式、VR/AR/MR 等视听内容形态不断创新，媒介使用新模式、新场景不断涌现，大视听格局渐显，新型人才、高层次人才、复合型人才的需求与日俱增，人才工作的重要性、紧迫性空前凸显。同时，其提出要“打通传统媒体和新媒体人才使用通道，鼓励和推动知名编辑记者、评论员、播音员、主持人到新媒体平台发挥作用，打造有影响力的新媒体账号，不断提升主流媒体在网络空间的影响力、公信力”“促进科技人才和传媒人才融合发展，补齐媒体融合专业人才短板，确保队伍结构更加合理”。

二、互联网时代传统音乐广播的优势

传统音乐广播依然保有优势。虽然传统音乐广播在移动互联网冲击下面临着一系列挑战和困境，但仍然有一些优势得以保持。

一是传统媒体的权威性和影响力基础还在。移动互联网音乐平台的用户主要表现为轻龄化、重社交、低消费等特征，这些人群比较有利于歌曲的传播推广，但消费意愿和能力不高；而传统广播特别是车载广播的听众却有着高学历、高收入、高消费的典型特征，他们对于歌曲的主动选择和话题扩散影响力相对较低，但是在消费转化上有很高的回报率。以上调查结论说明：相对于移动互联网平台，传统媒体的权威性、公信力依然具有优势，可信赖度更高。

此外，移动互联网音乐平台的受众相对年轻，“90 后”“00 后”是移动互联网的原住民，他们习惯于通过互联网获取信息、进行休闲娱乐，对音乐有着非常高的兴趣和热情。而年龄相对较大的“70 后”“80 后”对移动互联网没有那么熟悉，更习惯于用传统的方式听歌娱乐，车载收音机依然是他们听歌的首选方式。这就给移动音乐产业和音乐广播发展留下了差异化竞争的空间。

二是车载收听场景拥有大量受众人群。互联网传播具有明显的场景化特征。21 世纪初，广播的复兴正是随着汽车保有量的迅速增加而来的。随着城市化的不断推进，机动车保有量将会继续增加，车载场景必将成为人们重要的生活场景之一。这就给广播的生存和发展留下了空间和可能。据艾瑞咨询研究院 2022 年 11 月发布的《2022—2023 年车载空间用户收听行为洞察及趋势报告》显示：2022 年车载广播的网络不断加速，车载音频内容垂直化、精品化、定制化、互动化的需求和车载设备科技化、智能化的趋势为互联网音频平台的进驻提供了机遇。

此外，驾驶的功能远不止于代步，车厢是一个相对封闭、独立的空间，上下班途中、自驾游旅行路上等，人们通过驾驶获得一种轻松和愉悦。尤其在城市生活压力越来越大的今天，在车厢里的时光是难得的心灵放松和休闲娱乐的时光。在这样的场景中，一首好听的歌曲、一个产生共鸣的话题、一个温暖的声音，都是驾车时需要的“精神产品”。所以，只要这种需求还在，音乐广播的功能和市场就不会消失。

三是音乐广播直播伴随特性依然具有贴近性和真实感。广播媒体的特性之一是具有明显的区域性，本地内容在区域内依然拥有庞大受众。音乐广播的本地音乐内容也许不占主流，但主持人的串词、节目的话题、资讯路况等包含着大量的本地元素，拥有着天然的贴近性和真实感。音乐广播的直播流，符合现代人碎片式休闲、低成本、“不费脑子”的需求。加之，很多音乐电台主持人借助新媒体平台生产短视频、直播等内容，成长为当地的“网红”，实现了广播节目和新媒体平台内容共享、相互引流。收听音乐广播直播依然是城市移动人群获取信息、休闲娱乐所依赖的生活方式之一。

四是主持人的个性化表达和专业解读依然具有吸引力。和所有的文化产品一样，人们对音乐的选择也需要专业的解读和引导。如果说传统音乐广播与算法、大数据、人工智能相比还有点什么优势，那就是主持人专业的解读和个性化表达。与电视的“集团化作战”不同，广播的生产流程相对简单，一名优秀的主持人可以支撑起一档名牌栏目，也可以带动一个广播频率。对音乐广播而言，优秀的主持人对音乐的选择、说话的风格、声音的特色、对音乐的解读都是“核心资产”，吸引着大量听众的追随。

五是传统媒体应急信息发布功能依然存在。传统音乐广播在紧急情况下可以迅速发布重要信息，引导听众采取必要的行动。这是在线流媒体平台难以做到的，因为它们通常缺乏紧急信息发布的渠道和机制。

三、传统音乐广播与移动互联网平台的融合发展策略

传统音乐广播与移动互联网平台的融合发展已是大势所趋。通过平台、技术、理念、内容、形式等全方位的融合借鉴、优化调整，两者在新媒体和新技术加持下努力形成全新的音乐广播样态。

一是以互联网思维重塑生产流程，全面进军移动互联网平台。音乐广播的互联网转型已为业界共识。随着智能终端的广泛应用，线上广播音频用户量逐步增长。赛立信媒介研究有限公司 2023 年 2 月发布的《重存量　智融合——数览 2022 广播收听市场》显示：2022 年线上云端广播音频累计点击量达 127. 14 亿，同比 2021 年增长 16. 8% 。中国之声的线上点击量超过 27 亿，同比上升幅度近 50%；11 个省级台全年的累计点击量过亿，其中，上海、广东、北京、河北、江苏等省级台全年的累计点击量超过 5 亿。这些数据充分说明，广播进军移动互联网的方向是正确的，也取得了初步成效。以新媒体为平台，利用传统广播自身影响力扩大原创优质内容的接触面，拓展应用场景，构建全新的声音生态。

近几年，音乐广播与互联网大厂的互动协同越来越多，一些合作模式和项目、节目发挥着带动引领的效用。例如，由腾讯音乐娱乐集团集合旗下酷狗音乐、QQ 音乐、酷我音乐、全民 K 歌等移动互联网音乐平台资源数据，结合了微博、微视、电台等平台的相关数据，打造的广播端节目产品《腾讯由你音乐榜》，联合全国百家地方音乐电台，每周固定时段播出。同时在移动互联网端多元输出，月均触达超过 2 000 万人次。加上线下活动和运营合作，实现了移动互联网与传统音乐广播的良性互动、协同发展。同时，传统广播也在积极借助大数据等新技术扩大传播力。《全球华语广播歌曲排行榜》节目通过对全国广播媒体音乐使用数据的洞察为音乐行业提供真实、直观的考量依据。每周榜单排名以新歌在广播系统内被播出次数为排名依据，每周一凌晨截止数据记录，得出上一周广播大数据。每周 TOP 50 上榜歌曲会在节目中重点推荐播出。根据大数据评榜筛选出歌曲，用营销融合广播与社会化媒体，形成音乐分发与

运营的综合服务平台。

二是抓住车联网升级的风口，稳固车载收听场景。根据中国物联网校企联盟的定义，车联网（Internet of Vehicles）是由车辆位置、速度和路线等信息构成的巨大交互网络。它可以通过车与车、车与人、车与路互联互通实现信息共享，提供专业的多媒体与移动互联网应用服务，是移动互联网、物联网向业务实质纵深发展的必经之路。现阶段的车联网技术应用相对比较简单，即在车厢内联通了互联网，在车载终端安装了导航、语音服务、影音娱乐等移动互联App，实现了“有网”。随着人工智能技术和自动驾驶技术的不断发展和成熟，未来的车联网将实现人与车、车与车、车与环境、车与平台的互通互联，真正实现人车合一。由此，车载场景下的音频传播生态将发生颠覆性的变化，未来必将是一片蓝海。

2018 年 12 月，工业和信息化部印发了《车联网（智能网联汽车）产业发展行动计划》；2020 年 2 月，国家发展和改革委员会等十一部门联合印发《智能汽车创新发展战略》。文件提出 2025 年实现有条件智能汽车规模化生产、2035 年中国标准智能化体系全面建成、2035 年中国成为智能汽车强国等目标。传统广播生存发展的重要阵地和机遇依然是车载市场。要守好这片阵地，就必须抓住车联网升级的风口，改进现有的传播方式和生产流程，充分利用好大数据分析、人工智能、车联网等先进技术，实现其与车厢的深度融合。

2022 年 1 月 28 日，“听见广播” App 入驻小鹏汽车应用商城，该 App 基于 LBS 实现智能推荐。这项技术打破地域限制，使用户可以随时随地收听新广播。同年 3 月，“云听”车机版登录上汽大众汽车，聚合中央广播电视总台新闻节目，为用户提供大量优质有声内容。9 月 28 日，“荔枝”与小米合作，搭载万信车联的快应用平台，上线零跑汽车 C01 的车载系统。还有一种合作模式是电台与互联网大厂合作，将广播的客户端或者小程序嫁接到百度、阿里、腾讯等大厂搭建的车联网生态。比如，中央台“中国广播”搭载了东软“萌驾云平台”；北京台“听听 FM”进驻“腾讯随行”和“阿里斑马”展开平台合作；上海台“阿基米德”先后和“腾讯随行”、华为 OS 展开合作。技术赋能，打造智慧新广播。赛立信媒介研究有限公司 2023 年 3 月发布的广播收听市场分析数据显示，自 2018 年开始，智能收听终端的选择率逐年递增，2022 年的选择率接近 50%，车载收听终端的选择率较为平稳，传统收听终端的用户量在逐年递减。2021 年 10 月 20 日，国家广电总局发布的《广播电视和网络视听“十四五”科技发展规划》中明确指出：要强化人工智能的应用，促进制播流程智能化。智能技术的创新应用是音乐广播产业跨越发展的主要推动力之一，“智能 + 音乐”全平台的高效率传播将是音乐广播未来的发展趋势。

大数据和算法可以为用户画像，根据用户的个人偏好和行为习惯，分析和判断用户清晰的形象和需求，了解用户是谁，知道用户喜欢什么，从而为其“量身定制”内容产品，提供差异化、个性化、专业化的服务，实现精准推送和有效传播。这在移动互联网时代成为一种基本的生产方式和运营逻辑。同时，5G 技术和人工智能技术在广播节目的生产和传播中的深度应用，可以极大地丰富广播音频的传播方式和边界，扩大传播实效和范围，为广播提供更加多元丰富的收听场景。

三是细分音乐类型，注重专业解读。在移动互联网音乐平台，人们可以任意选择和下载自己喜欢的音乐，根据自己的爱好收藏和创建自己的歌单，储存海量的歌曲，随时随地选择收听。传统音乐广播不具备这些优势，就必须不断强化“人”的主观能动性。当听众不再满足于简单的歌曲介绍、播放音乐、聊聊创作背景的情况下，就需要主持人具有更高的专业素养，输出独特的观点、不一样的解读以及情绪的渲染和感化。从本质上来说，音乐节目的主持人结合自己的专业知识、生活阅历及当时的收听场景，对音乐进行解读和分享，把文化内涵和情绪价值传递给听众，让听众在听音乐的过程中获得更深的感悟和情绪的共鸣，是对音乐作品价值的二次挖掘和再创作。这些思想观点和情绪价值是传统音乐广播的优势。音乐广播还应当注重音乐类型的细分和特色内容的挖掘。互联网时代人们获取信息的一个重要特征就是个性化和特色化，在海量的信息当中人们所选择的就是自己需要和喜欢的，同时在众多信息中能让人记住的就是有特色的。所以，音乐广播主持人要根据自身条件和专长，深耕和专注于某一音乐领域类型，形成自己的风格和特点，打造属于主持人的形象标签和 IP 产品。

四是强化音乐节目的情感表达。音乐本身是一种情感媒介，它可以引发听众的共鸣和情感连结。尽管新技术带来了广播的新样貌，但与情感相关的灵感、慰藉、关怀、温暖却无法用技术来替代。强化音乐节目的情感表达，可以更好地满足听众的情感需求，增加节目的吸引力和听众黏性。同时，它也可以帮助音乐人更好地展示自己的才华和音乐特色，促进音乐产业的发展。与智能化技术相比，音乐广播的情绪价值尤为重要。可以设想这样一个场景：在一个下雨天，结束一天工作的上班族独自驾车，行驶在城市拥挤的道路中，工作和生活的压力让他（她）很难有时间停下来休息和娱乐，耳边传来的车流声和路人的说话声，让他（她）的心情愈加烦躁。此时，打开车里的电台，主持人温暖知性的声音传来，温馨提示着城市道路的状况，温柔地疏导人们的情绪，一首熟悉的老歌瞬间带着听者的思绪随意飘散。

也许这样的场景大家都经历过，可能驾车的人并不熟悉主持人的名字，也从未想与主持人互动，但那一刻的感动，让驾车人成为音乐广播的忠实受众。因为我们都需要情绪共鸣和压力疏导。这就是音乐广播独特的情绪价值，也是技术很难精准送达的“算法缺陷”。

（王成梧系甘肃省广播电视总台青春调频负责人、高级记者）

会议综述

车联网时代交通广播的现状透视与未来思考

——第八届中国广播创新发展学术研讨会综述

李颖彦

2023 年 7 月 30 日，在广东广播电视台交通之声（羊城交通广播电台）开播 30 周年之际，以“车联网时代的交通广播”为主题的第八届中国广播创新发展学术研讨会在广州举行。随着物联网、人工智能、云计算、数字通信等技术的迅猛发展，“车联网”逐渐由概念走向现实，驾驶场景中的音频传播在车联网技术的发展下呈现出新趋势。

然而，在移动应用平台向智能车场景的不断渗透中，交通广播自身的媒介生态地位及消费市场面临前所未有的冲击与挑战。在此背景下，如何应对智能化车内场景，如何在网络化、数字化终端体现个性化、互动性的内容服务，如何改革人员机制、创新内容生产等，都是交通广播创新发展的题中应有之义，也是本届会议探讨的主要问题。

一、主动破局：保持广播创新发展内驱力

在新媒体的冲击下，传统广播市场呈逐年萎缩态势。《2022 年全国广播电视行业统计公报》显示，2022 年全国广播广告收入同比下降 28.09%，传统广播电视节目销售收入同比下降 24.54%。在这一严峻形势下，作为“顶流”的交通广播也不可避免地遭遇了重创。随着车联网技术的进一步铺开，依托互联网技术搭建的车载智能终端正悄无声息地接管了原本由车载广播垄断的车内注意力，交通广播在车内场景的市场份额岌岌可危。

然而，危机的另一面是机遇，来自新媒体的冲击也激发了交通广播谋求创新发展的驱动力。近年来，以广东交通之声等为代表的创新型广播媒体在保证传统端存量的同时，主动开拓新媒体端增量，积极探索内容变现的最佳切入点，增强“自我造血”功能。

广东广播电视台交通之声、城市之声总监陆敏华指出，内容生产能力不强、融媒端产品质量提升缓慢、有影响力的优质内容短缺，以及缺乏细分市场的垂类内容产品线等依然是困扰广播发展的痼疾。对此，广东交通之声启动了“3 年提速行动计划”，通过将“作品”变“产品”，对节目生产单位统一管理内容生产；通过市场经营与成本效益管理，全力拓展与交通有关的副业；在技术与渠道提升中，实现实时道路交通信息决策，以期能够在短时间内增强自身适应新业态场景和打造品牌的能力。

广东广播电视台党委委员、副台长周炜从战略层面指出，广东交通之声未来要坚持以内容为王，为传媒平台的服务赋能，抓技术提升，顺势而为，努力走出一条可持续发展的新路。

对于交通广播在车联网时代的自我突破，浙江传媒学院吴生华教授认为，交通广播在未来发展中要突破深度依赖车载端口、智能化生产程度低、内容价值易逝、转型思路僵化等诸多问题，加快渠道转移和产品转化，提升播报智能化程度，推进融媒化生产，不断创新跨界融合，以强大的决心与高效的行动紧随技术前沿，实现广播媒介的转型重生。

此外，安徽广播电视台党委委员、副台长张阿林为车联网时代交通广播的发展提供了五条“破局”思路，即以理念创新破“根本”之局、坚持互联网思维破“方法”之局、推进内容创新破“生产”之局、推进移动传播破“传统平台”之局、资源重组配置破“力量不足”之局。他强调，无论技术如何演变、媒体形态如何变化，广播发展都要坚持正确的政治方向、舆论导向、价值取向，在解放思想中统一思想，奋发作为，更好地履行职责使命，更好地满足用户需求。

东莞广播电视台总编辑李志良以列斐伏尔的空间转向理论为支撑，分析了交通广播空间转向的可行路径。他总结了交通广播空间转向的六个维度，即城市环境、技术背景、接收场景、受众人群、受众心理体验和媒体产品。针对交通广播空间转向过程中的困惑，他认为破局的关键是“六个坚持”，即坚持本土为域、坚持内容为王、坚持形态为裳、坚持人才为魂、坚持线上与线下渗透为术、坚持智能技术和智能移动客户端为翼。

二、顺势而为：融合吸纳数字智能化技术优势

近年来，以短视频、直播电商等为代表的数字智能化媒介形态在风靡传媒消费市场的同时，也引发了传统媒体的转型思考与内容升级。受到短视频、直播等可视化传播形态的启发，广播电台纷纷开启广播可视化转型尝试。

研讨会上，甘肃广播电视总台青春调频负责人王成梧以甘肃调频为例，介绍了其在媒体融合中的具体举措。他指出，数字智能时代广播媒体的转型迫在眉睫，转换经营赛道、抓住专业优势与改革传统机制是转型的关键之策。通过展示甘肃广播电视总台《青春在党旗下闪光》《印象二十四节气》等融媒体系列报道，王成梧提出广播生产应当借助新媒体平台互动优势，打造便捷、有趣、多元的融媒体产品。他认为，“让广播看得见”是当今广播媒体融合的重点，其具体表现为视觉产品丰富化、形象露出经常化与广泛拓展合作资源。

浙江传媒学院张怡以绍兴柯桥经典汽车广播的可视化直播实践为例，指出广播可视化直播目前主要运用于专题广播节目的同步视频直播，打造服务民生平台，借力全媒体融合以及构建粉丝社群，精准辐射受众。广播可视化的目的在于与受众建立联系、增加产品价值及顺应媒介发展趋势。她认为创新体验场景、展现多重功能，强化用户思维、分发融媒产品，增加互动形式、刷新创意展示是未来广播成功融入新媒体传播赛道的重要渠道。

此外，广播在数字智能化融合中还显示出了足以深刻影响人们社会生活规则的媒介逻辑。暨南大学宋佳辰以安徽交通频率的可视化改造为例，认为安徽交通广播的可视化从信息服务层面破除了传统地图体系对于视觉的依赖和灵活度欠佳的桎梏。其基于车联网数据分析所得出的路况实时动态，实际是交通广播作为主流媒体有意抛出的秩序生产。

对于交通广播而言，可视化并非其融合转型的唯一选项。广东广播电视台赵智豪指出，5G 技术的成熟与高度覆盖、智能汽车的发展与国家政策的指引宣告着车联网时代的到来，传统广播媒体的变革势在必行。基于此，他认为当前广播媒体需要改变经营思维，积极融入万物互联的传播格局中，努力实现其从“传统广播媒体”向“智能音频媒体”的转型。具体可以从三方面切入：在接入渠道上，与车企、互联网公司及第三方进行合作接入车联网车载系统；在内容服务方面，注重个性化、定制化与高品质内容打造；在盈利方式上，积

极拓宽与融合经营渠道，打造出以广告、内容付费与跨界合作等为一体的多元盈利模式。在大数据、5G、LBS、人工智能等技术的共同支持下，实现广播媒体的智能升级。

三、内心关照：作为情感按摩的听觉传播革命

在媒介使用感知与后果层面，麦克卢汉曾提出“媒介即按摩”的论断。他认为，媒介的影响力与穿透力极强，人类社会中的政治、经济、审美、心理、道德等各个方面无不被触及、被影响、被改变。“媒介即按摩”强调媒介使用对受众身体和精神情感的影响，集中表现为一种情感体验。沿着主体感官研究路径，暨南大学曲舒文副教授强调听觉媒介对个体情感和内在体验的关注，认为车载音频是一种关系性的“移动听觉机器”。作为一种听觉文化，它对人们的社会生活、情感关系、时间空间以及对人与物之间的情感连接都带来了新的社会学想象力。对于当前大量关于媒体转型发展路径、商业化探索等方面的研究，她认为，从声音空间构建、个体情感关照、人机互联等角度开展音频研究同样具有重要意义——有利于解锁中国移动听觉空间，构建健康的听觉公共性。

在声音的空间建构与人地关系互联层面，重庆师范大学新闻与传媒学院院长颜春龙教授指出，在可视化、场景化、社会化与智能化发展趋势之下，如今的“广播”作为一种拥有时间媒体与空间媒体双重特质，以及具备大众传播与点对点传播双重属性的传播媒介，其多元化的传播功能与形态既能满足听众对声音的通感需求和共情欲望，又可以使听众形成广泛的文化内化与价值认同。

河南大学梁光苇从听觉场景建构角度切入，他认为车载广播作为一种移动传播方式，具有无限的潜力和影响力。车载广播将传统广播的信息传递范围从有限的地理区域扩展到整个行驶路线，使得听众可以随时随地接收和选择不同地域的广播内容。从传播学角度分析，车载广播实现了跨地域空间的声音选择，对地域文化传承和社会影响产生了重要的意义。重庆师范大学杨宇认为，城市文化空间在声景的建构中主要呈现出以人声、市声、自然之声为主要结构的内在互动和彼此作用，通过声音的内容叙事、情感表达与价值认同，为城市打造出立体鲜活的声音景观。他指出，城市广播创作需不断探索并挖掘城市的

声景内容与题材，以“听”的方式构筑城市“声”态，把城市文化的历史之声、当下之声更好地呈现给用户。

在探索以声音建立人地关系互动层面，中国传媒大学刘畅关注于寻找交通广播与城市传播的勾连点，分析了在车联网背景下交通广播发展与“可沟通城市”之间的联系。她认为交通广播对城市“可沟通性”的影响集中体现在促成市民对话、塑造城市文化、相互促进交往、多重维度链接这四个维度。在方法论上，重庆师范大学郝新星建议采用播客形式构建吸引眼球的故事。她认为，这种既有信息性又有故事性的播客作品往往从小切口、小人物出发，以第一人称代入人物故事讲述更有利于营造共鸣体验。

四、勠力创新：解锁交通广播全新发展格局

站在车联网时代的新起点，与会专家学者对于广播媒体的关注不仅包括对实践路径、研究进路的争鸣探索，而且包含从历史与现实的对比参照、业务发展战略，以及人才队伍建设等视角对交通广播的整体规划进行回顾、总结和布局。

在漫长的媒介进化史中，媒介技术演变是科技发展的产物与深刻反映，二者相伴相生且共同构筑一个时代的特殊烙印。湖南师范大学新闻与传播学院王文利教授从历史的角度分析了广播在新旧媒介更替中的产业变革。他认为，民国时期的广播作为一种新媒介，不仅催生了一批广播记者、广播收音员等相关从业者，而且创造了全新的产业发展格局。从民国时期作为新兴媒介的广播，到当下媒介生态环境剧变、危机四伏的广播，通过对比其在不同历史阶段的发展状态，可以将广播技术分为替代型与使能型。民国时期的广播技术是使能型技术，而当今新媒体时代的广播技术是替代型技术。

对于车联网时代交通广播的发展变革与战略布局，海峡之声广播电台、华人头条福建省广播影视集团卢文兴指出，车联网智能化后将导致传播终端的四大变化：一是车联网 AI 信息交互平台将取代传统广播交通指引类服务；二是智能驾驶会导致听众对交通安全类信息需求的减少，转而寻求获取更多的其他信息和服务；三是多样化信息进入智能车机，汽车将从代步工具转为工作生活多功能空间；四是促成众多信息生产者进入车载终端。基于上述变化，他认为交通广播需要走向深度类型化的变革与服务，即从最初的以广电媒体为本位的

指令性类型化，转变为以受众（用户）需求为中心的自觉性深度类型化。

基于多元化发展视角，广东广播电视台交通之声郭晓洁提出，交通广播可以从融入流行文化与去私家车中心化两个层面进行调整，通过开辟下沉泛交通市场、借助融媒手段实现品牌延伸，以及采用开辟新品类赛道等方式，实现自身品牌布局与核心竞争力的提升。浙江传媒学院吴生华同样支持交通广播的场景开辟与多元内容布局。他认为，融入智慧交通系统与建设有声阅读平台，是广播融媒发展的两种思考路径。智媒时代，广播必须加快融入智慧交通系统，以声屏复合的优势实现从“必听性”到“必用性”的转型。在平台化媒体时代，广播要关注音频产品在用户终端的再线性化。无论是车载还是居家场景，以语音唤醒作为交互入口，开启音视频娱乐都将成为常态；无论驾车还是走动，移动性和伴随性依然是音频媒体生存保护的“金钟罩”。

在人才队伍建设方面，南昌大学蔡静探讨了媒体融合环境下人才队伍的培养问题。她提出，高素质融媒体人才需要具有新一代互联网技术思维，具备移动端产品设计能力，熟悉用户体验，了解互动交互和擅长创意。同时，她认为要从重构用人机制、重视锤炼新人、打造人才高地、赋予人才价值四个维度，完善交通广播全媒体人才培养体系，着力构建人尽其才、才尽其用、用有所成的人才培养大格局。此外，贵州民族大学刘效伶关注到提高交通广播全媒体传播效率的重要性，她提出监控和响应用户反馈，建立关键绩效指标（KPI）和分析框架，简化信息传播流程，跨平台集成、减少同质化，以及利用自动化和人工智能技术是广播媒体实现高效化、专业化运转的五大方法。

30 年前，全国首批、华南地区第一家交通专业电台——羊城交通广播电台正式开播。作为华南地区影响力最大的交通专业频率，羊城交通广播电台经过三十载磨砺与积累，锻造出中国交通广播的“金字招牌”。30 年后，在传统交通广播遭遇车联网剧烈冲击的今天，学界、业界共商交通广播未来发展的新定位与新可能，其中不仅包含了广播媒体求新求变的强大内驱力与顺势而为的开放包容姿态，还体现了新时代广播人追求听觉革命与勠力创新的信心与决心。

（李颖彦系暨南大学新闻与传播学院博士研究生）

后　记

1991 年 9 月 30 日，上海人民广播电台交通信息台成立，标志着中国第一个交通广播频率的诞生，进一步推进广播频率专业化传播格局。交通广播因对路况、出行信息以及社会新闻的关注与播报，深度契合了彼时车载用户的需求，一时间声名鹊起。加上私家车保有量不断上升，人们对交通信息的需求急剧增长，在各级政策与财政支持下，全国交通广播进入高速发展时代，并创造了无数奇迹。即使在传统媒体遭受新媒体剧烈冲击之下，其仍是带动电台成为唯一实现广告收入增长的传统媒体。

随着物联网、人工智能、云计算、数字通信等技术的迅猛发展，车联网由概念走进现实，车载智能终端的应用普及使车载调频接收端逐步被淘汰，传统交通广播在发展理念、发展方向、内容生产、传播渠道、运营和经营等多方面遭遇困境，逐渐失去对车内场景的话语权，其媒介生态地位及消费市场都面临前所未有的冲击与挑战。如何通过创新思维和方法，找到新的出路，实现破局，成为摆在交通广播面前的时代命题。在此背景下，近几年，全国交通广播积极转型，谋求创新，取得了一些成效，但仍有许多困惑亟待解决。为此，时值广东广播电视台交通之声（羊城交通广播电台）开播 30 周年之际，由中国广播电视社会组织联合会指导，中国高校影视学会、广东广播电视台和暨南大学联合主办，广东广播电视台交通之声和暨南大学新闻与传播学院联合承办的中国高校影视学会广播专业委员会 2023 年会暨第八届中国广播创新发展学术研讨会于 2023 年 7 月 30 日在广州举行。来自学界和业界的 130 多位代表围绕“车联网时代的交通广播”这一主题，就新形势下交通广播的融合发展展开交流研讨。

本届研讨会除主题发言外，与会代表还就车联网时代交通广播的发展现状、创新发展、融合发展、智能化发展问题和交通广播品牌建设、交通广播的全媒体传播问题，以及新媒体时代交通广播的从业者职业生态等问题进行分组讨论，发表了许多有价值的观点和看法，尤其是车联网时代的交通广播个案研究颇具代表性。为了将研讨会的成果固化下来，会议主办方决定编辑出版会议论文集，将部分与会代表的论文结集为《车联网时代的交通广播》一书出版发行。

在论文集即将付梓之际，作为研讨会的主要策划者、组织者与论文集的主编之一，我要特别感谢中国广播电视社会组织联合会、中国高校影视学会和广东广播电视台的大力支持；感谢广播业界和兄弟院校专家学者的大力支持，为研讨会提供卓有见地的学术论文，使得研讨会得以成功圆满地举办。尤其令人欣喜的是，一些兄弟院校的硕士、博士研究生积极参会并撰写质量上乘的学术论文，让我们看到广播乃至整个音频传媒研究的美好未来。感谢中国广播电视社会组织联合会副会长陶世明，中国高校影视学会副会长兼秘书长、中国传媒大学研究员张国涛，广东广播电视台党委委员、副台长周炜，暨南大学党委书记林如鹏热情洋溢的致辞。周炜副台长在致辞中阐述了，车联网时代下广东交通广播在“资讯传播”“服务赋能”“技术提升”三个方面的大胆探索与创新，以及概括凝练了其从广东人的性情和爱好中获得的启发与灵感。致辞内容高屋建瓴、意蕴深厚，故代为本论文集的序。

《现代传播》《中国广播电视学刊》《传媒》《中国视听》《声屏世界》《现代视听》为与会代表提供了学术交流平台，故收入本书的论文有的已在这些刊物发表，个别参会论文做了局部调整和改动。

在本届研讨会筹备、举办以及论文集的编辑过程中，广东广播电视台交通之声为会议的直播、微信客户端宣传给予大力支持，会务组的周文哲、黄晓明、赵景辉老师以及李颖彦、刘原芃、宋佳辰、张德昊、江林锋、龚含章等几位博士、硕士研究生付出许多辛勤劳动，暨南大学出版社武艳飞主任为本书的如期出版也付出诸多努力，在此一并表示由衷谢意！

申启武

2024 年 3 月